I0889999

ÉCRITS SUR L'IDÉALISME

APERÇU GÉNÉRAL DE LA LITTÉRATURE PHILOSOPHIQUE LA PLUS RÉCENTE

ET AUTRES TEXTES (1797-1798)

À LA MÊME LIBRAIRIE
SCHELLING

Les âges du monde (1815), introduction, traduction et notes par Patrick Cerutti, « Bibliothèque des Textes Philosophiques – Poche », 2013, 240 p.

Une autre querelle de l'athéisme. Schelling répond à Jacobi, introduction, traduction et notes par Patrick Cerutti, « Textes & Commentaires », 2012, 256 p.

Du rapport entre les arts plastiques et la nature et autres textes (1807-1808), introduction, traduction et notes par Patrick Cerutti, « Textes & Commentaires », 2010, 176 p.

Exposition de mon système de la philosophie. Sur le vrai concept de la philosophie de la nature, suivi de J. G. Fichte, *Sur l'exposition du système de l'identité de Schelling*, traduction, présentation et notes par Emmanuel Cattin, « Bibliothèque des Textes Philosophiques », 2000, 192 p.

Introduction à la philosophie, traduction, présentation et postface par Marie-Christine Challiol-Gillet et Pascal David, « Bibliothèque des Textes Philosophiques », 1996, 186 p.

Le Monothéisme, traduction et notes par Alain Pernet, introduction par Xavier Tilliette, « Bibliothèque des Textes Philosophiques », 1992, 144 p.

Réponse à Eschenmayer sur la philosophie de la nature. Philosophie et religion. Recherches philosophiques sur l'essence de la liberté humaine et les questions connexes. Objections d'Eschenmayer contre les Recherches et réponses de Schelling, présentation et traduction par Bernard Gilson, « Bibliothèque des Textes Philosophiques », 1988, 272 p.

TEXTES & COMMENTAIRES
Directeur : Jean-François COURTINE

F. W. J. SCHELLING

ÉCRITS SUR L'IDÉALISME

APERÇU GÉNÉRAL DE LA LITTÉRATURE PHILOSOPHIQUE LA PLUS RÉCENTE

ET AUTRES TEXTES (1797-1798)

Présentés, traduits et annotés
par

Patrick CERUTTI, Jean-Christophe LEMAITRE, Teresa PEDRO et Charles THÉRET

PARIS
LIBRAIRIE PHILOSOPHIQUE J. VRIN
6, Place de la Sorbonne, Ve

2018

Imprimé en France

ISSN 1291-9683
ISBN 978-2-7116-2744-8

www.vrin.fr

PRÉSENTATION

D'où vient notre besoin de philosophie? Cette question, dont Hegel fera encore en 1801 le point de départ de son premier texte philosophique publié, l'essai *Sur la différence des systèmes philosophiques de Fichte et de Schelling*, reçoit chez le jeune Schelling une réponse typique de la philosophie classique allemande : du doute que nous pouvons avoir quant à la réalité du monde. C'est l'écart entre l'objet et la représentation et l'incertitude qu'il fait naître quant à la réalité de notre savoir, qui éveillent le « besoin de philosopher »[1].

De tous les philosophes idéalistes, Schelling a sans doute été le plus épris de réalité. De ses contemporains, il est le plus intéressé par les recherches empiriques et le plus soucieux de se confronter au « monde de la vie » en général, sous les aspects de la nature, de l'art ou du mythe. Son parcours intellectuel, long d'une soixantaine d'années, tient en une seule question : à quelles conditions le savoir peut-il porter sur quelque chose de véritablement réel ? Dès ses premiers écrits, d'une extraordinaire précocité philosophique, il se montre plus attentif que n'importe quel autre de ses contemporains au double écueil qui menace la modernité : « transformer le monde en un jeu de concepts ou l'esprit en un miroir inerte des choses »[2].

1. *Cf.* F. W. J. Schelling, *Allgemeine Übersicht der neuesten philosophischen Litteratur* (*Aperçu général de la littérature philosophique la plus récente* [dorénavant abrégé *Aperçu*]), *Historisch-kritische Ausgabe*, W. G. Jacobs, H. Krings, M. Durner (hrsg.), Stuttgart, Frommann-Holzboog, 1976-2015 [dorénavant abrégé AA], Bd. I 4, p. 88. *Cf.* G. W. F. Hegel, *La différence des systèmes philosophiques de Fichte et de Schelling*, trad. fr. B. Gilson, Paris, Vrin, 1986, p. 99-200, notamment p. 109.

2. *Ideen zu einer Philosophie der Natur* (*Idées pour une philosophie de la nature*), AA, I 5, p. 76.

Faire droit à la réalité du monde lui importe autant que faire reconnaître la réalité de l'esprit.

La question de la réalité du savoir est la question fondamentale de l'idéalisme allemand. Elle traverse toute l'œuvre de Schelling et tout l'idéalisme transcendantal postkantien, que l'on pourrait définir comme la recherche d'un savoir qui ne serait pas divisé en deux moitiés réelle et idéale, mais serait à la fois *a priori* et *a posteriori*, « entièrement et absolument idéal et réel en même temps »[1]. Le postkantisme s'est en effet donné pour tâche d'expliquer l'accord de notre esprit avec les choses et de prouver par conséquent que l'idéalisme, loin de réduire la réalité effective à la pure représentation consciente, est la seule philosophie qui puisse donner de manière cohérente une réalité au savoir humain. L'idéalisme ne serait donc pas un nihilisme, qui réduirait le monde à une pure idéalité, mais il répondrait au double défi du réalisme (de Jacobi et de Reinhold) et du scepticisme, sans jamais tomber dans le dogmatisme.

La position sceptique, qui tient à la conscience d'un écart entre la chose et la représentation, est cruciale pour l'idéalisme. Cette position est d'abord celle de Hume, dont la philosophie apparaît au moins aussi conséquente que celle de Kant, car elle affirme sans détour que la manière dont les objets nous affectent est un mystère[2]. Mais le scepticisme est aussi la philosophie d'auteurs, comme Schulze et Maimon, qui, en niant qu'une adéquation soit possible entre la représentation et l'objet et en identifiant dans l'hypothèse de la chose en soi un reliquat de dogmatisme à l'intérieur de l'édifice kantien, ont provoqué, à la fin du XVIIIe siècle, ce que l'on peut appeler un second réveil du sommeil dogmatique. Quand, en 1800, Schelling écrira son système, il répètera que la philosophie transcendantale ne peut commencer que par un doute général quant à la réalité de l'objectif.

Conscient que le scepticisme remettait en question non seulement la scientificité de la philosophie en tant que telle, mais aussi la scientificité en général, Reinhold avait entrepris, pour défendre le criticisme contre toute attaque sceptique, de le ramener à un authentique fondement, dont tout l'édifice critique pourrait être déduit de manière systématique. Chez Kant, en effet, la possibilité de l'expérience, qui permet de fonder les principes *a priori* de l'expérience elle-même, est admise comme un fait et la démonstration se trouve entachée de circularité. Le fondement originaire qui doit permettre d'éviter cet écueil est alors identifié au principe de conscience,

1. Cf. *Aperçu*, AA, I 4, p. 91.
2. Cf. *Aperçu*, AA, I 4, p. 79.

c'est-à-dire à l'unité transcendantale de l'aperception kantienne réinterprétée en termes de conscience de soi, au sens où une telle proposition fondamentale, obtenue par l'activité de réflexion, pose à la fois la distinction et le rapport réciproque du sujet et de l'objet dans la représentation.

À son tour, dans ses premiers écrits, à la suite de Reinhold, mais aussi de Fichte, Schelling avait cherché à faire reposer l'ensemble de la philosophie sur l'acte de position de soi du Moi. C'est seulement en nous que nous trouvons un exemple d'identité parfaite de la représentation et de l'objet, c'est seulement dans le Moi, en tant qu'il se donne à lui-même sa propre réalité, que se résout le problème éternel de la philosophie, celui de l'identité de la représentation et de l'objet[1]. Faire reposer toute réalité sur la réalité du Moi était la position fondamentale du jeune Schelling : le *Vom Ich als Princip der Philosophie*, l'essai de 1795 *Sur le moi comme principe de la philosophie* trouvait ainsi un « fondement originaire de toute réalité (*Urgrund aller Realität*) », un « point ultime de réalité dont tout dépend » dans l'intuition de soi du Moi absolu. Sans cette intuition, notre savoir ne serait autre chose qu'un « cercle revenant éternellement sur soi, un flux perpétuel de toutes les propositions singulières les unes dans les autres, un chaos dans lequel aucun élément ne se distingue »[2]. À compter du moment où le Moi apparaissait comme la source de toute expérience, il n'y avait plus lieu de distinguer entre la forme et la matière de la connaissance et un système complet du savoir humain devenait possible.

En 1797, cependant, la force des objections sceptiques et surtout les malentendus auxquels la réception de la *Critique de la raison pure* a donné lieu du vivant même de Kant, conduisent notre tout jeune homme à élargir sa philosophie du Moi en une véritable philosophie de l'esprit et à la réorienter décisivement. C'est cette fois la tendance de l'esprit à s'intuitionner dans des activités différentes qui donne une réalité à notre savoir. Cet élargissement, qui conduit Schelling à proposer, en même temps que sa

1. Cf. *Aperçu*, AA, I 4, p. 84. Si l'on en croit Dieter Henrich, c'est le « kantien enragé » Carl Immanuel Diez, un des rares enseignants du *Stift* qui ait vraiment eu de l'influence sur Schelling, qui a inspiré cette tentative de refonder l'ensemble de la philosophie sur des bases reinholdiennes et qui, plus précisément, a préparé la réception de Fichte à travers Reinhold (I. C. Diez, *Briefwechsel und Kantische Schriften. Wissensbegründung in der Glaubenskrise Tübingen-Jena* (*1790-1792*), D. Henrich (hrsg.), Stuttgart, Klett-Cotta, 1997).

2. *Vom Ich als Princip der Philosophie oder Über das Unbedingte im menschlichen Wissen*, AA, I 2, p. 85 ; *Du Moi comme principe de la philosophie ou Sur l'inconditionné dans le savoir humain*, *Premiers écrits* (*1794-1795*), trad. fr. J.-F. Courtine, Paris, P.U.F., 1987, p. 62.

première philosophie de l'esprit, sa première philosophie de la volonté (au sens où la volonté occupe à présent la place centrale dans la fondation systématique de la réalité du savoir humain) et une première esquisse du système du savoir, tout en posant les bases de ce qui deviendra en quelques années la plus imposante philosophie de la nature de l'idéalisme allemand, s'opère dans les différents essais que nous traduisons ici.

Ces essais paraissent en 1797 et 1798 sous le titre d'*Allgemeine Übersicht der neuesten philosophischen Litteratur*. Avec les *Idées pour une philosophie de la nature*[1] et l'*Âme du monde*[2], publiées presque simultanément, ces recensions des dernières publications en philosophie assoient la célébrité de Schelling dans les cercles universitaires allemands et conduisent à sa nomination à Iéna en qualité de professeur. Cet *Aperçu général de la littérature philosophique la plus récente* est rédigé alors que Schelling se trouve à Leipzig, où le baron Riedesel qui l'employait en tant que précepteur de ses enfants, l'avait envoyé étudier. À Leipzig, Schelling découvre la physique, la chimie et la médecine et s'intéresse particulièrement à la science de l'électricité et au magnétisme. Croyant pouvoir donner grâce à elles de la chair à la philosophie transcendantale, il s'applique à unir en un même système les découvertes de Lavoisier et Galvani aux théories de Brown, le fondateur de la théorie de l'excitabilité. Tout à son projet de physique supérieure, il dédaigne les cours des disciples de Kant qui, comme Platner et Heydenreich, enseignent dans la ville.

À son arrivée, Schelling s'était réjoui de pouvoir « respirer un air plus libre » qu'au *Stift*, où il venait de passer cinq ans[3]. Sa déception sera rapide lorsqu'il découvrira à Leipzig, où il ne passait pas une semaine sans que tombe un rescrit des autorités de Dresde, une situation qui, « pour ce qui est de l'orthodoxie, était peut-être pire qu'à Tübingen »[4]. Il est vrai que la vie très réglementée du séminaire et les orientations théologiques et philosophiques qui y étaient défendues n'avaient rien de très attrayant pour un jeune esprit. « Je n'attendais rien de Tübingen », dira-t-il bientôt[5], en souvenir peut-être de l'enseignement de Ludwig Heinrich Jakob,

1. AA, I 5, M. Durner (hrsg.), 1994.

2. AA, I 6, J. Jantzen, T. Kisser (hrsg.), 2000; *De l'âme du monde. Une hypothèse de la physique supérieure pour l'explication de l'organisme général*, trad. fr. S. Schmitt, Paris, Éditions Rue d'Ulm, 2007.

3. Lettre de janvier 1796 à Hegel, AA, III 1, p. 43.

4. Lettre du 27 mai 1796 à ses parents, AA, III 1, p. 74.

5. Lettre du 7 juin 1798 à Niethammer, AA, III 1, p. 166 : « *von Tübingen erwarte ich nichts* ».

Gottlob Christian Storr et Friedrich Gottlieb Süskind, dont le kantisme hybride s'apparentait beaucoup à celui qu'il dénonce ici. Un seul des enseignants du *Stift*, Carl Immanuel Diez, l'ancien étudiant de son père (il avait même, un temps, joué auprès de Schelling le rôle de précepteur), l'avait quelque peu influencé en formant le projet d'une philosophie de la révélation et en transposant la doctrine kantienne de l'autonomie dans les termes de l'appel à la liberté, à l'égalité et à la fraternité venu de France. Mais ce n'est pas l'enseignement du séminaire, ce sont plutôt les visites de Fichte en juin 1793 et mai 1794, qui avaient électrisé son esprit.

Aussi, deux ans plus tard, s'empresse-t-il de répondre favorablement à la proposition qui lui est faite de recenser la première *Doctrine de la science*. L'*Allgemeine Übersicht* résulte de cette commande et de l'espoir bientôt formulé d'« être en mesure d'exposer véritablement » le maître-ouvrage de Fichte « à partir d'un point de vue plus clair » que celui de Reinhold[1]. L'ouvrage, qui paraît en plusieurs livraisons, sans nom d'auteur, en même temps que l'*Essai d'une nouvelle présentation de la Doctrine de la science* de Fichte, est le fruit d'une commande de Friedrich Immanuel Niethammer (1766-1848), le principal interlocuteur de Schelling à cette époque, pour le *Philosophisches Journal einer Gesellschaft Teutscher Gelehrten* qu'il édite avec Fichte[2]. Cette revue aura une telle importance pour la naissance et le développement de l'idéalisme allemand que Hegel dira suivre, en la lisant, « la formation spirituelle de notre temps » et, quand, en mars 1797, Friedrich Schlegel rendra compte de sa quatrième livraison, il dira qu'avec les contributions de Fichte et Schelling, une ère nouvelle s'ouvre en philosophie[3].

1. Lettre du 4 août 1797 à Niethammer, AA, III 1, p. 133-134. Dans l'introduction au deuxième tome de ses *Auswahl vermischter Schriften* (Jena, Mauke, 1797), Reinhold venait de faire allégeance à Fichte. Une recension de la *Wissenschaftslehre* paraîtra en 1798 (« Rezension zu Fichtes Begriff der Wissenschaftslehre, zu *Grundriß des Eigentümlichen der Wissenschaftslehre*, sowie zu den beiden Einleitungen zur Neuen Darstellung der Wissenschaftslehre », *Allgemeine Literatur-Zeitung*, n° 7, Jena, 1798).

2. L'ancien séminariste Niethammer avait pour ainsi dire ouvert la voie à la nouvelle génération idéaliste, au point qu'Hölderlin le considérait à la fois comme son mentor et son ami. Après avoir été lui aussi précepteur, il s'était vu nommé, en 1793, professeur de philosophie à Iéna puis, en 1795, professeur extraordinaire de théologie. Ancien étudiant de Reinhold, mais tout entier dévoué à la cause fichtéenne (comme il le sera plus tard à la cause hégélienne), il venait de faire paraître dans sa revue les *Lettres philosophiques sur le dogmatisme et le criticisme* (dont il avait modifié le titre, car il était d'abord question de « dogmaticisme ») et la *Déduction du droit naturel* de Schelling.

3. Pour la citation de Hegel, *cf.* la lettre du 30 août 1795 à Schelling, AA, III 1, p. 34 et pour celle de Schlegel, cf. *Allgemeine Literatur Zeitung*, mars 1797.

Notre philosophe ne cache pourtant pas à son aîné son relatif embarras devant la Doctrine de la science : « je vous prie, écrit-il à Niethammer, d'assurer à Fichte que je ne prétends pas entreprendre une exposition de son système, dans la mesure où je ne suis pas sûr d'en saisir le sens, et de lui donner une forme particulière dans mes développements »[1]. L'esquisse d'un système de l'idéalisme transcendantal que contient notre texte semble cependant rapprocher de la philosophie fichtéenne un jeune homme qui ne pouvait en avoir jusque-là qu'une connaissance superficielle et partielle, limitée à la *Recension de l'Énésidème* (1792), à l'opuscule *Sur le concept de la Doctrine de la science* (1794) et probablement aux premiers feuillets de l'*Assise fondamentale de la Doctrine de la science* (1795)[2]. Schelling pressent peut-être, en parcourant les deux introductions de 1797, l'insatisfaction ressentie par le philosophe d'Iéna à la lecture des *Lettres sur le dogmatisme et le criticisme*[3]. Il a en tout cas connaissance des réponses de Fichte à différentes polémiques. À partir de 1796, Fichte découvre en effet les premiers comptes rendus de sa *Doctrine de la science* et prend la mesure des incompréhensions qu'elle a suscitées. Sommer lui reproche son laconisme, Schmid propose des « améliorations », Erhard et Nicolai l'invectivent.

1. Lettre du 16 janvier 1797 à Niethammer, AA, III 1, p. 109.

2. *Rezension des Aenesidemus*, GA I, 2, p. 47-61, trad. fr. P.-P. Druet, *Revue de métaphysique et de morale*, n° 3, 1973, p. 363-384 ; *Über den Begriff der Wissenschaftslehre*, GA I, 2, p. 91-172, *Sur le concept de la Doctrine de la science*, *Essais philosophiques choisis*, trad. fr. L. Ferry et A. Renaut, Paris, Vrin, 1984, p. 17-72; *Grundlage der gesammten Wissenschaftslehre*, GA, I 2, p. 173-460; *Assise fondamentale de l'ensemble de la Doctrine de la science*, *Œuvres choisies de philosophie première*, *op. cit.*, p. 11-179.

3. Celui-ci lui écrira le 31 mai 1801 : « votre déclaration d'antan dans le *Philosophisches Journal* à propos de deux philosophies, l'une idéaliste, l'autre réaliste, qui, toutes deux vraies, pourraient coexister, – cette déclaration que j'ai tout de suite gentiment contredite, parce que je la considérais comme inexacte, éveilla en moi, bien sûr, le soupçon que vous n'aviez pas pénétré la Doctrine de la science » (Fichte/Schelling, *Correspondance*, trad. fr. M. Bienenstock, Paris, P.U.F., 1991, p. 115). Hans Michael Baumgartner met le « nouveau commencement » que représente l'*Allgemeine Übersicht* au compte de la réception par Schelling des critiques émises dans ces deux introductions quant à l'opposition de deux systèmes philosophiques concurrents dans les *Lettres sur le dogmatisme* (« Der Spekulative Ansatz in Schellings *System des transzendentalen Idealismus*. Der Streit um Schellings Transzendental- und Naturphilosophie in der Perspektive der Transzendentalphilosophie », *Der Streit um die Gestalt einer ersten Philosophie (1799-1807)*, W. Jaeschke (hrsg.), Hamburg, Meiner, 1999, p. 127-143, p. 132).

En même temps, contrairement à ce que le titre qu'il recevra une dizaine d'années plus tard pourrait laisser croire, l'*Aperçu général* est autre chose qu'une série de «dissertations pour éclaircir l'idéalisme de la *Doctrine de la science*»[1]. Schelling profite de l'élan que lui donnent ses premières recherches dans le domaine de la philosophie de la nature pour laisser venir au jour les tendances qui animent en profondeur sa pensée et opérer ce que l'on s'accorde traditionnellement à reconnaître comme le passage décisif d'un idéalisme subjectif de type fichtéen à un idéalisme objectif (mais que nous pourrions tout aussi bien appeler un idéalisme de l'esprit).

Schelling, qui dit par ailleurs travailler à des «parallèles philosophiques» qui offriraient successivement une «caractéristique» de la philosophie de Leibniz, une «histoire pragmatique de la philosophie kantienne» et une «exposition détaillée du système fichtéen»[2], utilise aussi l'analyse historique pour étayer ses propres thèses. La conception de l'histoire de la philosophie défendue à cette époque se trouve être en effet particulièrement ambitieuse. L'idée fondamentale que développe notre *Allgemeine Übersicht*, celle d'une nature synthétique de l'esprit, détermine la forme que prend cette histoire: «de même qu'à partir d'un germe, rien ne se développe qui n'était auparavant uni en lui, de même dans la philosophie, rien ne peut naître (par analyse) qui n'était présent auparavant dans l'esprit humain lui-même (dans la synthèse la plus originaire)». Ainsi, l'histoire de la philosophie n'est pas «une chaîne pendante dont les maillons s'attachent l'un à l'autre à l'infini, mais une organisation». Schelling défend dans notre texte, et au moins jusqu'aux *Leçons d'Erlangen* de 1821, une conception organique de l'histoire de la philosophie inspirée de Leibniz, qui rattache chaque doctrine particulière à un archétype universel. Dans une telle organisation, où «chaque membre particulier est par rapport à chaque autre réciproquement fondement et conséquence, moyen et fin», le progrès apparaît comme un progrès «par développement»[3].

Mais toutes les pensées peuvent-elles s'intégrer à ce grand ensemble organique? Quelle place accorder par exemple aux épigones serviles de Kant ou à ces philosophes de l'École qui ne produisent du criticisme

1. Dans la première réédition des œuvres philosophiques de notre auteur (1809), notre *Allgemeine Übersicht* sera en effet rebaptisée *Abhandlungen zur Erläuterung des Idealismus der Wissenschaftslehre*.

2. Lettre du 16 janvier 1797 à Niethammer, AA, III 1, p. 109.

3. Cf. *Aperçu*, AA, I, 4, p. 98-100.

qu'une caricature et dont les idées doivent être tenues pour nulles et corrompues ?

La controverse avec les successeurs de Kant occupe en effet ici une place considérable et un lecteur moderne pourrait être tenté de dire avec Friedrich Schlegel que « le second numéro du *Journal* que Schelling a écrit est, entre nous, quelque peu trivial »[1] ou que « sa critique littéraire de la philosophie est une tendance fausse »[2]. Cette impression tient largement à la décision des concepteurs de la nouvelle édition scientifique, l'*Historisch-kritische Ausgabe*, à laquelle nous nous référons, de replacer l'ensemble de ces recensions directement dans le corps du texte, alors que, dans l'édition classique des œuvres de Schelling, dirigée par son fils et parue chez Cotta, l'essentiel de la controverse avec les successeurs immédiats de Kant figurait dans une longue note de bas de page. Ce choix donne une dimension plus polémique, mais aussi plus anecdotique, à l'écrit. Ce serait cependant une erreur de croire que le propos est ici uniquement circonstanciel.

Le reproche que Schelling adresse à l'ensemble des petits-maîtres qui gravitent autour de Kant et se positionnent pour ou contre lui est en effet proprement philosophique : en se faisant une conception de l'esprit inadéquate, qui échoue à se le représenter dans sa mobilité et son auto-intuition, en ne parvenant pas à penser les actes de l'esprit, ils se montrent incapables d'expliquer la provenance du savoir et de s'assurer de sa réalité.

On s'interdit donc de comprendre les développements proprement philosophiques de l'*Allgemeine Übersicht* si on les détache des textes que Schelling consacre à ses contemporains. Pour l'étude de l'idéalisme allemand, plus encore que pour toute autre période de l'histoire de la philosophie, on ne peut négliger l'influence des auteurs mineurs sur les auteurs majeurs, abondamment attestée du reste aussi bien par les documents d'archive et les correspondances que par les innombrables comptes rendus que font paraître les journaux savants du XVIIIe siècle. Depuis que Dieter Henrich a popularisé sa méthode d'approche des constellations historiques, nous sommes habitués à considérer cette influence comme une authentique interaction, comme une illumination réciproque. Puisqu'une part essentielle de ce que les grands auteurs ont produit relève du dialogue ou d'une dynamique collective, l'analyse des

1. F. Schlegel, lettre à Novalis du 5 mai 1797, *Kritische Friedrich-Schlegel-Ausgabe*, E. Behler (hrsg.), Paderborn, Schöningh Verlag, 1958-1980, Bd. XXIII, p. 362.

2. *Kritische Friedrich-Schlegel-Ausgabe*, *op. cit.*, Bd. II, p. 216; *L'absolu littéraire*, trad. fr. J.-L. Nancy et Ph. Lacoue-Labarthe, Paris, Seuil, 1978, p. 143.

constellations à l'intérieur desquels ils se situent permet de déterminer l'ensemble des options ou des dispositifs d'argumentation possibles qui se présentent à eux. Dans la masse des écrits mineurs produits durant l'une des époques les plus prolifiques de l'histoire de la culture, les recensions, qui, à cette époque, constituent un genre philosophique à part entière, sont des documents particulièrement précieux et nombreux : on estime par exemple qu'entre 1765 et 1805, l'*Allgemeine Deutsche Bibliothek*, le journal littéraire que dirige Friedrich Nicolai, une des cibles favorites de Schelling dans notre texte, a recensé plus de quatre-vingt mille nouveaux ouvrages.

Pour un jeune homme désargenté, qui envisage un temps de partir chercher fortune en Russie sur les traces de sa compatriote la nouvelle impératrice Sophie de Wurtemberg[1], le travail de recenseur est une source de revenus appréciable et l'occasion de se confronter à ses contemporains. Cet exercice donne aussi l'occasion de s'exprimer ouvertement en tant qu'individu, car un bon recenseur ne parle pas comme la raison personnifiée, mais exprime son individualité en chacun de ses mots, au risque de se montrer sévère et intolérant : « je ne veux pas être autre chose qu'un être humain et suis partial délibérément et en connaissance de cause – partial contre tout ce que *je* considère comme étant faux, menant à la confusion et à moitié philosophique »[2]. La recension est d'ailleurs un exercice auquel Schelling s'adonnera toute sa vie, même si, à partir des années 1810, les comptes rendus littéraires et savants prendront sensiblement le pas sur les textes polémiques[3].

Le panorama de la littérature philosophique qui nous est proposé ici doit beaucoup aux principes interprétatifs que Schelling avait mis au point à l'époque du *Stift*. La parution récente des volumes de l'*Historisch-kritische Ausgabe* contenant le *Nachlass* de notre auteur et notamment les brouillons de jeunesse consacrés à ses études de la Bible et de la philosophie grecque, nous éclaire sur la manière dont le jeune séminariste a pu exercer à Tübingen son sens herméneutique et son art du commentaire. Sa méthode d'exégèse des représentations bibliques, qui se démarque de l'herméneutique simplement philologique et littérale de l'école d'Ernesti, était d'emblée résolument historico-critique et avait trouvé à s'appliquer,

1. Lettre du 7 décembre 1796 à son père, AA, III 1, p. 105.

2. Cf. *Aperçu*, AA, I 4, p. 212.

3. Pour les nombreux comptes rendus d'œuvres littéraires que Schelling et Caroline firent paraître entre 1805 et 1809, *cf.* E. Frank, *Rezensionen über schöne Literatur von Schelling und Caroline*, Heidelberg, Carl Winter, 1912.

non seulement aux textes religieux et à la philosophie grecque, mais aussi à la philosophie kantienne, car on sait que Schelling avait eu à rédiger en 1792 une dissertation sur Reinhold et une étude de la philosophie pratique de Kant, aujourd'hui perdues[1]. On trouve encore une trace de cette réflexion sur les méthodes d'exégèse dans le compte rendu que nous traduisons ici d'une étude que Carus avait consacrée à Anaxagore, où Schelling se montre particulièrement attentif à la manière dont l'historien articule les sources internes (psychologiques et morales) et externes (historiques et contextuelles).

Le besoin de réfuter certaines interprétations abusives de la pensée de Kant et le mépris plus général affiché, par exemple dans le *Plus ancien programme systématique de l'idéalisme allemand* (*Das älteste Systemprogramm des deutschen Idealismus*), pour les philosophes de la lettre (*Buchstabenphilosophen*) conduisent notre jeune homme à réfléchir à une manière de lire et d'interpréter la philosophie critique, et plus largement les textes philosophiques, qui lui permette d'en saisir l'esprit sans s'arrêter aux limites de la formulation littérale. De même que l'écrit sur le Moi s'était donné pour projet de dépasser le sens littéral de la *Critique de la raison pure* pour atteindre « le sens plus originel de ses pensées » et développait « une exégèse de la philosophie kantienne conduite selon des principes supérieurs »[2], l'*Allgemeine Übersicht* s'attache à découvrir l'esprit de la philosophie kantienne, autrement dit ce qui en assure l'unité : « du fait de certaines expressions que j'ai entendues à propos des premiers articles de ce traité, je tiens pour nécessaire de rappeler que je n'ai jamais eu pour intention de réécrire à nouveau ce que Kant a écrit (il y a pour cela suffisamment de mains), ni de savoir ce que Kant a véritablement voulu avec sa philosophie, mais seulement ce qu'il devait nécessairement vouloir selon ma façon de voir si sa philosophie devait être cohérente en elle-même »[3].

1. Ces deux *specimina* avaient pour titre *Über die Möglichkeit einer Philosophie ohne Beinamen nebst einigen Bemerkungen über die Reinholdische Elementarphilosophie* (« Sur la possibilité d'une philosophie sans épithète, avec quelques remarques sur la philosophie élémentaire de Reinhold ») et *Über die Übereinstimmung der theoretischen und der praktischen Vernunft, bes. in Bezug auf den Gebrauch der Kategorien, und der Realisierung der Idee einer intelligiblen Welt durch ein Factum in der letzteren* (« Sur la compatibilité des Critiques de la raison théorique et de la raison pratique, particulièrement en rapport avec l'usage des catégories et la réalisation de l'idée d'un monde intelligible par un fait dans cette dernière »).

2. *Vom Ich*, AA, I, 2, p. 73 ; *Du Moi*, *op. cit.*, p. 51.

3. Cf. *Aperçu*, AA, I 4, p. 102.

Il ne s'agit donc pas, pour Schelling, de postuler l'intention, explicite ou implicite, d'un auteur, mais de reconstituer la logique interne de sa démarche et de faire apparaître la nécessité à laquelle celle-ci obéit, dans une certaine autonomie, inévitablement, à l'égard de la formulation concrète de sa pensée : « la lettre pour soi est et reste morte »[1]. Mais, c'est à Fichte, en vérité, qu'il reviendra de dire les choses plus sincèrement : « Kant ne peut jamais être compris par référence à ce qu'il dit, mais seulement par référence à ce qu'il ne dit pas »[2]. On serait presque tenté, dès lors, d'appliquer à l'approche schellingienne de l'histoire de la philosophie sa conception plus générale de la compréhension comme construction de la raison : comprendre une doctrine, c'est bien autre chose qu'en suivre la lettre, c'est en construire l'idée.

Cette méthode de lecture, que certains qualifieraient de violence herméneutique, n'empêche cependant pas Schelling d'être un des plus scrupuleux lecteurs de Kant et, de manière plus générale, un des meilleurs interprètes de l'histoire de la philosophie moderne. Ainsi, pour ne prendre qu'un exemple, il se montre particulièrement attentif aux points d'incertitude qui demeurent dans le texte kantien relativement à la nature du moi, notamment quand il est le premier à relever dans la *Critique de la raison pure* l'*hapax* si problématique « le moi est une représentation purement intellectuelle », qu'il interprète comme renvoyant à une perception existentielle qui précède l'expérience[3].

Schelling n'écrira cependant jamais son *Kantbuch* et sa lecture de la philosophie critique apparaît médiatisée par toute une série de petits auteurs. Or l'étiquette de « virtuose de la naïveté » que Schlegel avait accolée quelques mois auparavant à Schlosser, vaut, sans contredit, pour la quasi-totalité d'entre eux[4], tel ce Heydenreich, à qui l'on doit un des quatre dictionnaires kantiens parus avant 1804, mais qui croyait l'immortalité humaine, autrement dit la persistance en dehors du temps, établie par le maître de Königsberg, à partir du moment où il avait montré que le temps est une forme qui vaut pour nous tant que nous sommes liés au corps.

1. Cf. *Aperçu*, AA, I 4, p. 132.
2. Lettre à Jacobi du 31 mars 1804, *Gesamtausgabe*, Bd. III, 5, p. 237.
3. Cf. *Aperçu*, AA, I 4, p. 128.
4. F. Schlegel, « Der deutsche Orpheus. Ein Beitrag zur neuesten Kirchengeschichte » [1796], *Kritische Friedrich-Schlegel-Ausgabe*, *op. cit.*, Bd. VIII, p. 3.

Il est donc vrai que Schelling consacre un grand nombre de pages à des auteurs dont il ne fait aucun cas, qu'il qualifie de «populace dans le domaine des sciences»[1] et qu'il couvre d'invectives, comme encore Heydenreich, qu'il présente comme un «petit insolent»[2]. De tous les kantiens, Schelling ne ménage guère que Reinhold, qu'il essaie de distinguer des autres disciples de Kant, au point de nier l'évidence, en assurant que seule une mauvaise interprétation de sa doctrine a pu faire croire qu'il admettait l'existence de choses en dehors de l'esprit et en rabattant par conséquent sa pensée sur celle de Fichte[3].

Pourtant, les développements consacrés ici aussi bien aux adversaires de Kant qu'à ces kantiens orthodoxes qui, ne parvenant à saisir l'esprit de la philosophie transcendantale, ne peuvent qu'en exposer la lettre, ont bien plus qu'une importance historique, puisqu'ils tendent à mettre en lumière l'esprit du criticisme et à préciser le rapport que Schelling entretient avec lui. Ainsi, les critiques lancées par Nicolai contre le *Vom Ich* ont été d'une importance particulière pour notre auteur: l'*Aufklärer* berlinois ayant solennellement affirmé qu'«en vérité, Schelling n'a absolument rien en commun avec le maître de Königsberg»[4], il lui avait fait perdre l'illusion de croire que son projet pourrait s'inscrire dans le droit fil de celui de Kant (nous revenons sur cette polémique dans nos notes en fin de volume).

Bien sûr, à cette époque, comme peut-être aussi à toutes les étapes de son parcours, l'interlocuteur principal de Schelling reste Kant (ou, pour le dire plus exactement, encore avec Dieter Henrich, la pensée schellingienne gravite autour de cette «étoile double» qu'ont été Jacobi et Kant pour les *Stiftler* de Tübingen)[5]. Or «le but de la philosophie théorique de Kant était d'assurer la réalité de notre savoir» et il nous incombe de dire aussi clairement et intelligiblement que possible «comment il a accompli cela», chose que ses épigones n'ont pu ni voulu faire[6]. Pour un auteur qui proclame que sa philosophie est fondamentalement celle de Kant[7] et qui

1. Lettre du 27 mai 1796 à Niethammer, AA, III 1, p. 76.

2. Lettre du 10 août 1796 à Niethammer, AA, III 1, p. 92.

3. *Cf.* par exemple *Aperçu*, AA, I 4, p. 175. Le premier contact de Schelling avec la pensée de Reinhold est très ancien et remonte sans doute aux leçons de Johann Friedrich Abel à Tübingen durant l'été 1792.

4. F. Nicolai, *Beschreibung einer Reise durch Deutschland und die Schweiz, im Jahre 1781* (*Relation d'un voyage à travers l'Allemagne et la Suisse en 1781*), Berlin, 1796, p. 127.

5. D. Henrich, *Konstellationen. Probleme und Debatten am Ursprung der idealistischen Philosophie* (*1789-1795*), Stuttgart, Klett-Cotta, 1991, p. 212.

6. Cf. *Aperçu*, AA, I 4, p. 81.

7. Cf. *Aperçu*, AA, I 4, p. 124.

croit encore que toutes les difficultés que la philosophie kantienne soulève peuvent se résoudre à partir de ce que Kant nous a légué, il importe au plus haut point de répondre à l'objection du scepticisme selon laquelle la Critique est incapable de justifier la réalité de ses énoncés faute de pouvoir leur offrir un remplissement intuitif.

Nous ne pouvons justifier la nécessité de nos représentations tant que nous ne montrons pas comment l'idéalisme transcendantal inclut un réalisme. Fichte avait donné à sa Doctrine de la science la tâche de déduire le réalisme et, partant, la possibilité de la connaissance empirique. Dans les premiers écrits importants de Schelling, le *Vom Ich* et les *Lettres sur le dogmatisme et le criticisme* (1796), le réalisme était présenté non seulement comme impossible à déduire de l'idéalisme, mais comme lui étant totalement antithétique : il paraissait en être la négation. Au contraire, dans l'*Aperçu*, Schelling souligne que le sens commun possède une croyance inébranlable en l'identité de l'objet représenté et de l'objet *en soi*, croyance sur laquelle repose la conviction de la conscience empirique de la réalité d'un monde qui lui est extérieur. Cette croyance est la croyance fondamentale de ce que Schelling appelle, après Kant, « réalisme empirique »[1]. Or, même si la thèse transcendantale de l'identité de la représentation et de l'objet diffère d'une telle croyance, en ce qu'elle est une connaissance génétique (autrement dit, en tant que le philosophe peut déduire la représentation), il n'en reste pas moins vrai que la thèse de l'idéalisme transcendantal converge avec le point de vue de la conscience ordinaire, c'est-à-dire avec le « réalisme empirique » de la conscience empirique : « l'idéalisme transcendantal, dit Kant, est un réalisme empirique, c'est-à-dire qu'il affirme que l'objet représenté est en même temps aussi l'objet réel »[2]. Dans notre texte, l'idéalisme n'apparaît plus comme un système opposé au réalisme, mais comme sa justification et son fondement : l'idéalisme transcendantal est la vérité du réalisme, ou plus

1. En faisant reposer le réalisme empirique de l'« entendement commun » sur la croyance en l'identité entre, d'une part, la représentation de l'objet empirique et, d'autre part, l'objet lui-même, Schelling transforme le sens premier de l'affirmation kantienne de l'idéalisme transcendantal comme « réalisme empirique ». En effet, chez Kant, l'idée d'un « réalisme empirique » de l'idéalisme transcendantal intervient tout d'abord dans le contexte d'une élucidation de la signification de l'idéalité de l'espace dans l'« Esthétique transcendantale » de la *Critique de la raison pure*. C'est ainsi que Kant propose de comprendre l'idéalité de l'espace dans la philosophie transcendantale, en la distinguant d'une subreption de la sensibilité, dans la mesure où elle va de pair avec une affirmation de la réalité empirique de l'espace. *Cf.* Kant, *Critique de la raison pure*, AK III, p. 56; trad. Renaut, p. 124-125.

2. *Aperçu*, AA, I 4, p. 105.

fortement, comme le dit Xavier Tilliette, « le réalisme originaire se confond avec l'idéalisme avoué puisque la croyance réaliste énonce l'identité de l'objet réel et de l'objet représenté »[1].

La différence entre le réalisme et une philosophie transcendantale fondée dans le sujet ne semble pas représenter, pour le jeune philosophe, un antagonisme indépassable. Le kantisme apparaît au contraire comme un idéalisme transcendantal qui implique le réalisme le plus résolu et assure la réalité du savoir humain en dépassant le scepticisme, qui isole la représentation de l'objet, et le dogmatisme, qui ne parvient pas à expliquer ce qui relie le moi représentant et la chose en soi. Mieux même : avec la nouvelle conception productive de l'esprit qui vient ici offrir une base au kantisme, idéalisme et réalisme trouvent leur point d'unité. Authentiquement compris, ils s'unissent dans la croyance en l'identité originaire de l'objet réel et de l'objet représenté.

Or cette recherche d'une identité originaire nous éloigne assez fortement du projet transcendantal. L'ambition de notre texte n'est plus simplement, en effet, « d'expliquer la *possibilité* d'une représentation des choses extérieures en nous, mais aussi sa *nécessité* »[2]. Ce qu'il faut comprendre, c'est la nécessité de nos représentations ou ce qui rend nécessaire qu'il y ait un monde pour l'esprit. En un mot, il s'agit d'établir l'identité originaire de la pensée et de l'être, du monde et de l'esprit. Cette recherche d'une nécessité et d'une identité originaire nous conduit loin du kantisme, mais elle est, nous dit-on, la seule manière de faire du monde le « milieu de notre vie et de notre agir »[3].

C'est donc bien sur une lecture de Kant que Schelling étaye le projet qui le fait définitivement sortir du cadre du criticisme. La grande idée de Kant a été d'identifier la nature à ses lois : « il affirmait certes que les lois de la nature sont des modes d'action de notre esprit, des conditions sous lesquelles seulement notre intuition même est possible ; mais il ajoutait que la nature n'est rien de différent de ces lois, qu'elle est même seulement une action continue de l'esprit infini, dans laquelle d'abord il vient à la conscience de soi, et par laquelle il donne à cette conscience de soi étendue, durée, continuité et nécessité »[4]. C'est l'éternel mérite de Fichte que d'avoir permis une telle compréhension de la *Critique de la raison pure*. C'est lui, le vrai continuateur de Kant, qui a décisivement montré, et non

1. X. Tilliette, *Schelling. Une philosophie en devenir*, Paris, Vrin, 1992, t. I, p. 120.
2. Cf. *Aperçu*, AA, I 4, p. 84.
3. Cf. *Aperçu*, AA, I 4, p. 76.
4. Cf. *Aperçu*, AA, I 4, p. 79.

pas simplement suggéré, que la réalité ne doit pas être posée dans les choses, mais dans la pensée et dans ses lois. Il ne nous reste qu'à conclure : si les lois de la nature sont des modes d'action de notre esprit, « il n'y a de monde que pour autant qu'un esprit le connaît, et inversement il n'y a pas d'esprit sans qu'il y ait un monde en dehors de lui »[1]. Le monde et la conscience naissent l'un de l'autre.

Disons-le plus précisément : s'il y a isomorphisme de la pensée et de la nature, c'est parce qu'elles ont toutes deux la même source, l'auto-intuition de l'esprit. « Une chose n'est effective que pour autant qu'un esprit la connaît »[2]. Ce qui donne une réalité au savoir est la tendance à s'intuitionner propre à l'esprit. La réalité de notre savoir est assurée dès lors « que l'esprit, en ce qu'il intuitionne en général des objets, s'intuitionne seulement lui-même »[3]. L'esprit n'intuitionne pas ses produits, mais s'intuitionne à travers eux. Dans l'objet, l'esprit n'a jamais l'intuition que de sa propre activité. De ce fait, comme le souligne Judith Schlanger, avec notre texte, c'est la notion même d'objet qui se transforme. L'objet cesse d'être un obstacle pour devenir un produit. Il est ce que l'esprit laisse derrière lui lorsqu'il cesse d'être actif. Le monde objectif n'est plus un monde de choses, mais un monde de vie[4].

Ainsi, comme l'ont compris Fichte et, avant lui, Leibniz, l'activité qui se trouve à la base de toute réalité est celle d'un esprit libre. Or un esprit ne peut s'appréhender que dans son activité et ne se connaît que comme esprit vivant. La philosophie n'a donc plus tant à révéler et manifester le pur être absolu qu'à faire apparaître dans chacun des produits de l'esprit la simultanéité du réel et de l'idéal. C'est dans un objet doté de force productive, dans un objet dont l'intuition est aussitôt intuition de soi, comme l'organisme, que l'intuition spirituelle de l'identité du sujet et de l'objet, qui garantit la réalité de notre savoir, transparaît exemplairement.

Mais le principal réaménagement qui s'opère concerne la nature même du Moi. Le Moi de l'*Allgemeine Übersicht* est moins le Moi absolu du *Vom Ich* qu'un Moi défini par la conscience de soi et conçu comme « auto-intuition d'un esprit » : « c'est seulement dans l'auto-intuition d'un esprit que réside l'identité de la représentation et de l'objet ». Le Moi est esprit, agir, « devenir éternel »[5]. Il n'est plus une identité absolue immédiate et

1. Cf. *Aperçu*, AA, I 4, p. 76.
2. Cf. *ibid.*
3. Cf. *Aperçu*, AA, I 4, p. 85.
4. J. Schlanger, *Schelling et la réalité finie*, Paris, P.U.F., 1966, p. 46.
5. Cf. *Aperçu*, AA, I 4, p. 85-86.

éternelle, inconditionnée, mais une synthèse dynamique d'activités opposées, de forces centripète et centrifuge, une construction de soi produite par l'imagination.

On ne peut donc connaître l'esprit ou le Moi sans le construire, sans retracer l'activité à travers laquelle il devient lui-même en se faisant tour à tour pensée, représentation, volonté. « Construisez-le et vous saurez ce qu'il *est*, car il n'est absolument rien d'autre que ce que vous construisez »[1].

En effet, si l'on veut éviter de faire du Moi une chose ou une réalité subsistant par soi, il faut dire que le principe fondamental « Je suis » n'a pas de sens ni de contenu en dehors de la construction exprimée en lui, que le Moi est de part en part construction de soi[2]. Il n'a donc d'existence (*Dasein*) que pour celui qui effectue cette construction. L'unité analytique de la conscience de soi (Moi = Moi) dérive de l'unité synthétique qui la précède. Pour ceux qui ne comprennent pas le sens synthétique de cette proposition, elle ne peut être qu'un postulat.

« Pose-toi en tant que Moi » est le début de tout penser, la seule position absolue. Sans doute sous l'influence de Beck, le plus proche disciple de Kant, Schelling en arrive à proposer dans l'*Anti-critique* que nous traduisons ici, une reformulation décisive de l'idée fichtéenne de position absolue. L'impératif : produis-toi en tant que Moi par ton auto-activité, en vient à signifier que la plus haute activité n'est pas une pensée, mais une volonté.

L'*Anti-critique*, qui paraît en décembre 1796, quelques mois avant l'*Aperçu général*, et qui trouvera en Fichte un lecteur attentif, a pu donner l'impression d'anticiper de manière étonnante l'*Essai d'une nouvelle présentation de la Doctrine de la science* de 1798 : le système ne peut commencer par un principe, mais par un impératif[3]. Pour répondre à la question cruciale « Comment le Moi est-il pour soi ? », Fichte établit dans la *Seconde introduction à la Doctrine de la science* (1797) un « premier postulat » : « pense-toi toi-même, construis le concept de ton Soi et observe comment tu procèdes »[4]. La pensée de soi-même naît pour le philosophe

1. Cf. *Aperçu*, AA, I 4, p. 176.

2. Cf. *Aperçu*, AA, I 4, p. 175.

3. *Zweite Einleitung in die Wissenschaftslehre*, *Gesamtausgabe*, *op. cit.*, 1970, Bd. I, 4, p. 267 ; *Seconde introduction à la Doctrine de la science*, trad. fr. I. Thomas-Fogiel, Paris, Vrin, 1999, p. 168 n. ; *Œuvres choisies de philosophie première*, *op. cit.*, p. 311 n.

4. *Ibid.*, Bd. I, 4, p. 213 ; trad. Thomas-Fogiel, *op. cit.*, p. 125 ; *Œuvres choisies*, *op. cit.*, p. 268.

qui s'intuitionne ainsi. L'intuition intellectuelle ne peut se détacher de l'accomplissement de cet acte par lequel le Moi naît pour lui. Il obtient ainsi la conscience immédiate de l'égoïté en général ou de la raison.

Or, parmi les nombreuses critiques que le projet fichtéen de Doctrine de la science avait suscitées avant que Fichte ne fasse connaître cette *Nouvelle présentation*, une des plus fortes avait été d'être resté inféodé au programme reinholdien d'une *Grundsatzphilosophie*, d'une philosophie fondée sur un seul principe. Dès 1795, par exemple, dans un essai dont on ne saurait surestimer l'importance, Niethammer avait affirmé que la philosophie ne pouvait partir d'une proposition *a priori* immédiatement certaine pour rejoindre le conditionné, qu'une telle entreprise était purement et simplement une chimère :

> dans tout le domaine de notre connaissance, on ne peut trouver une proposition qui possède la certitude inconditionnée et apodictique nécessaire à ce que l'on appuie sur elle [...] un système du savoir [1].

Schelling découvre alors avec surprise qu'un ancien familier de Reinhold et Niethammer à Iéna, Johann Benjamin Erhard, formule des critiques similaires à son encontre dans une recension de son écrit inaugural sur le Moi. Alors qu'il ne s'était donné d'autre but, prétend-il, que de « libérer la philosophie de la torpeur dans laquelle il lui avait fallu inéluctablement tomber à cause de malheureuses recherches sur un premier principe de la philosophie »[2], notre philosophe constate avec une certaine amertume qu'on le confond avec Fichte. Comme il avait cru en un premier temps que cette recension était de la main même de Reinhold[3], l'*Anti-critique* caricature avec une certaine hargne la terminologie qu'il emploie, celle du *Grundsatz*[4].

1. F.I. Niethammer, « Von den Anspruchen des gemeinen Verstandes an die Philosophie », *Philosophisches Journal einer Gesellschaft Teutscher Gelehrten*, n° 1, 1795, p. 1-45 (Hildesheim, Olms Verlag, 1969, Bd. I, p. 23). Pour le contexte de cet essai, *cf.* P. W. Franks, *All or Nothing. Systematicity, Transcendantal Arguments and Skepticism in German Idealism*, Harvard, Harvard University Press, 2005, p. 237-240.

2. Cf. *Anti-critique*, AA, I 3, p. 192.

3. Cf. *Allgemeine Literatur-Zeitung*, n° 319, Jena u. Leipzig, le 11 octobre 1796, p. 89-91. Voir E. O. Onnasch, « Das *Kritische Journal* im Streit mit dem Logischen Realismus. Ein Streit um das Absolute als das richtige Gottesverständnis », *Kritisches Jahrbuch der Philosophie*, Bd. 7, 2002, p. 185-196, p. 187.

4. En réalité, la recension d'Erhard semble cependant avoir déplu à Reinhold, qui s'en ouvrira bientôt à Fichte : un texte comme celui-ci ne laisse rien augurer de bon pour la réception de la *Wissenschaftslehre* et l'idée de science de la science (*cf.* la lettre à Fichte du 14 février 1797, *Gesamtausgabe*, *op. cit.*, Bd. III, 3, p. 50). Pour les rapports de Niethammer et

Quelques mois plus tard, l'*Allgemeine Übersicht* le proclame cette fois solennellement : « la philosophie ne doit en général partir d'*aucun* principe fondamental »[1]. Les « malheureuses recherches » d'un premier principe conduisent à placer des propositions spéculatives abstraites à la pointe de la science et condamnent à mort la vraie philosophie, qui ne peut commencer qu'avec des actions libres. La philosophie doit commencer par un acte de liberté, elle est même l'unique acte libre : « l'homme est né pour *agir*, non pour *spéculer*, même son premier pas en philosophie doit annoncer l'apparition d'un être libre ». Le premier principe ne peut relever que d'une exigence, d'un postulat, mot qu'il faut sans doute entendre davantage au sens d'Euclide que de Kant : « le premier résultat de toute philosophie, qui est d'agir librement sur soi-même, me semblait aussi nécessaire que le premier postulat de la géométrie, qui est de tirer une ligne droite »[2]. Et pas plus que le géomètre n'a à prouver la réalité de la ligne, le philosophe n'a à prouver la liberté[3].

C'est en tout cas ce qu'il faut opposer à Reinhold, qui objectait aux *Lettres sur le dogmatisme et le criticisme* que le principe suprême de la philosophie ne pouvait être un principe pratique[4]. L'*Aperçu général* lui répond que le premier principe de la philosophie est nécessairement à la fois théorique et pratique, qu'il est nécessairement un postulat[5].

Erhard et leur appréciation de la *Doctrine de la science*, cf. *Korrespondenz mit dem Klagenfurter Herbert-Kreis. Korrespondenz mit dem Herbert- und Erhard-Kreis*, W. Baum (hrsg.), Wien, Turia & Kant, 1995.

1. Cf. *Aperçu*, AA, I 4, p. 176.

2. Cf. *Aperçu*, AA, I 4, p. 193.

3. Cf. *Anti-critique*, AA, I 3, p. 192.

4. K. L. Reinhold, « Apologie der Versuche, durch ElementarPhilosophie und Wissenschaftslehre die kritische Philosophie zur Wissenschaft kath'exochen zu erheben », *Philosophisches Journal einer Gesellschaft Teutscher Gelehrten*, J. G. Fichte u. F.I. Niethammer (hrsg.), 1797, p. 239-298, p. 286 : « le premier principe absolu doit fonder *les deux* philosophies, théorique *et* pratique, qui agissent l'une aussi bien que l'autre, mais de manière différente, puisqu'elles ne sont au fond qu'une seule et même philosophie, grâce à cette spontanéité ! Mais je crois aussi que l'on a tort de dire que le principe suprême absolu de la philosophie *tout entière* doit être un principe *pratique*, comme M. Schelling l'a récemment fait dans l'*Allgemeine Literatur-Zeitung* (n° 165, 1796), où il niait à juste titre auparavant que le principe suprême absolu, le principe de la philosophie en tant que science puisse être un principe *théorique* ! ».

5. Cf. *Aperçu*, AA, I 4, p. 173.

C'est dans l'*Anti-critique* que Schelling attribue pour la première fois, à notre connaissance, le statut de postulat au principe de la philosophie[1]. Dans ce texte, Schelling revient sur le sur le cadre problématique de l'écrit inaugural sur le Moi pour souligner que la philosophie est une idée, dont la réalisation ne peut être accomplie que par la raison pratique. La possibilité d'un commencement philosophique relève d'un pouvoir pratique de la raison. Dans ce même texte, Schelling clarifie la signification du «postulat» moyennant le problème d'un commencement subjectif en philosophie. On y apprend que le postulat porte sur l'action libre avec laquelle toute philosophie commence[2]. De même, Schelling caractérise, dans l'*Aperçu*, le propre de la philosophie transcendantale par le fait que celle-ci pose celui qui la saisit dans la liberté, reprenant ainsi le motif de l'écrit sur le Moi, d'après lequel le principe de la philosophie consiste dans l'affirmation que l'essence de l'homme réside dans l'absolue liberté[3]. La conception du principe de la philosophie comme postulat exprime ainsi toute la problématicité d'un commencement de la philosophie qui ne peut avoir lieu que par un acte de liberté, position que Schelling ne semble pas vraiment avoir abandonnée tout au long de son œuvre.

Quant au terme de postulat lui-même, comme l'a bien montré Keith Peterson, il a été choisi parce qu'il retient quelque chose du verbe «poser»[4]. Un postulat permet de fonder toute la connaissance théorique sur l'activité d'un Moi posant (un axiome serait quant à lui un produit qui ne donnerait pas l'impression d'avoir été produit par quelqu'un). En ce sens, le postulat est le signe de l'inséparabilité des raisons théorique et pratique. Beck, déjà, avait nié qu'un système pût être dérivé d'un unique principe. Pour lui, cependant, l'idée que le principe suprême de la philosophie relève d'un postulat n'avait de sens que d'un point de vue théorique: cette postulation servait seulement à distinguer, dans chaque

1. Cf. *Anti-critique*, AA, I 3, p. 194. Remarquons qu'il n'existe qu'une unique occurrence du terme de «postulat» dans *Du Moi* (*Vom Ich*, AA, I 3, p. 129; *Du Moi*, *op.cit.*, p. 106), à savoir dans le cadre d'une critique adressée à une certaine interprétation de la doctrine des postulats chez Kant. Cette critique rejoint celle des *Lettres*: il s'agit de contester que le postulat puisse rendre possible une connaissance d'un objet qui était pourtant impossible dans le domaine théorique.

2. Cf. *Anti-critique*, AA, I 3, p. 194.

3. Cf. *Vom Ich*, AA, I 2, p. 78; *Du Moi*, *op.cit.*, p. 57.

4. *Cf.* F. W. J. Schelling, *First Outline of a System of the Philosophy of Nature*, trad. fr. K. Petersen, Albany, SUNY Press, 2004, p. XIII.

cas concret, l'acte de la synthèse originaire du résultat de son application, à savoir l'unité synthétique de la conscience[1].

À l'opposé, lorsque Schelling affirme qu'un postulat doit être le principe de la philosophie et qu'il ne peut être purement théorique, il veut dire que cette science, contrairement aux autres, attend tout de la « liberté et de l'auto-activité »[2].

C'est parce que les kantiens refusent d'entreprendre cette construction que Schelling leur déclare littéralement la guerre[3]. Non seulement leurs doctrines ne permettent pas d'appréhender le Moi dans son activité et sa liberté, mais elles constituent, du fait cette fois de leur théorie de l'objet, une perversion de la philosophie critique infiniment plus dangereuse que ce que Fichte lui-même se représentait. Fichte disait que Kant n'était toléré par ses successeurs « que parce qu'il était possible d'en faire un dogmatique » ou parce que l'on pouvait se servir de sa doctrine pour cultiver le plus superficiel empirisme[4]. Mais il faut aller plus loin : Kant n'a jamais conçu l'objet comme indépendant de nous.

De son point de vue, tout ce qui pour nous est objet « n'est devenu tel que dans une synthèse originaire de l'intuition »[5]. Si l'objet existait pour soi, pourrait-on jamais lui appliquer la loi de l'entendement ? Contrairement à ce que croient les kantiens, l'objet n'est pas un donné, quelque chose qui viendrait à nous du dehors, mais il est le produit de l'auto-activité originaire de l'esprit à partir d'activités opposées. Le monde réel n'est pas étranger à l'intuition, mais le conflit originaire à partir duquel surgit « un monde effectif dans l'intuition » est une « création à partir de rien »[6]. L'esprit donne à l'objet, non seulement sa forme, mais aussi sa matière.

> Pour les kantiens, le monde, et toute l'effectivité, est quelque chose qui est originairement étranger à notre esprit, qui n'a d'autre parenté avec lui que celle, contingente, par laquelle il agit sur lui. Néanmoins, ils dominent un tel monde, qui n'est pourtant pour eux que contingent, et qui précisément

1. *Cf.* L. Nitzan, *Jacob Sigismund Beck's Standpunctslehre and the Kantian Thing-in-itself Debate*, Dordrecht, Springer, 2014, p. 206.

2. Cf. *Aperçu*, AA, I 4, p. 144.

3. Cf. *Aperçu*, AA, I 4, p. 62.

4. *Première introduction à la Doctrine de la science* (1797), *Œuvres choisies de philosophie première*, *op. cit.*, p. 250 n.

5. Cf. *Aperçu*, AA, I 4, p. 73.

6. Cf. *Aperçu*, AA, I 4, p. 76.

pourrait être aussi bien autrement, avec des lois qui – ne savent-ils pas comment et d'où ? – sont enfouies dans leur entendement[1].

Dans ce cas, le risque est que les lois d'entendement s'appliquent arbitrairement. Un système aussi extravagant n'est pas de l'idéalisme et il ferait horreur à tout « idéaliste conséquent ». Il n'est pas non plus un dogmatisme, mais un criticisme inachevé qui fait de la nature quelque chose de différent de ses lois ou se figure qu'elles ont été implantées dans le monde par un esprit extérieur, ce qui est l'absurdité même. La nature ne consiste « que dans son mode d'action immuable »[2].

Schelling appelle donc « esprit » l'activité constante d'unification ou de synthèse des tendances opposées qui est la condition de possibilité de la phénoménalité et de la conscience de soi finie. L'élément matériel de notre intuition provient en effet du jeu de deux activités opposées, qui se déterminent et se limitent réciproquement.

C'est l'existence de ces deux directions de l'activité du Moi qui explique que, lorsque celui-ci parvient, au terme de ce processus d'auto-intuition, à la conscience de soi, il trouve un monde déjà constitué et donné avant lui, qui est en réalité le produit de son auto-activité. Ce qu'il y a de plus haut en l'homme, l'intuition issue de cette auto-activité de l'esprit est ce qui donne à notre savoir « valeur et réalité »[3]. C'est donc sur la nature synthétique de la conscience de soi que repose toute la connaissance et c'est cette nature, dont la découverte s'attache au nom de Fichte, qu'il s'agit d'approfondir. L'idée d'un antagonisme entre deux tendances opposées dans l'esprit provient en effet essentiellement du *Précis de ce qui est propre à la Doctrine de la science*, que Schelling commence, semble-t-il, à étudier assidûment[4]. De même que Fichte décrit l'activité du Moi à

1. Cf. *Aperçu*, AA, I 4, p. 79.

2. *Ibid.*

3. Cf. *Aperçu*, AA, I 4, p. 73.

4. J. G. Fichte, *Grundriß des Eigentümlichen der Wissenschaftslehre in Rücksicht auf das theoretische Vermögen*, *Gesamtausgabe*, *op. cit.*, Bd. I, 3, p. 129-207, p. 147 ; *Précis de ce qui est propre à la Doctrine de la science au point de vue de la faculté théorique* [1795], *Œuvres choisies de philosophie première*, trad. fr. A. Philonenko, Paris, Vrin, 1999, p. 181-238, p. 185 : « les directions opposées de l'activité du Moi ». C'est pourquoi nous ne dirons pas aussi fortement que Manfred Frank que le concept d'esprit de l'*Allgemeine Übersicht* représente davantage un prolongement de la conception kantienne de l'organisme comme principe autorégulateur qu'un développement de la doctrine fichtéenne du moi. Nous n'opposerions pas aussi franchement ces deux sources (*cf.* M. Frank, « "Identity of identity and non-identity". Schelling's path to the "absolute system of identity" », *in* L. Ostaric (ed.),

partir de deux directions contradictoires, Schelling ne reconnaît à l'esprit d'autre unité que la continuité de ses représentations et fait dépendre leur nécessité de la structure de l'esprit et de sa dualité de tendances.

C'est dans l'intuition que l'esprit et l'objet se rencontrent. Il faut appeler idéaliste celui pour qui cette intuition est une pensée morte et qui ne reconnaît rien d'immédiat. Son système désolant ne lui apporte aucune certitude[1]. Il est présenté comme seul et « abandonné au milieu du monde », entouré partout de fantômes, éternellement en quête d'une consolation. Sans intuition intellectuelle, nous nous trouvons privés de toute orientation et le monde ne nous offre plus aucune direction privilégiée. C'est cet idéalisme-là que Kant a voulu bannir à jamais de la tête des hommes.

C'est donc dans l'immédiateté du rapport de l'esprit à l'objet que le jeune Schelling trouve ce qui fonde la réalité du savoir. « Toute la réalité de notre connaissance repose en premier lieu sur ceci qu'il y a en elle au moins quelque chose de présent immédiatement à l'âme sans la médiation de concepts ou de déductions »[2], affirme-t-il, en empruntant alors beaucoup au « réalisme transcendantal » jacobien[3]. Le fondement de toute réalité relève, non de la conscience, mais d'une intuition préconsciente. De ce point de vue, il faut reconnaître que Kant n'a pas assez clairement reconnu que toute la réalité de notre savoir se ramène à l'intuition. Il prenait en effet pour point de départ que ce qui est premier dans notre connaissance est l'intuition :

> il en résultait aussitôt la proposition selon laquelle l'intuition est le *plus bas* degré de la connaissance. Elle est pourtant ce qu'il y a de plus haut dans l'esprit humain, c'est à elle d'abord que toutes nos autres connaissances empruntent leur valeur et leur réalité[4].

Dans cet *Aperçu général*, l'intuition intellectuelle désigne la saisie immédiate du Moi par lui-même, qui lui permet de s'arracher à l'objectivité, bref de se poser comme conscience de soi. C'est cette intuition intellectuelle comme condition de possibilité de la conscience de soi qu'exige

Interpreting Schelling. Critical Essays, Cambridge, Cambridge University Press, 2014, p. 120-144, p. 137 n).

1. Cf. *Aperçu*, AA, I 4, p. 80.

2. Cf. *Aperçu*, AA, I 4, p. 102.

3. Cette dernière expression vient de la *Critique de la raison pure* (*Werke Akademie-Textausgabe*, Berlin, W. de Gruyter, 1902 (1968) [dorénavant abrégé en AK], Bd. III, p. 369 ; trad. fr. A. Renaut, Paris, Garnier-Flammarion, 2006, p. 501).

4. Cf. *Aperçu*, AA, I 4, p. 80.

le philosophe pour philosopher. L'intuition intellectuelle en vient à signifier « l'accès à la liberté de l'esprit fondée dans la nature vivante en nous »[1].

Néanmoins, dans l'intuition, l'esprit ne se connaît pas, de même qu'il ne connaît aucun objet. Pour qu'il y ait objet et donc connaissance de soi de l'esprit, il faut que « cette action originaire de l'intuition dans laquelle d'abord était l'objet » soit reproduite par l'imagination[2]. Dans cette répétition, l'imagination apparaît comme l'auto-activité originaire de l'esprit. Elle est la faculté qui permet que l'infinité de la productivité spirituelle et la finitude nécessaire à la réflexion sur soi de l'esprit s'accordent.

Kant a donc eu raison de faire de l'imagination l'activité originaire de l'esprit ou d'affirmer que c'est son action qui rend la connaissance possible. Parler, comme il le fait, d'une synthèse de l'imagination dans l'intuition, faire de cette synthèse une action de l'esprit (*Gemüth*), c'est reconnaître que l'espace et le temps sont, en tant que formes de cette synthèse, « des modes d'action de l'esprit ». Dans la *Critique de la raison pure*, « l'espace et le temps désignaient en général les modes d'action de l'esprit dans l'état de l'intuition ». « Cette affirmation était donc une indication qui, bien utilisée, pouvait donner l'éclaircissement le plus complet qui soit sur l'essence de l'intuition même (l'élément *matériel* de cette intuition) et par là sur tout le système de l'esprit humain »[3]. C'est là le point fondamental que les kantiens ont négligé. Temps et espace ne sont pas seulement des formes pures de l'intuition, mais des produits de l'activité originaire de l'esprit. L'espace donne à un objet une extension illimitée jusqu'à ce que le temps lui impose la limitation de devoir occuper une place particulière. L'espace est pure extension sans limite, le temps est pure limitation, négation de l'extension. Le temps et l'espace se déterminent réciproquement : le temps donne ses limites à l'espace et l'espace donne au temps une extension. « Il s'ensuit donc, puisque l'espace et le temps sont les conditions de l'intuition, que l'intuition en général n'est possible que par deux activités absolument opposées »[4].

Dans son oscillation, l'imagination est non pas entendement, mais raison. L'imagination productive est donc, comme le voulait Fichte, l'essence vraie du Moi, la vraie totalité de toutes ses facultés, la synthèse de toutes les synthèses et la faculté authentiquement philosophique. C'est en

1. F. Moiso, *Vita natura libertà. 1795-1809*, Milano, Mursia, 1990, p. 149.
2. Cf. *Aperçu*, AA, I 4, p. 77.
3. Cf. *Aperçu*, AA, I 4, p. 74.
4. *Ibid.*

elle qu'apparaît l'identité immédiate du concept et de la réalité. En même temps, parce qu'elle s'identifie à ce qu'il y a de plus libre, elle se voit accorder une productivité et une réalité absolue. C'est à son modèle que sera pensée la productivité du monde naturel ou que les *Idées pour une philosophie de la nature* se représenteront la nature comme *natura naturans*.

Du vivant de Schelling, la doctrine de l'imagination de l'*Allgemeine Übersicht* n'a qu'un seul lecteur important, et pour le moins indélicat, en la personne de Samuel Taylor Coleridge[1]. Son unique ouvrage philosophique, la *Biographia Literaria*, contient en effet des dizaines d'emprunts non signalés à notre texte, notamment dans les pages des chapitres XII et XIII consacrées aux postulats d'une philosophie dynamique et à la théorie de l'imagination qui en découle. Étant donné que le sujet et l'objet, le moi et la nature, sont deux axiomes dont nous avons à établir la relation en tout acte de connaissance, l'idéalisme coïncide avec le réalisme accompli, dès lors que la relation des pensées et des choses apparaît dépendre d'une faculté tierce, à la fois active et passive, l'imagination. Cette imagination, élevée au rang de principe, s'identifie alors au pouvoir ésemplasique (*esemplastic power*) qui engendre de nouvelles réalités en faisant fusionner le moi et le non-moi. Coleridge, qui parle d'une « coïncidence géniale » entre ses idées et celles de Schelling, du fait probablement d'une origine kantienne commune (« nous avons étudié à la même école, avons été disciplinés par la même philosophie préparatoire, celle qui est contenue dans les écrits de Kant »)[2], s'éloigne cependant de notre auteur en identifiant

1. L'index de l'édition que nous utilisons dresse la liste des emprunts de Coleridge (*Biographia Literaria, S.T. Coleridge Collected Works*, J. Engel and W. Jackson Bate (eds.), Princeton, Princeton University Press, 1983, t. 7, 2, p. 386). Sur la question du plagiat, *cf.* E. Shaffer, « The "Postulates in Philosophy" in the Biographia Literaria », *Comparative Literature Studies*, n° 7, 1970, p. 297-313. Crabb Robinson remarquait que Schelling est le seul auteur que Coleridge suive de façon véritablement servile, ce qu'il ne fait ni avec Boehme ni avec Kant par exemple. On a rapproché cette façon de faire de la nécessaire inconscience du génie créateur, mais on l'a aussi rattachée à l'addiction à l'opium que Coleridge développe à cette époque. Pour notre compte, nous préférons renvoyer à une des belles formules de notre ouvrage que le poète anglais retranscrit soigneusement : « le medium par lequel les *esprits* se comprennent n'est pas l'air environnant, mais la liberté commune, dont les secousses se propagent jusqu'au plus profond de l'âme » (cf. *Aperçu*, AA, I 4, p. 169).

2. *Biographia Literaria*, *op. cit.*, 1, p. 160-161 : « dans la *Naturphilosophie* et dans le *Système de l'idéalisme transcendantal* de Schelling, j'ai d'abord trouvé une géniale coïncidence (*a genial coincidence*) avec un grand nombre de choses que je m'étais efforcé de découvrir pour moi-même et un puissant renfort pour ce que j'avais encore à accomplir ». Nous croyons que le rapprochement qui a pu être proposé entre l'expression « géniale

l'imagination, le pouvoir de « répéter dans l'esprit fini l'acte éternel de création dans le *Je suis* infini », à la perception elle-même[1].

La conception dynamique de l'esprit qui se fait jour ici a une importance d'autant plus grande pour Schelling qu'elle fournit aussi une assise théorique à la philosophie de la nature dont il commence à avoir le projet. Si nous arrivons à prouver que les forces d'attraction et de répulsion qui animent la matière et la vie sont aussi les deux pôles de l'esprit, nous pourrons étendre aux formes supérieures de la nature la construction que les *Premiers principes métaphysiques de la science de la nature* kantiens limitaient aux forces élémentaires de la matière et nous pourrons, en unifiant la forme et le contenu de la connaissance, dépasser les limites du kantisme.

L'esprit a en effet en lui une nature dont le mouvement s'apparente à celui de la nature externe. Il est, en vérité, une nature qui s'organise elle-même, qui est cause et effet de soi. Cette idée d'une nature intérieure de l'âme, en référence sans doute à un motif kantien[2], est un des thèmes les plus originaux de notre *Allgemeine Übersicht* : « ce qu'intuitionne l'âme est toujours sa *propre nature, se développant*. Sa nature n'est cependant rien d'autre que ce conflit souvent mentionné qu'elle présente dans des objets déterminés. Ainsi indique-t-elle à travers ses propres produits, de façon imperceptible à des yeux ordinaires, de façon claire et déterminée pour le philosophe, le chemin sur lequel elle parvient peu à peu à la conscience de soi. Le monde extérieur se tient ouvert devant nous pour que nous retrouvions en lui l'histoire de notre esprit »[3].

Il est certain que la nature ne peut être une chose inerte ou étrangère à l'esprit, telle que le dogmatique se la représente. Comment une conscience pourrait-elle se représenter une matière totalement morte? Il faut au contraire affirmer qu'il existe une identité stricte entre ce qui est agissant dans la nature et ce qui est agissant dans l'esprit :

coïncidence » et la proposition qui ouvre le *Système de l'idéalisme transcendantal*, est excessif et repose sur une mauvaise compréhension du terme *Übereinstimmung* (*cf.* T. J. Mazzeo, *Plagiarism and literary Property in the Romantic Period*, Philadelphia, University of Pennsylvania Press, 2007, p. 39).

1. *Biographia Literaria*, *op. cit.*, 1, p. 304.

2. *Cf.* I. Kant, *Critique de la raison pure*, AK IV, p. 92, trad. A. Renaut, *op. cit.*, p. 194 : « l'ordre et la régularité qui se rencontrent dans les phénomènes que nous appelons nature, y sont mis par nous-mêmes, et nous ne saurions les y trouver si, originairement, nous ou la nature de notre esprit ne les y avait introduits ».

3. Cf. *Aperçu*, AA, I 4, p. 110.

> il n'y a plus de raison, ici, d'être craintif dans nos affirmations. Il n'y a plus de doute possible devant ce qui *se produit* tous les jours sous nos yeux. Il y a une force productive dans les choses en dehors de nous. Mais une telle force est seulement la force d'un *esprit*[1].

Ou bien nous expliquons la matière à partir de l'esprit, ou bien l'esprit à partir de la matière. Mais comme nous ne pouvons comprendre la matière à partir d'elle-même, nous ne pouvons expliquer la matière qu'à partir de l'esprit. « L'esprit possède donc un effort nécessaire à s'intuitionner dans ses activités contradictoires. Il ne le peut sans les présenter dans un unique produit commun, c'est-à-dire sans les rendre *permanentes*. Elles apparaissent donc du point de vue de la conscience comme des activités *au repos*, c'est-à-dire comme des forces qui n'agissent pas *elles-mêmes* activement, mais seulement *en opposition* au choc extérieur. – La matière n'est rien d'autre que l'*esprit intuitionné dans l'équilibre de ses activités* »[2]. La matière est née de l'esprit[3]. Une modification importante affecte la théorie de l'objet : l'objet est une construction de l'esprit, la nature est le produit de son auto-activité originaire. De là viennent aussi l'intérêt porté à Anaxagore et la recension que Schelling donne du travail de Carus : le premier philosophe grec à avoir conçu la cause suprême de manière purement intellectuelle est aussi celui qui a le plus systématiquement cherché à éclaircir le passage du *Nous* à l'élément matériel, aux homéomères[4].

« À notre philosophie, jusqu'ici, n'a manqué rien tant que la nature »[5]. Dix ans après cette parution, Schelling se rappellera de cette époque où la « scolastique kantienne » faisait peser une chape de plomb sur les esprits et avait chassé jusqu'au souvenir du vivant hors de la science. Il se félicitera

1. Cf. *Aperçu*, AA, I 4, p. 114.

2. Cf. *Aperçu*, AA, I 4, p. 107.

3. Cf. *Aperçu*, AA, I 4, p. 92.

4. Schelling avait développé une certaine amitié pour le jeune érudit (qu'il ne faut pas confondre avec Carl Gustav Carus, le futur grand *Naturphilosoph* et théoricien de l'inconscient), *cf.* la lettre du 27 mai 1796 à ses parents, AA, III 1, p. 74.

5. Cf. *Aperçu*, AA, I 4, p. 81. Comme toute sa génération, Schelling a très tôt manifesté un sens aigu de la nature : à Bebenhausen, il croyait déjà apercevoir dans sa beauté sauvage un signe de la grandeur de Dieu (*Aus Schellings Leben. In Briefen*, *op. cit.*, Bd. I, p. 7. Les voyages qu'il effectue de Stuttgart à Leipzig en 1796, puis de Leipzig à Berlin en avril 1797 et surtout la visite du parc de Wörlitz, peut-être aussi importants pour lui que la découverte de l'Oberland bernois pour Hegel, sont à nouveau l'occasion d'exprimer un goût pour la nature que l'on peut qualifier de préromantique et qui, en quelque sorte, annonce et prépare son intérêt ultérieur pour l'art (AA, III 1, p. 121-132).

que l'esprit puisse à nouveau se réjouir et jouer, libre et courageux, « dans le courant éternel de la vie et de la beauté »[1]. On peut cependant, dès maintenant, anticiper le moment où les découvertes qui se font dans le domaine des sciences et de la médecine mettront un terme, « d'un seul coup, à toute l'époque désolante des kantiens »[2].

En effet, la validité de la construction philosophique n'est assurée que si la nature apparaît comme le miroir et l'*analogon* de l'esprit, autrement dit si les puissances de l'intuition qui sont présentes dans le Moi peuvent aussi, jusqu'à une certaine limite, être repérées dans la nature. Un parallélisme s'établit ainsi entre l'idéal et le réel ou entre la philosophie transcendantale et la philosophie de la nature (celle-ci restant nécessairement, du fait de sa provenance, dans l'orbe du transcendantalisme).

Or, la nouvelle détermination du caractère spirituel qui se fait jour ici conduit non seulement à affirmer la continuité de la nature et de l'esprit, mais à justifier, pour ainsi dire transcendentalement, l'idée d'une continuité ininterrompue de la nature elle-même, de ses formes les plus simples jusqu'aux formes supérieures du cosmos. L'idée d'une activité immanente du Moi garantit donc non seulement la réalité du savoir et l'effectivité du monde, mais fonde aussi, à terme, la possibilité d'une philosophie de la nature, en qualité de philosophie théorique appliquée. Dans la lettre du 11 juillet 1798 où il remercie Niethammer, alors professeur extraordinaire de théologie, d'être intervenu lors de sa nomination au poste de professeur à Iéna, Schelling déclare que la deuxième partie de l'*Aperçu général* qu'il propose à la publication pourra « servir en même temps d'introduction aux futures leçons sur la philosophie de la nature, etc. » qu'il compte donner à l'université[3].

La nature est en effet animée par une pulsion qui la pousse à exprimer à l'infini un seul et même archétype, « la forme pure de notre esprit »[4]. À travers la « succession graduée (*Stufenfolge*) » des organisations, l'esprit parvient progressivement à l'intuition de soi. Il se découvre comme étant lui-même un organisme. Quand l'esprit découvre qu'il est la cause de ses représentations, il se saisit comme cause et effet de lui-même, c'est-à-dire

1. Cf. *Darlegung des wahren Verhältnisses der Naturphilosophie zu der verbesserten Fichteschen Lehre* (1806), SW VII, 49-50.
2. Cf. *Aperçu*, AA, I 4, p. 62 n.
3. Lettre du 7 juillet 1797 à Niethammer, AA, III 1, p. 178.
4. Cf. *Aperçu*, AA, I 4, p. 114.

comme une nature originaire s'organisant elle-même[1]. Le concept d'organisme découle donc pour nous, d'une certaine façon, de la nature même de l'esprit.

L'organisme est l'image du système de l'esprit universel :

> puisque se trouve dans notre esprit un effort infini pour s'organiser lui-même, une tendance universelle à l'organisation doit se manifester aussi dans le monde extérieur[2].

Le concept d'organisme est le concept fondamental de la philosophie de la nature, laquelle pourrait se définir, sans excès, comme une philosophie de l'organisme, d'après le nom que Whitehead a donné à son œuvre. L'esprit s'apparaît à lui-même extérieurement comme matière organisée, animée. « Car seule la *vie* est l'analogon visible de l'être spirituel »[3].

Dans l'*Aperçu général*, Schelling n'a jamais été aussi proche du projet fichtéen, comme en témoigne l'enthousiasme avec lequel le philosophe d'Iéna reçoit les *Ideen zu einer Philosophie der Natur* (*Idées pour une philosophie de la nature*). Malgré l'entente apparente entre les deux penseurs, les différences sont néanmoins importantes. Si, du point de vue de la Doctrine de la science, le monde se manifeste au Moi comme ce qui, à titre de non-moi, résiste à son activité infinie, c'est-à-dire sous la figure du choc, Schelling pense que le Moi agit à travers le monde, non contre lui. Pour lui, la nature ne peut être considérée seulement comme le lieu de l'opposition ou de la communication intersubjective. Elle est plutôt ce qui permet le déploiement de l'activité d'unification des tendances opposées qui définit l'esprit. La praxis s'en trouve alors redéfinie, puisque, à compter du moment où l'esprit est à même de reconnaître dans les productions naturelles la trace de sa propre activité synthétique, la réalisation pratique du Moi dans la conscience de soi passe par un rapport à la nature qui n'est plus celui d'un rapport à une extériorité radicale simplement connue sur le mode de l'objet.

Pour Schelling, il existe donc une homogénéité de structure entre le Moi et la nature, pour autant que l'un et l'autre sont rendus possibles par le conflit des forces. Le Moi et la nature se trouvent unis par une identité

1. Cf. *Aperçu*, AA, I 4, p. 113 : l'âme « s'intuitionnera donc elle-même comme un objet dans lequel se trouve une force productive. Dans la mesure où elle *produit ses propres* représentations, elle est par elle-même *réciproquement cause et effet*. Elle s'intuitionnera donc comme un objet *qui* est *par soi-même réciproquement cause* et *effet*, ou, ce qui est la même chose, comme *une nature s'organisant elle-même* ».

2. Cf. *Aperçu*, AA, I 4, p. 113.

3. Cf. *Aperçu*, AA, I 4, p. 115.

structurelle transcendantale, pour autant que les activités qui rendent possible la conscience de soi finie sont identiques à celles que le philosophe transcendantal mobilise pour expliquer la possibilité de la nature. La nature est le miroir dans lequel l'esprit infini vient à la conscience de soi : « chaque plante est, pour ainsi dire, le trait confus de l'âme »[1]. La philosophie de la nature de 1797 est par conséquent encore une philosophie transcendantale, qui doit répondre non à la question de l'effectivité de la nature, mais à la question de sa possibilité.

Quelque chose interdit cependant au criticisme kantien d'appréhender les contenus de l'esprit, et avec eux la nature entière, comme dérivant de cette dualité de tendances. La chose en soi, cette chose censée exister encore en dehors de la chose effective et fournir le matériau de nos représentations, est cet élément de dogmatisme qui empêche de reconnaître dans la nature la préhistoire de notre esprit. Si, avec Fichte, il a fallu dissiper le mirage d'une chose en soi agissant originairement sur nous, c'est pour assurer la réalité de notre savoir et faire apparaître l'accord nécessaire de la représentation et de l'objet, mais aussi pour permettre, comme le disaient les *Lettres sur le dogmatisme et le criticisme*, « la jouissance et l'exploration » libres de la nature[2].

La chose en soi est, comme le disait Jacobi et comme le répètera Hegel, le *caput mortuum* de la théorie kantienne[3]. Qu'une place soit laissée à l'intérieur de l'édifice critique à ce « quelque chose indéterminé et logique » obtenu par abstraction de toutes les propriétés possibles de l'objet est le signe que la question de la réalité du savoir n'est pas totalement résolue chez Kant. En alléguant l'existence d'une chose en soi, la *Critique de la raison pure* ne contredit-elle pas sa thèse fondamentale, à savoir que « tout ce qui pour nous est objet (*Objekt*), chose, ob-jet (*Gegenstand*) n'est devenu tel que dans une synthèse originaire de l'intuition »[4] ?

Sur ce point, l'influence de Jacob Sigismund Beck, qui se donnait expressément pour principe d'« interdire l'entrée dans la philosophie spéculative au concept de chose en soi »[5], a été déterminante. Le disciple

1. Cf. *Aperçu*, AA, I 4, p. 79 et 113.

2. Cf. *Lettres philosophiques sur le dogmatisme et le criticisme*, AA, I 3, p. 111.

3. F. H. Jacobi, *Briefe an Fichte* (1799), *Werke. Gesamtausgabe*, K. Hammacher u. W. Jaeschke (hrsg.), Hamburg/Stuttgart-Bad Cannstatt, Meiner/Frommann-Holzboog, 1998-2004, Bd. 2, p. 202; *Lettre à Fichte*, trad. fr. P. Cerutti, Paris, Vrin, 2009, p. 114. G. W. F. Hegel, *Science de la logique*, trad. fr. B. Bourgeois, Paris, Vrin, 1994, § 44, p. 304.

4. Cf. *Aperçu*, AA, I 4, p. 73.

5. Lettre à Kant du 20 juin 1797, *Correspondance*, *op. cit.*, p. 660.

préféré de Kant est celui qui a le plus résolument orienté l'interprétation de la *Critique de la raison pure* dans le sens d'une lecture idéaliste. Dans le troisième volume de son *Analyse explicative des écrits de M. le professeur Kant publiée sur ses conseils*, intitulé *Exposé du seul point de vue possible à partir duquel juger la philosophie critique*[1], il soutenait que toutes les hypothèses que formule le maître de Königsberg, la chose en soi, l'idéalité du temps et de l'espace, la distinction des intuitions et des concepts, n'ont pas de sens hors de l'idéalisme. Contrairement à ce qu'ont cru Reinhold et Schulze, Kant conçoit l'objet comme constitué par les catégories et son langage réaliste n'est qu'un langage d'emprunt.

Ainsi, dans la *Première introduction à la Doctrine de la science*, Fichte rend-il grâces à Beck d'avoir montré que la *Critique de la raison pure* est un idéalisme et que le contenu de l'expérience n'a pas d'autre fondement que le Moi. Puisqu'il a compris que « la philosophie kantienne n'enseigne aucun dogmatisme, mais un idéalisme transcendantal et que, d'après elle, l'objet n'est donné ni en totalité, ni en partie, mais est construit », son écrit apparaît comme la meilleure préparation possible à la *Doctrine de la science* et sa lecture doit être vivement recommandée aux étudiants[2]. Fichte et Schelling finiront cependant par reprocher à Beck d'avoir versé dans un idéalisme radical, au motif qu'il « extermine la chose en soi, mais ne sait rien mettre d'autre à sa place »[3]. Mais ils restent fidèles à son idée fondamentale : Kant ne parle un langage réaliste que pour se faire comprendre de ses lecteurs. La trajectoire de Beck entre 1793 et 1795, de la fidélité absolue à Kant de l'*Erläuternder Auszug aus den kritischen Schriften des Herrn Prof. Kant, an Anrathen desselben* (1793) à l'idéalisme intégral de *L'unique point de vue possible* (1795) et son idée d'une construction intégrale de l'objet par l'acte synthétique du Moi ont décisivement marqué les esprits.

Aussi est-ce à peine si Schelling concède au terme de « chose en soi » le caractère d'une expression « symbolique », c'est-à-dire d'une expression à même d'exprimer les Idées par la contradiction qu'elle porte en elle. La notion de chose en soi manifeste en effet clairement la contradiction qu'il y a à vouloir présenter l'inconditionné dans le conditionné ou

1. *Erläuternder Auszug aus den kritischen Schriften des Herrn Prof. Kant, auf Anrathen desselben, Dritter Band, Einzig möglicher Standpunct, aus welchem die critische Philosophie beurteilt werden muss*, Riga, Hartnack, 1796.

2. *Erste Einleitung in die Wissenschaftslehre*, GA I, 4, p. 203 n. ; *Première introduction à la Doctrine de la science*, *Œuvres choisies de philosophie première*, *op. cit.*, p. 260.

3. Cf. *Aperçu*, AA, I 4, p. 150 n.

l'infini dans le fini. Inspiré par cette conception du symbole, un commentateur a pu caractériser l'interprétation que l'on propose ici de Kant de lecture symbolique [1].

C'est en tout cas au sujet de l'existence des choses en soi que Schelling se heurte le plus violemment aux kantiens. Puisque Kant parlait de noumène, ses disciples se sont figuré que l'affection de la sensibilité qui précède l'intuition consistait en une influence ou une causalité de la chose en soi. Aussi ont-ils délaissé le terrain de la recherche scientifique pour se mettre en quête d'un hypothétique fondement suprasensible de tout ce qui se donne aux sens. La théorie kantienne est en partie responsable des erreurs que les hiérophantes kantiens ont commises sur son compte : tous l'ont pris pour un système spéculatif et ont cru suivre son exemple en se jetant à corps perdu dans la spéculation.

Schelling peut alors reprocher aux disciples de Kant de vouloir faire table rase de toute connaissance réelle et de considérer comme superflue la « culture de l'esprit » que présuppose la philosophie, cette culture « que l'on ne peut attendre *a priori* de tout un chacun », mais qui doit se transmettre par l'éducation. Schelling, qui parle, en vrai fichtéen, de la fierté que l'on peut avoir d'être un « homme cultivé »[2], dévoile alors, dans sa correspondance, mais aussi dans la recension d'un texte de Niethammer sur l'instruction du peuple, des préoccupations d'ordre pédagogique, qui le conduisent par exemple, en février 1796, à promettre à l'un de ses correspondants, le très républicain Georg Kerner, l'envoi d'un projet de plan pour un institut d'éducation populaire[3].

Mais, si notre philosophe se montre si sévère avec le fade formalisme des kantiens, c'est surtout parce que ces derniers ne trouvent rien à opposer au scepticisme, hormis l'existence de ces supposées choses en soi. À cause d'eux, dira Hegel, la philosophie « s'est évanouie dans la foule des faits et des choses cherchées derrière ces faits ». Mais « ces fauves indomptables cachés derrière les buissons des phénomènes »[4] sont de peu de secours face aux objections de Schulze.

1. J. M. Wirth, *The conspiracy of Life. Meditations on Schelling and His Time*, New York, State University of New York Press, 2003, p. 86. Cf. *Aperçu*, AA, I 4, p. 80.

2. Cf. *Aperçu*, AA, I 4, p. 70-72.

3. Lettre du 13 février 1796 à G. Kerner, AA, III 1, p. 45.

4. *Cf.* G. W. F. Hegel, *La relation du scepticisme avec la philosophie*, trad. fr. B. Fauquet, Paris, Vrin, 1986, p. 79.

Schelling reprend donc à son compte la célèbre critique que Jacobi et Schulze adressaient à Kant chacun à leur façon, à savoir qu'il devait nécessairement faire usage de la catégorie de la causalité au-delà de son usage catégorial légitime, pour expliquer comment la chose en soi peut agir sur la sensibilité et devenir par-là phénomène (alors que la causalité, comme catégorie de l'entendement, ne peut s'appliquer qu'à des phénomènes et présuppose déjà le temps et l'espace). Schelling évite cette incohérence en faisant de l'objet un produit de la double tendance propre au Moi (qui s'exprime, d'une part, comme espace et, d'autre part, comme temps) dans son activité d'auto-intuition. Schelling résout ainsi le problème de la réalité du savoir et répond aux objections sceptiques (dans la mesure où la réalité du savoir est immanente au savoir lui-même) et aux objections de Jacobi (selon lesquelles il faut une croyance en une donation transcendante pour qu'il y ait réalité du savoir).

Comment cependant ne pas renoncer à la réalité de nos représentations en l'absence de choses en soi ? Comment ne pas désespérer de la réalité du savoir si l'on considère que la croyance en l'existence de choses en dehors de nos représentations n'est qu'une « chimère (*Hirngespinst*) »[1] et si même l'on se fait fort, comme plus tard dans le *Système de l'idéalisme transcendantal*, de faire la genèse de cette illusion en montrant comment l'opposition du moi et de la chose en soi peut elle-même être déduite du moi[2] ?

À notre avis, la réponse se trouve dans la proclamation solennelle sur laquelle s'achève l'*Aperçu général* proprement dit : « le temps est venu de comprendre Leibniz »[3].

Si les kantiens avaient lu la *Monadologie*, ils auraient compris que les choses en soi ne peuvent être des choses mortes, mais qu'elles sont capables de connaissance et de représentation ou que seul est ce qui se représente, ce qui se tourne vers soi[4]. L'objet mort, dépourvu de soi, n'est pas, mais « existe (*da ist*) », ou n'est qu'« un simple phénomène »[5]. S'ils avaient appréhendé l'« immortel esprit » de Leibniz, les kantiens auraient compris que le vrai sens de l'individualité est d'être esprit. Ils auraient vu, comme Jacobi, que « le système de Leibniz tout entier part de

1. Cf. *Aperçu*, AA, I 4, p. 75.

2. *System des transzendentalen Idealismus*, AA, I 9, p. 111 ; *Système de l'idéalisme transcendantal*, trad. fr. C. Dubois, Louvain, Peeters, 1978, p. 75.

3. Cf. *Aperçu*, AA, I 4, p. 170.

4. Cf. *Aperçu*, AA, I, 4, p. 87.

5. Cf. *Aperçu*, AA, I, 4, p. 76.

l'individualité et y retourne »[1]. Leur méconnaissance de la philosophie de Kant s'étend évidemment à celle de son prédécesseur et ils ne voient pas pourquoi Leibniz « donnait la représentation aux choses en soi »[2] ou faisait de tout ce qui est une pure force de représentation. Ils ne voient pas que sa grandeur est d'avoir montré que toutes les forces de l'univers se ramènent à des forces représentatives et ne peuvent comprendre pourquoi « le siècle de Leibniz a donné à chaque plante une âme »[3].

La philosophie schellingienne prend désormais Leibniz pour figure conductrice, et non plus Spinoza. C'est, semble-t-il, est assez naturel quand le point de départ n'est plus l'unité substantielle, comme c'était le cas dans le *Vom Ich* et les *Lettres sur le dogmatisme et le criticisme*, mais la synthèse de l'infini et du fini. Leibniz, en définissant la monade comme un miroir qui fait tenir en raccourci l'infini dans le fini, a montré que l'on ne peut unir sujet et objet que dans un être qui est à la fois représentant et représenté. Ce faisant, il a ouvert la voie à Fichte et à l'identification de l'être qui est à la fois sujet et objet, non plus cette fois à une monade, mais à un moi. Le *Système de l'idéalisme transcendantal* justifiera ce rapprochement entre le moi et la monade en décrivant le Moi « comme un monde totalement fermé en soi, une monade, qui ne peut sortir de soi et dans laquelle il ne peut non plus rien entrer du dehors »[4].

L'influence de Leibniz sur Schelling est si ancienne et si franche que Plitt, son premier biographe, a émis l'hypothèse que c'est elle qui lui permet de lire Kant avec un tel recul[5]. Avant l'*Aperçu général*, l'auteur de la *Monadologie* était certes plutôt présenté comme un dogmatique au sens kantien du terme, à savoir comme un homme qui ne voit dans les phénomènes que des limitations de la réalité infinie du non-moi et n'accorde à

1. *Ideen zu einer Philosophie der Natur*, AA, I 5, p. 91.

2. Cf. *Aperçu*, AA, I 4, p. 76.

3. Cf. *Ideen zu einer Philosophie der Natur*, AA, I, 5, p. 99.

4. *System des transzendentalen Idealismus*, AA, I 9, p. 72; *Système de l'idéalisme transcendantal*, *op. cit.*, p. 44. On peut noter que, lors de son propre séjour au *Stift*, le père de Schelling, Friedrich Joseph, avait consacré une dissertation à Leibniz (*Dissertatio philosophica de simplicibus, et eorum diversis speciebus*, 1758), qui replaçait la question de la monade dans le cadre plus général d'une réflexion métaphysique sur le monisme et le dualisme.

5. *Aus Schellings Leben. In Briefen*, G.L. Plitt (hrsg.), Leipzig, G. Hirzel, 1869-1870, Bd. I, p. 25. À Bebenhausen, un de ses professeurs, Reuchlin, avait fait lire la *Monadologie* au tout jeune Schelling et lui avait offert le *Recueil de diverses pièces sur la philosophie par Messieurs Leibniz, Clarke, Newton et autres auteurs célèbres*, livre que, dit-on, il chérissait particulièrement.

l'absolu d'autre réalité que celle d'une abstraction[1]. Mais *Du Moi comme principe de la philosophie* se concluait déjà sur une évocation du concept leibnizien d'harmonie préétablie pour fonder le projet d'établissement d'une « harmonie préétablie immanente », censée remédier au défaut de systématicité et d'achèvement du criticisme kantien[2]. Ce projet constitue le fil conducteur de l'activité philosophique de Schelling au cours des années 1790 et le *Système* de 1800 y fait de nouveau allusion[3].

Ainsi, Schelling dit désormais préparer un « traité » sur Leibniz[4] et appelle sa philosophie « notre philosophie », au motif qu'elle a été « inventée parmi nous et n'a été totalement comprise que par nous »[5]. En vérité, l'idéalisme leibnizien n'est nullement incompatible avec celui de Kant, voire, comme le dira le *Système de l'idéalisme transcendantal*, qu'« il ne diffère pas, en fait, quand il est convenablement compris, de l'idéalisme transcendantal »[6]. Pour qu'une telle lecture de Kant à travers Leibniz soit possible, il fallait, une fois encore, ramener le message kantien à l'idée que les lois de la nature ne sont que les modes d'action de notre esprit.

1. *Cf.* la lettre à Obereit du 12 mars, 1796, AA, III 1, p. 46 : « je crois qu'avec Leibniz, le Moyen Âge a vraiment débuté en philosophie (encore que les scolastiques aient déjà ouvert la voie), car on a commencé aussi en philosophie à faire de l'Absolu un simple être abstrait (*zu einem bloßen Wesen der Abstraktion*), et à considérer Dieu non pas comme l'être de *tous* les êtres, mais (de manière populaire) comme un être *en-dehors* de tous les êtres. L'idée la plus haute, la plus sainte de la philosophie était sans aucun doute celle de l'être immuable sur lequel se fonde tout existant. Quand le prétendu athéisme de Spinoza ébranla la théologie et la philosophie, on chercha refuge auprès d'un Dieu extérieur à tout, puis existant, dont l'idée ne fut plus alors qu'un *compositum* d'abstractions générales ».

2. *Vom Ich als Princip der Philosophie*, AA, I 2, p. 173; *Du Moi comme principe de la philosophie*, *op. cit.*, p. 145.

3. « Comment, tout à la fois, le monde objectif se modèle sur des représentations en nous et des représentations en nous se modèlent sur le monde objectif, on ne peut le comprendre s'il n'existe pas entre les deux mondes, l'idéal et le réel, une harmonie préétablie » (*System des transzendentalen Idealismus*, AA, I 9, p. 38; *Système de l'idéalisme transcendantal, op. cit.*, p. 14).

4. Lettre du 31 mars 1798 à Niethammer, AA, III 1, p. 160 : « je ne puis vous envoyer, comme je l'espérais, mon traité sur Leibniz, car je dois encore le retravailler et l'améliorer ».

5. Cf. *Aperçu*, AA, I 4, p. 92.

6. *System des transzendentalen Idealismus*, AA, I 9, p. 149; *Système de l'idéalisme transcendantal, op. cit.*, p. 106. Il est tout de même difficile de dire ce que Schelling a lu directement de Leibniz à cette époque, en plus de la *Monadologie*. À notre connaissance, la seule citation expresse de ce livre se trouve dans les *Idées pour une philosophie de la nature* (AA, I 5, p. 77).

Ce motif d'un monde qui ne se soutient que de la constante expansion-contraction de l'esprit et d'un esprit qui croît et devient en même temps que le monde, est lui aussi emprunté à Leibniz ou, plus exactement, aux *Lettres à Moses Mendelssohn* de Jacobi, dont les *Stiftler* avaient été des lecteurs assidus et qui a joué le rôle que l'on sait pour la redécouverte en Allemagne de Spinoza et de Leibniz. Hölderlin par exemple y avait découvert l'idée que Dieu est dilatation et contraction perpétuelles, ce qu'il avait interprété comme une preuve du spinozisme de Leibniz[1].

Avec cette conception de l'esprit comme réalité individuelle et vivante, Schelling donne une forme inédite au problème leibnizien, mais aussi profondément postkantien, du rapport du fini et de l'infini. Seul un esprit peut unir le fini et l'infini originairement. Alors que, dans le *Vom Ich*, le mot d'ordre « De l'infini au fini, pas de passage » voulait dire que le Moi constitue une unité absolue, dans l'*Aperçu général*, il signifie que l'esprit est en même temps fini et infini, qu'en lui, l'un et l'autre sont donnés simultanément. Seul un esprit, seul ce qui est authentiquement vivant peut mettre en accord les opposés, sans que leur médiation prenne la forme d'un passage de l'un à l'autre. Puisque l'esprit n'est pas originairement objet, il ne peut être selon sa nature originairement fini. Mais, en même temps, il n'est esprit que dans la mesure où il devient pour soi-même objet, c'est-à-dire pour autant qu'il devient fini. L'infinité doit être pour soi (quelque chose de fini, une conscience de soi) et l'esprit ne peut être pour soi que s'il est infini (contrairement à l'objet, qui est toujours fini). L'esprit est originairement infini en tant qu'il est sujet absolu et devient fini en tant qu'il a à devenir objet pour lui-même. L'esprit n'est donc « ni fini ni infini, mais se trouve en lui l'union la plus originaire de l'infinité et de la finité »[2]. Une nouvelle détermination du caractère spirituel apparaît alors, celle de la plus parfaite unité ou organicité, autrement dit celle de la plus parfaite individualité. C'est dans l'individualité spirituelle seulement qu'un rapport du fini et de l'infini devient concevable ou que leur unité, leur « simultanéité absolue » apparaît, ce qui conduit Schelling à valoriser comme jamais le

1. « Remarques sur les Lettres de Jacobi sur le système de Spinoza », *Œuvres*, trad. fr. Ph. Jaccottet, « Bibliothèque de la Pléiade », Paris, Gallimard, 1967, p. 1144.

2. Cf. *Aperçu*, AA, I 4, p. 86. De ce point de vue, on comprend mal que Schelling se soit vu attribuer une conception substantialiste de l'esprit, au motif qu'il maintiendrait entre le fini et l'infini un rapport d'extériorité. Il n'est pas certain que Schelling soit la cible de Hegel quand, en 1805, il critique dans *Logique et métaphysique* ceux qui imaginent que l'infini sort de soi pour se faire fini (*cf.* J.-M. Buée, « Les transformations de l'esprit absolu », *Hegel à Iéna*, J.-M. Buée et E. Renault (éd.), Lyon, ENS Éditions, 2015, p. 55).

thème de l'individualité[1]. L'esprit est « un monogramme de la liberté construit à partir d'infini et de fini »[2].

L'esprit dont il est question ici n'est donc pas un esprit passif, mais un esprit vivant et surtout voulant. C'est la liberté du vouloir qui assure la continuité et la nécessité, en un mot l'effectivité, des représentations : « puisque le monde objectif n'est rien d'effectif *en soi*, l'on ne saisit la façon dont il *perdure* que par le *vouloir* constant de l'esprit. Seule la liberté de notre vouloir porte le système entier de nos représentations, et le monde lui-même ne subsiste que dans l'expansion et la contraction constantes de l'esprit »[3]. C'est la volonté qui fait qu'il y a un monde, pour autant que celui-ci ne peut être autre que celui de notre représentation.

Une des thèses les plus fortes de l'*Allgemeine Übersicht* est que l'esprit est un vouloir originaire infini ou que l'absolu ne peut se poser que comme un acte absolu de vouloir. Dans le vouloir, dans cet « élan absolument positif » par lequel il s'intuitionne lui-même dans l'anéantissement pour soi de tout fini, l'esprit originairement autonome découvre son essence véritable : il est pour autant qu'il veut. « L'esprit *veut*, et il est *libre*. Qu'il *veuille*, on ne peut en indiquer aucun autre fondement »[4]. Schelling dira plus tard que la volonté est l'esprit dans l'esprit.

Maine de Biran se souviendra de ces thèses : la conscience de soi n'a d'autre source que le vouloir, c'est dans un vouloir absolu que l'esprit s'aperçoit immédiatement ou qu'il a une intuition intellectuelle de lui-même et c'est avec faveur qu'il rappellera une formule déterminante de cette *Allgemeine Übersicht*, découverte en lisant Degérando : « l'esprit ne devient immédiatement conscient de son agir que dans le vouloir, et l'acte du vouloir en général est la condition suprême de la conscience de soi »[5].

À leur tour, les disciples de Schelling prendront la mesure de cette thèse et, dès 1856, c'est-à-dire dès la parution des *Sämmtliche Werke*, ses premiers interprètes présenteront l'analyse du vouloir comme le point névralgique de notre ouvrage. Beckers, par exemple, mettra systématiquement en avant les énoncés où Schelling affirme que le système du

1. Cf. *Aperçu*, AA, I 4, p. 87.
2. Cf. *Aperçu*, AA, I 4, p. 124.
3. *Aperçu*, AA, I 4, p. 124.
4. Cf. *Aperçu*, AA, I 4, p. 121.
5. Cf. *Aperçu*, AA, I 4, p. 122 et 128. *Cf.* P. Maine de Biran, *Essai sur les fondements de la psychologie et sur ses rapports avec l'étude de la nature* (1812), Paris, Alcan, 1930-1932, p. 178. J.-M. Degérando, *Histoire comparée des systèmes*, Paris, Henrichs, 1804, t. II, p. 304.

savoir présuppose un principe plus élevé, le pouvoir de la liberté transcendantale en nous et les rapprochera du fameux *Wollen ist Urseyn* des *Recherches philosophiques sur l'essence de la liberté humaine*, puis des analyses de la dissertation sur les vérités éternelles, où le positif est défini comme quelque chose qui doit être voulu. Le thème du vouloir deviendra ainsi le fil directeur des *Sämmtliche Werke*, des premiers aux tout derniers écrits[1].

Quoi qu'il en soit de cette interprétation, l'ébauche de philosophie de la volonté qui nous est proposée est le signe que Schelling, qui avouait en 1796 ne pas avoir vraiment étudié la *Grundlage der gesammten Wissenschaftslehre*, en a cette fois poussé la lecture assez loin et qu'il s'est notamment arrêté sur sa partie pratique, qu'il admettait avoir négligée[2]. Le grand mérite de Fichte, avoir affirmé l'identité du théorique et du pratique en nous, avoir aboli la coupure des philosophies théorique et pratique pour faire de l'autonomie du vouloir le principe de la philosophie dans son ensemble est maintenant pleinement reconnu[3] : que le vouloir soit originairement identique au savoir, que le vouloir absolu soit en même temps savoir absolu est ce qui garantit la nécessité de nos représentations et c'est de manière très fichtéenne que l'on nous engage désormais à poursuivre la déduction de ces représentations jusque dans son fondement pratique ultime. Que la perspective transcendantale repose sur la force du vouloir est pleinement affirmé : c'est la liberté qui fait de nos représentations un système ou qui en est le point d'Archimède.

L'ambition de donner au savoir la forme d'un véritable système, qui accompagne Schelling depuis le commencement, trouve en effet dans cette première philosophie de l'esprit les moyens de se concrétiser enfin. C'est à elle que l'*Allgemeine Übersicht* doit de pouvoir proposer la première esquisse d'un système universel de la raison, le premier système de l'histoire de l'idéalisme allemand.

Dans l'*Aperçu général*, le principe du système est présenté comme une synthèse, à partir de laquelle il devient possible de mettre au jour la phénoménalité dans son ensemble. Bien sûr, il faudra attendre 1800 et l'identification de l'inconditionné à un esprit conscient de lui-même qui ne peut se

1. Cf. *Recherches philosophiques sur l'essence de la liberté humaine*, SW VII, 350. *Cf.* H. Beckers, « Über Schelling und sein Verhältnis zur Gegenwart », *Bulletin der königlichen bayerischen Akademie der Wissenschaften*, 1856-1857, n°6-11, 16 Januar, 1857, p. 48-92, p. 58-59.

2. Lettre du 22 janvier 1796 à Niethammer, AA, III 1, p. 41.

3. Cf. *Aperçu*, AA, I 4, p. 136.

connaître que par objectivation de soi, pour que l'unité synthétique de la conscience montre toute sa fécondité en tant que principe de la philosophie. Mais l'essentiel est acquis à compter du moment où, comme c'est le cas ici, le conflit originaire qui structure l'expérience se trouve déplacé à l'intérieur du Moi[1].

C'est encore une fois la thèse de l'unité du fini et de l'infini qui donne au système son dynamisme. Cette thèse reçoit ici une expression nouvelle, en réponse notamment à une objection sceptique. Schulze étayait en effet son scepticisme sur la conviction que l'opposition du fini et de l'infini constituait en soi une opposition absolue. Schelling lui répond en laissant se déployer tout ce que cette intuition spirituelle de l'identité du fini et de l'infini porte en germe. « Dans l'action la plus originaire de l'esprit repose déjà, à l'état non développé, l'idée d'un univers; elle n'est développée et présentée que par une série infinie d'actions »[2]. S'il est vrai que l'infini ne peut être exposé dans un moment particulier du temps, il est tout de même possible que l'esprit s'expose dans une succession temporelle. « Toutes les actions de l'esprit aboutissent à présenter l'infini dans le fini »[3]. Le *Système de l'idéalisme transcendantal* dira plus précisément que le Moi n'est infini que dans l'unité avec le fini, comme infinie position et infini dépassement de la limite. L'infini est la série infinie des actes de limitation et de surpassement de la limitation.

Sur cette base se construit un véritable système, bien différent de l'« édifice » que Kant s'était contenté de bâtir et qui, loin d'être un tout qui se supporte lui-même, réclamait un fondement[4]. Ce système prend pour point de départ l'essence du savoir, c'est-à-dire une activité infinie s'intuitionnant elle-même, qui demande, pour qu'on l'appréhende, que l'on fasse immédiatement abstraction « de toute matière du représenter et du vouloir pour s'intuitionner dans son agir absolu sur soi-même »[5]. Il reconstitue ensuite les étapes à travers lesquelles cette activité devient objective: l'identité de la représentation et de l'objet, leur différence dans le concept, leur accord dans le jugement, la libre détermination de soi dans le vouloir.

1. À l'opposé, dans les premiers écrits, l'archi-principe au fondement de toute synthèse cognitive et de toute expérience était conçu comme une unité originaire non-quantitative et la synthèse (du Moi et du non-moi) était définie comme le lieu de la conditionnalité et de la phénoménalité (*cf.* par exemple les *Lettres philosophiques sur le dogmatisme et le criticisme*, AA, I 3, p. 60: « *ursprüngliche Einheit* »).

2. Cf. *Aperçu*, AA, I 4, p. 123.

3. Cf. *Aperçu*, AA, I 4, p. 109.

4. Cf. *Aperçu*, AA, I 4, p. 126.

5. Cf. *Aperçu*, AA, I 4, p. 85.

À travers cette genèse du savoir conscient de soi s'expose l'histoire de la conscience, autrement dit l'histoire des différents « états (*Zustände*) »[1] à travers lesquels l'esprit parvient peu à peu à l'intuition de soi-même. Cela se fait selon une distribution : matière, sensation, mouvement mécanique, organisme, qui donne son contenu à l'idéalisme et suggère l'idée d'une anamnèse transcendantale qui viendra donner, sous le nom le nom d'« histoire de la conscience de soi », un contenu à l'histoire pragmatique de l'esprit humain que Fichte envisageait d'écrire. En 1800, la requalification plus précise de cette série d'états en une succession d'époques donnera naissance au *Système de l'idéalisme transcendantal*.

À travers cette dernière œuvre, le transcendantalisme schellingien apparaîtra comme une figure originale, aussi ambitieuse et imposante que peuvent l'être la déduction abstraite des conditions de la conscience en général que Fichte avait entreprise ou l'histoire du développement de la conscience de soi que Hegel relatera dans la *Phénoménologie de l'esprit*, à l'aide, il est vrai cette fois, de déterminations plus concrètes, comme des contenus de culture ou des conceptions du monde. Dans ses leçons de Munich sur l'histoire de la philosophie moderne, Schelling présentera d'ailleurs lui-même le *Système de l'idéalisme transcendantal* comme une préfiguration de la *Phénoménologie*[2].

On trouve cependant d'ores et déjà dans certains textes que nous joignons en appendice à ce volume des idées qui préfigurent directement la conception de l'histoire comme éducation progressive du genre humain commune au *Système de l'idéalisme transcendantal* et à la *Phénoménologie de l'esprit*[3]. Ces textes relèvent essentiellement de la philosophie de la religion et de la théorie de l'éducation.

Il ne s'agit pas là simplement d'une concession à l'esprit de l'époque, la question de la pédagogie étant, il est vrai, depuis plusieurs décennies, c'est-à-dire depuis au moins les réformes de Basedow, au centre des préoccupations des intellectuels allemands. Il faut plutôt dire que toute la philosophie de l'histoire qui se dégage des études théologiques de jeunesse menées à Tübingen et de la correspondance avec Hegel fait signe vers l'idée d'une éducation progressive de la raison à travers le temps et l'on peut suivre Claudio Cesa lorsqu'il présente le fameux *Systemprogramm*

1. Cf. *Aperçu*, AA, I 4, p. 109.

2. *Contributions à l'histoire de la philosophie moderne*, *Friedrich Wilhelm Joseph von Schellings sämmtliche Werke*, KFA. Schelling (hrsg.), Stuttgart/Augsburg, Cotta, Bd. I-XIV, 1856-61 [dorénavant abrégé SW], Bd. X, 96.

3. Cf. *Système de l'idéalisme transcendantal*, AA, I 9, 1, p. 293 *sq*.

des deutschen Idealismus que Schelling rédige avec Hegel et Hölderlin, en mars 1796 comme un projet de réforme pédagogique plutôt que comme un programme philosophique systématique proprement dit[1].

Ainsi, dans la recension d'un ouvrage de Niethammer par exemple, apparaît une conception nouvelle de l'histoire de la religion comme « révélation continue » ou « présentation symbolique » des Idées. L'histoire est le développement continu du plan moral du monde, tel que la raison absolue l'a prédestiné. Avant même que le *Système de l'idéalisme transcendantal* ne définisse l'histoire comme la révélation continue de l'absolu, notre recension affirme que, « puisque tout ce qui se présente dans l'effectivité n'est que le *développement d'une raison absolue*, nous devons également trouver partout dans l'histoire, et en particulier dans l'histoire de l'esprit humain, la trace de cette *raison absolue* qui nous apparaîtra du point de vue empirique (uniquement *pratique*) comme la *Providence*, qui a pour ainsi dire tout ordonné à l'avance tel que nous le trouvons dans l'effectivité »[2].

Cette conception de la révélation conduit Schelling à s'attaquer une nouvelle fois aux théologiens éclairés qui, voulant préserver la conception traditionnelle de la religion, ressuscitent tous les dogmes possibles au nom de la raison pratique, de manière à conserver leur autorité sur le peuple. Un auteur comme Tittmann par exemple montre la difficulté qu'il y a à se présenter, sans contradictions, comme un théologien rationnel[3]. En vérité, nous devons mettre un terme à ce commerce clandestin qui réintroduit en sous-main un concept de révélation dépassé ou fait revenir en contrebande, « par la porte de derrière », par les postulats pratiques, ce qui a été ouvertement rejeté de la philosophie[4]. Les premières lettres à Hegel dénonçaient déjà le « despotisme moral »[5] de ceux qui veulent dérober ces dogmes au « bûcher kantien » et empêcher l'incendie de la dogmatique[6]. En cessant de faire du concept de révélation une idée ou un postulat de la raison, il est possible de lui donner une autre « dignité scientifique »[7].

1. C. Cesa, *La filosofia politica di Schelling*, Bari, Laterza, 1969, p. 133.

2. Cf. *De la révélation...*, AA, I 4, p. 255 et *Système de l'idéalisme transcendantal*, AA, I 9, 1, p. 302.

3. Cf. *Réponse à la mise en demeure...*, AA, I 4, p. 211.

4. Schlegel emploiera la même image (à moins qu'il s'agisse d'une réminiscence ?) dans sa recension des *Choses divines* de Jacobi en 1812 (*Kritische Friedrich-Schlegel-Ausgabe*, *op. cit.*, Bd. VIII, 442; *cf.* F. H. Jacobi, *Des choses divines et de leur révélation*, trad. fr. P. Cerutti, Paris, Vrin, 2008, p. 158).

5. Lettre du 21 juillet 1795 à Hegel, AA, III 1, p. 27.

6. Lettre de Hegel à Schelling de la fin janvier 1795, AA, III 1, p. 19.

7. Pour cette expression, cf. *De la révélation...*, AA, I 4, p. 256.

L'*Aperçu général* répète alors plusieurs fois que seule l'activité constante d'auto-intuition et la liberté transcendantale qui la maintient nous empêchent de sombrer dans la *Schwärmerei* et nous défendent d'un auteur inspiré comme Schlosser qui, arguant de la « bêtise de Kant (*kantischen Unfug*) »[1], avait eu le front de retourner contre le maître de Königsberg l'accusation d'exaltation mystique dont il était l'objet[2] :

> toute exaltation outrepasse les limites de la raison. Ces limites, affirmons-nous, l'esprit les tire de lui-même, car il se donne lui-même sa sphère, s'intuitionne seulement dans cette sphère, et en dehors d'elle il n'y a rien pour lui[3].

Finalement, l'ambition architectonique qui le guide depuis ses tout premiers écrits conduit Schelling à porter les philosophies de l'histoire et de la nature qu'il esquisse ici à leur point d'unité dans une philosophie de l'art dont il dessine aussi les premiers contours. C'est à la philosophie de l'art, en effet, de nous montrer comment accéder à la philosophie tout entière. C'est grâce à elle seulement que nous pouvons expliquer ce qu'est l'esprit philosophique, « sans lequel vouloir philosopher n'est rien de plus que vouloir durer en dehors du temps ou faire de la poésie sans imagination »[4] : comme le dit le premier programme systématique, on ne peut raisonner avec esprit sans le sens esthétique. Les brèves remarques que nous pouvons lire ici, avant qu'elles ne soient développées trois années plus tard dans le *Système*, montrent que notre philosophe commence à élaborer sa théorie de l'intuition esthétique avant même son séjour à Dresde et son premier contact avec les Romantiques[5].

1. *Cf.* J.G. Schlosser, *Plato's Briefe*, Königsberg, Nikolovius, 1795, p. 180-184 et la lettre du 28 août 1796 à J.G. Jacobi, *Ungedruckte Briefe von und an J.G. Jacobi*, E. Martin (hrsg.), Strasbourg, Trübner, 1874, Bd. II, p. 37.

2. Pour Schlosser, c'est Kant qui est l'exalté puisqu'il veut donner un contenu à l'impératif moral et parle du suprasensible sans avoir d'égard pour le sens commun. La doctrine morale qu'il propose est donc inhumaine, puisqu'elle se refuse à reconnaître les limites humaines. *Cf.* R. Bubner, « Platon, le père de toute exaltation mystique. À propos de l'essai de Kant "Sur un ton supérieur nouvellement pris en philosophie" », *in* M. Dixsaut (éd.), *Contre Platon*, Paris, Vrin, 1995, t. II, p. 11-24, p. 17.

3. Cf. *Aperçu*, AA, I 4, p. 129.

4. Cf. *Aperçu*, AA, I 4, p. 129 n. Voir en AA, I 4, p. 100 l'éloge de Baumgarten, à qui la philosophie doit d'avoir conquis un nouveau domaine, celui de la métaphysique du beau.

5. Cf. *Aperçu*, AA, I 4, p. 183. La découverte de la galerie de Dresde et des tableaux de Raphaël et du Corrège qu'elle renferme a lieu en septembre 1798 (*cf.* AA, III 1, p. 191). *Cf.* D. Z. Shaw, *Freedom and Nature in Schellings Philosophy of Art*, New York, Continuum Studies, 2010, p. 58.

Est-ce à dire, pour finir, que l'*Allgemeine Übersicht* n'est qu'un écrit de transition, uniquement destiné à poser les bases de ce qui sera développé plus tard dans le *Système*, ainsi que Schelling lui-même le laissera croire, quand il affirmera, à la fin de sa carrière, n'avoir eu d'autre but, en 1800, que de rendre intelligible la *Wissenschaftslehre*, faisant par-là écho au titre donné à notre texte lors de sa première réédition: *Dissertations pour éclaircir l'idéalisme de la Doctrine de la science*[1]?

En vérité, l'*Allgemeine Übersicht* assume encore un cadre strictement transcendantaliste, dans la mesure où la philosophie de la nature développée presque simultanément dans les *Ideen zu einer Philosophie der Natur* n'offre pas encore à la nature l'autonomie qui lui sera reconnue un an plus tard (dans l'*Erster Entwurf eines Systems der Naturphilosophie* (*Première esquisse d'un système de philosophie de la nature*) de 1798). Or, tant que l'autonomie de la nature n'est pas expressément posée, la philosophie de l'identité, qui, au fond, est annoncée dès 1800, ne peut voir le jour. L'*Aperçu général* et les *Idées pour une philosophie de la nature* restent donc encore tous deux dans l'orbe du transcendantalisme, laquelle ne sera brisée qu'en 1798, quand l'*Erster Entwurf* fondera la philosophie de la nature sur autre chose que la philosophie transcendantale et affirmera son autonomie. À ce moment-là, la nature sera présentée comme inconditionnée et indépendante et une profonde remise en question du transcendantalisme en résultera. Les forces opposées à partir desquelles la nature se construira ne seront plus celles du seul esprit, mais de la totalité de ce qui est. La philosophie de la nature ambitionnera alors de devenir proprement spéculative, comme le suggérera le titre de la revue que Schelling dirigera à partir du printemps 1799, la *Zeitschrift für speculative Physik*[2].

En attendant, l'ensemble que forment l'*Aperçu général* et les *Idées pour une philosophie de la nature* ouvre une voie inédite à la philosophie transcendantale. C'est en effet une version neuve et originale de l'idéalisme, qui ne correspond exactement ni à la pensée fichtéenne *stricto sensu*, ni à la philosophie que Schelling proposera par la suite, que développent ces deux ouvrages: la philosophie de l'esprit et la philosophie de la nature s'y inscrivent l'une et l'autre dans le cadre de la question des conditions de possibilité de la connaissance, la dernière en tant que philosophie théorique appliquée et la philosophie transcendantale en tant qu'elle représente le tout du système philosophique. L'*Aperçu général* est donc bien davantage

1. *Contributions à l'histoire de la philosophie moderne*, SW X, 95.
2. Lettre du 28 mars 1799 à Eschenmayer, AA, III 1, p. 207.

qu'un brouillon du *Système de l'idéalisme transcendantal*, car il n'est encore question ici ni d'un parallélisme entre la philosophie de la nature et la philosophie transcendantale, comme ce sera le cas en 1800, ni d'une fondation de la philosophie transcendantale sur la philosophie de la nature, comme en 1801. L'originalité est plutôt de proposer une philosophie *transcendantale* de la nature. Celle-ci disparaîtra, probablement même dès *L'âme du monde*, lorsque la nature sera conçue comme autoproduction inconditionnée et que la voie sera ouverte à une philosophie non-transcendantale de la nature[1]. C'est donc la place qu'occupent la nature et la philosophie de la nature dans la totalité du système qui dit si ce dernier relève ou non d'un transcendantalisme strict.

En rappelant quelques-uns des enjeux de cet *Aperçu général*, nous espérons avoir contribué à montrer que, contrairement à ce que disait Fuhrmans, les écrits qui précèdent le grand système de 1801 ne sont pas de simples exercices d'échauffement[2]. Les écrits non systématiques des années 1795-1797 appartiennent à une des périodes les plus créatives du parcours schellingien, où sont élaborées des idées promises à un grand avenir, ne serait-ce que parce qu'elles accentuent la tendance à ouvrir la spéculation sur la vie qui se dessinait à la fin des *Lettres sur le dogmatisme et le criticisme*.

1. Schelling commence à écrire *L'âme du monde* en octobre 1797. Le 30 du même mois, il annonce à Niethammer l'abandon de ses *Parallèles philosophiques* au profit de ce traité de philosophie de la nature (AA, III 1, p. 140).

2. *Briefe und Dokumente*, H. Fuhrmans (hrsg.), Bonn, Bouvier, 1962, Bd. I, p. 39 n. 32 : « *Fingerübungen* ».

NOTE DES TRADUCTEURS

Nous suivons ici le texte établi par W. G. Jacobs et W. Schieche, les éditeurs du quatrième volume de la première série de l'*Historisch-kritische Ausgabe*. Ce volume contient l'*Allgemeine Übersicht der neuersten philosophischen Literatur* et les différents textes que nous traduisons, à l'exception de l'*Antikritik*, que Schelling rédige en 1796 en réponse à une recension de *Du Moi comme principe*, qui se trouve dans le troisième volume.

Nous avons mis à profit l'ensemble des notes de cette édition historico-critique en les adaptant et, le plus souvent, en nous efforçant de les enrichir. Au final, il n'y a pas une de ces notes que nous n'ayons développée.

Nos traductions ont bénéficié de la relecture attentive et généreuse de notre ami Jad Hatem.

Pour plus de commodité nous avons abrégé les références suivantes :

AK Kant, *Werke Akademie-Textausgabe*, Berlin, W. de Gruyter, 1902-… (1968).

AA F. W. J. Schelling, *Historisch-kritische Ausgabe*, W. G. Jacobs, H. Krings, M. Durner (hrsg.), Stuttgart, Frommann-Holzboog, 1976-2003.

SW *Friedrich Wilhelm Joseph von Schellings sämmtliche Werke*, K. F. A. Schelling (hrsg.), Stuttgart/Augsburg, Cotta, Bd. I-XIV, 1856-1861.

F. W. J. SCHELLING

ÉCRITS SUR L'IDÉALISME

APERÇU GÉNÉRAL DE LA LITTÉRATURE PHILOSOPHIQUE LA PLUS RÉCENTE

ET AUTRES TEXTES (1797-1798)

DE LA LITTÉRATURE PHILOSOPHIQUE LA PLUS RÉCENTE

| AVANT-PROPOS 58

[aux *écrits philosophiques* de F. W. J. Schelling, Landshut, 1809] (1)

On trouvera dans le présent recueil un certain nombre de traités philosophiques que l'auteur a déjà fait paraître en différents lieux, et d'autres encore inédits.

Ceux de ce volume qui ont déjà paru possèdent le plus souvent un contenu idéaliste. Le premier d'entre eux, *Du moi comme principe de la philosophie ou sur l'inconditionné dans le savoir humain*, montre l'idéalisme dans sa plus fraîche apparition et peut-être en un sens qu'il a perdu ensuite. Du moins le Moi est-il pris partout comme absolu, ou comme l'identité pure et simple du subjectif et de l'objectif, et non comme quelque chose de subjectif.

Les Lettres sur le dogmatisme et le criticisme, qui ont paru pour la première fois en 1796 dans le *Journal philosophique* de Niethammer, contiennent, à partir du point de vue, qui n'en dominait pas moins alors universellement, de l'opposition du sujet et de l'objet, une vive polémique dirigée contre ce que l'on appelait à cette époque la preuve morale de l'existence de Dieu, à laquelle on prêtait une valeur quasi universelle et qu'on employait de tout côté à tort et à travers (2). Il semble à l'auteur que cette polémique, eu égard au mode de pensée auquel elle se rapporte, a conservé aujourd'hui encore toute sa force. Elle n'a pu réfuter aucun de ceux qui en sont restés jusqu'à présent à ce même point de vue. Pourtant, les remarques qui, dans la neuvième lettre (3), concernent la disparition, au sein de l'absolu, de toutes les oppositions liées à des principes antagonistes, portent clairement en germe des façons de voir plus positives, développées ultérieurement.

Ces dernières apparaissent plus distinctement encore dans les *Dissertations pour éclaircir l'idéalisme de la Doctrine de la science*, qui ont paru pour la première fois dans le *Journal philosophique* de Fichte et Niethammer et qui, à n'en pas douter, ont largement contribué à la compréhension d'ensemble de ce système, en particulier pour ce qui est de la troisième de ces dissertations (4).

Munich, le 31 mars 1809

INTRODUCTION

|L'auteur, qui s'est vu confier la rédaction de cet article, peut 59
s'expliquer en quelques mots sur le but poursuivi ici.

Il écrit seulement pour ceux qui veulent la *vérité* avant toutes choses et qui lui accordent la même valeur, qu'elle sorte de la bouche de l'adversaire ou de la leur; il écrit pour ceux qui ne mettent pas en avant leur individualité dans leurs recherches, quelles qu'elles soient, grandes ou petites, importantes ou non, et qui sont toujours les premiers à se donner tort dès qu'on leur montre qu'ils se sont trompés. Il ne se soucie pas de ces hommes à l'esprit étroit qui mènent leurs recherches comme un devoir scolaire imposé ou comme une besogne dont ils n'attendent que louange ou nourriture. Il ne se soucie pas de ceux qui, chaque fois que se produit un élargissement du savoir humain, ne craignent pas tant les erreurs qui s'attachent bien souvent aux vérités nouvelles que d'être dérangés dans le paisible confort dans lequel ils se sont jusqu'ici si remarquablement complus, fidèles en cela aux limites de leur propre nature. Il serait pareillement insensé de vouloir amadouer ces hommes en usant de mots doucereux ou de vouloir les rendre meilleurs au moyen d'une vérité sincère. Dans le premier cas, parce que cela n'en vaut pas la peine; dans le second, parce que la *vérité* elle-même passe à leurs yeux pour un mensonge, parce que *la lumière* elle-même s'obscurcit en eux et que *ce qui est droit* devient aussi tordu que leurs âmes. De même leurs erreurs n'offrent que peu de matière à la critique (qu'ils seraient heureux s'ils
parvenaient | à *se tromper*!). – La critique en a assez fait chaque fois qu'elle 60
a cherché à caractériser le *sens* et l'*esprit* de ces hommes-là car c'est bien *cela* qui leur fait défaut.

Notre époque a tant progressé que, même si la vieille superstition est encore à l'honneur chez bon nombre de nos contemporains, aucune nouvelle erreur significative ne peut à la longue obtenir puissance et considération. La raison elle-même a solennellement renoncé à faire des *découvertes* dans les régions *supranaturelles* (dans l'ancienne contrée de l'apparence). Mais, dans le domaine naturel et humain, – le seul où nous pouvons maintenant encore poursuivre nos recherches avec succès –, nous avons avec la nature et l'esprit humain lui-même, l'un et l'autre étant en leurs lois également immuables et éternels, les garants les plus sûrs contre toute erreur qui se ferait jour et qui pourrait obscurcir l'entendement ou opprimer la liberté en nous.

Mais nous devons maintenant d'autant plus veiller à ce que l'*impureté* (1) de la disposition morale dominante (laquelle prend la forme d'un simple intérêt pour tout ce qui est tordu et emmêlé) ou qu'une *orientation unilatérale* de notre esprit, qui n'a jamais sous les yeux la totalité de l'humanité mais seulement un fragment, n'entrave l'esprit humain dans ses *progrès* ou ne paralyse sa force. Nous devons prendre garde à cette *impureté* parce que la confusion des concepts et le mauvais usage de la *vérité* sont en effet bien plus néfastes pour le cours des sciences que les erreurs les plus scandaleuses, et à cette *orientation unilatérale* parce que le centre ou le cœur de la force humaine se trouve seulement *là* où confluent *toutes* les forces de l'homme.

L'auteur aurait préféré se tromper en expliquant en partie par l'impureté de certaines recherches, en partie par l'aspect unilatéral qui affecte la plupart des investigations philosophiques menées jusqu'à présent, les phénomènes suivants :

Qu'aujourd'hui, dans le *monde* philosophique proprement dit – pour employer cette fière expression avant qu'elle ne tourne à l'*ironie* –, se manifeste de plus en plus un tout autre intérêt que celui de la vérité.

Que, compte tenu du grand nombre d'écrits philosophiques qui
61 paraissent tous les ans, il y en ait si peu dans lesquels on | puisse voir à l'œuvre une force d'esprit originaire et davantage qu'une pure et simple imitation, une analyse fastidieuse de choses déjà dites plus de mille fois et l'éternel jeu puéril avec quelques concepts abstraits à quoi semble se réduire toute la compétence philosophique de nombreux écrivains.

Que, si l'on met à part ceux à qui l'on doit accorder le bénéfice de leur *naïveté*, laquelle, en réalité, va souvent incroyablement loin, ces mêmes hommes dont la force philosophique est d'ores et déjà épuisée par de simples travaux manuels, espèrent propager universellement cette léthargie, si tant est qu'ils ne cherchent pas à conserver ce qui est véritablement médiocre et, pour ce qui sort de l'ordinaire, là où on ne saurait le méconnaître, soit à l'abaisser jusqu'à eux, soit, là où cela n'est pas non plus possible, à faire en sorte qu'on s'en étonne comme d'une vraie audace.

Qu'aujourd'hui on utilise à mauvais escient cette même science qui devait mettre un terme et une limite à d'infinies confusions, dans le but non seulement d'inventer des erreurs mais de défigurer la vérité elle-même, afin non seulement de rendre confuses un certain nombre de recherches mais de pervertir *la totalité du point de vue* de *l'ensemble des sciences* et de *toutes les époques*, et de faire en fin de compte ce que nos vénérables anciens, avec persévérance, se refusaient à faire, à savoir rendre le déraisonnable raisonnable ou, pour y arriver plus facilement, rendre le raisonnable déraisonnable[1].

| À tous ces écrivains qui privilégient ces desseins et qui – ne travaillant **62**
pas même à une cadence médiocre, car cela, on ne peut empêcher personne de le faire – mettent sur le trône la médiocrité (qui fut pour eux si longtemps une médiocrité *dorée*) et veulent l'y maintenir; à de tels écrivains qui mettent de nouvelles confusions au service de leurs propres préjugés ou des préjugés des autres pour continuer encore à se tromper eux-mêmes ou à tromper le monde; à de tels écrivains, qui, en faisant un mauvais usage de leur langue, rendent la philosophie méprisable et ridicule ou qui, à cause

1. Nous n'avons pas modifié ce passage pour ne pas priver non plus le public de cette façon de voir les choses, bien que, si jamais quelqu'un devait se figurer que nous accusions véritablement ces écrivains philosophiques d'impureté morale, nous n'approuverions pas cette accusation, en partie parce qu'il serait déjà difficile de l'étayer pour un individu, et impossible pour tous, en partie parce que nous croyons avoir trouvé des raisons plus probantes pour expliquer ces phénomènes, en eux-mêmes mentionnés à juste titre.

1) Cet intérêt étranger à la vérité que l'on a blâmé plus haut apparaît non seulement dans toute prose *philosophique*, mais également dans *toute* prose salariée et en toute littérature mercantile, des institutions de renom jusqu'au roman de chevalerie et aux lettres philosophiques.

2) Nul ne peut donner mieux que ce qu'il a. Il était naturel, dès lors que la prose philosophique était devenue un article de mode, de voir des gens, qui n'avaient appris aucun autre métier et | qui tenaient pourtant à se nourrir du travail de leurs mains, saisir cette branche comme étant l'une des plus faciles d'accès.

3) Ils ne dénigrent pas ce qui est meilleur parce qu'il s'élève au-dessus de ce qui est médiocre – que pourraient-ils en savoir? –, mais ils le dénigrent parce qu'ils craignent de se heurter à lui.

4) Ce qu'ils donnent pour raisonnable est certes ce qui, en écrivant, leur est venu de plus raisonnable à l'esprit ou, si ce n'est pas le cas, il s'agit sûrement de ce qu'ils considéraient comme le plus facile à vendre.

Les éditeurs (1).

de l'amoncellement de leurs écrits, barrent la voie à de meilleurs ouvrages, lesquels certes ne poussent pas comme des champignons; à ces écrivains enfin que la colère du public n'a pas réussi à convertir, mais que sa *patience* du moins devrait convaincre et qui s'obstinent pourtant à commettre leurs anciens péchés; à tous ceux-là et à tous ceux qui appartiennent à cette corporation ou à cette classe d'écrivains, cet *Aperçu* déclare la guerre haut et fort! Mais ceux qui, du fait de la naïveté béate de leur cœur, sont persuadés que ce n'est pas de leur faute si les sciences n'ont pas progressé encore davantage, cet *Aperçu* promet un enseignement sincère et toute l'aide possible pour se connaître.

Voilà précisément pourquoi cet *Aperçu* va entièrement abandonner *l'étude détaillée* des écrits philosophiques les plus récents aux recensions annoncées dans le plan du *Journal* et dont le but est de mettre à disposition du lecteur des extraits des ouvrages qui ont vraiment enrichi la science elle-même. L'*Aperçu* lui-même s'occupera plutôt de caractériser l'*esprit* qui domine dans la philosophie elle-même et dans les autres sciences qui lui sont apparentées[1].

63 | Toutefois, puisqu'on ne comprend et ne conçoit toute chose que dans son contexte, cet *Aperçu* devra commencer par exposer *une brève histoire de toute l'époque kantienne* de façon à caractériser de manière d'autant plus sûre l'état actuel de la philosophie et l'esprit qui domine en elle. C'est par cela que va débuter le prochain cahier. Mais, *par là*, le chapitre concernant le passé est clos pour ce qui est de cet article; celui-ci se concentre désormais sur l'époque présente.

Voilà pour l'*introduction* de notre entreprise et venons-en à la chose! L'auteur entend employer l'espace qui lui reste encore pour informer ses lecteurs de quelques-uns des écrits philosophiques qui ont paru lors de la dernière foire, et en particulier pour caractériser, à partir de l'un d'entre eux, l'esprit qui domine actuellement dans *la philosophie de la religion*. Il fait le choix d'une science *particulière*, car il n'a pas connaissance d'une œuvre récente qui prendrait en considération la science tout entière. Mais il

1. En premier lieu, je compte parmi ces sciences la théologie et la jurisprudence, mais plus particulièrement la science de la nature et la médecine, pour autant que celle-ci est une partie de la science de la nature. Alors qu'aujourd'hui encore, les kantiens ignorent ce qui se passe en dehors de leur cercle et se débattent avec leurs chimères que sont les *choses en soi*, des hommes à l'esprit authentiquement philosophique font sans bruit dans ces sciences des découvertes auxquelles bientôt la saine philosophie se ralliera immédiatement et qu'un esprit animé par l'intérêt pour la science en général peut rassembler en totalité, pour faire oublier par là même d'un seul coup toute l'époque désolante des kantiens.

tient à rappeler une fois pour toutes qu'*ici* on regarde comme totalement indifférente la *personne* de l'auteur pour éviter qu'il y en ait un en particulier, que l'on prend ici pour exemple, qui en tire une conclusion quant à l'importance toute spéciale accordée à son individualité. Ce qui compte, c'est seulement de savoir si son écrit est justement un exemple adapté au but que s'est donné l'auteur. Si tel est le cas, il n'y a pas lieu de se demander *qui* l'a écrit.

L'un de ces écrits concerne l'*athéisme* :

1) *Lettres sur l'athéisme*. Éditées par Karl Heinrich Heydenreich. Leipzig, 1796 (1).

L'athéisme dont il s'agit est d'une espèce bien *particulière* et l'auteur entend d'abord le présenter dans toute sa force. Il fait vraiment preuve d'une *noble* | *audace* car il ne tient pas compte de la clameur qui s'élève 64
contre le danger que représente la philosophie de la religion des kantiens et, à la p. 87 et suivantes, il déclare même tout de go à un *homme digne d'éloges* qui assistait à l'une de ses leçons et qui aurait voulu entendre des principes bien trop libres, qu'il n'avait nulle idée de la liberté avec laquelle *lui*, l'auteur, pensait à ce sujet. Lui-même affirme en outre que l'athéisme *moral* (car c'est de celui-ci qu'il s'agit), dans sa *prétention*, ne saurait aller *plus loin* qu'on ne l'a poussé à aller dans *cet* écrit et, en fin de compte, il craint véritablement que l'on puisse attendre de cet écrit qu'il produise un grand *scandale*, ce que cet écrit est bel et bien incapable de produire (comme l'auteur le voit bien lui-même) (1). Ce dernier entretient en effet une correspondance avec un athée qui *sait* que c'est à la critique kantienne que M. Heydenreich doit la conviction la plus *vive* et la plus ferme concernant la religion. Mais malheureusement, lorsque l'athée avoue qu'au fond il *s'étonnerait* lui-même de son *entêtement*, dont *nulle part* en lui il ne peut trouver la *raison*, cela ne suscite aucune attente particulière du phénomène psychologique promis par l'auteur. Aussi n'apprend-on pas réellement grand-chose dans cette première lettre sinon que l'athée a eu le grand *tort* d'étudier la physique, qu'il a trouvé toute satisfaction dans la nature et que, pour finir, en toute modestie et avec résignation, il aboutit à Dieu et à l'immortalité.

Puisque l'auteur s'était enfin décidé à exposer l'athéisme moral *dans toute sa sublimité*, quelle surprise eût été la nôtre s'il avait fait l'impasse sur l'athéisme ô combien plus sublime – l'unique athéisme qui provienne *nécessairement* des principes moraux du criticisme, pour autant qu'ils sont pensés dans leur unilatéralité coutumière (l'athéisme qui croit à l'immortalité, mais qui nie *Dieu*) –, si nous ne savions pas déjà que la plupart des kantiens (aussi conséquents puissent-ils être par ailleurs) sont toujours

à l'abri de *cette* conséquence, grâce à une chance particulière de leur *nature*. Les *sages* (2), tel est le titre qu'ils s'attribuent, cherchent, comme
65 on sait, à se garantir de l'athéisme par un *besoin* moral, | qui doit certes être *fondé en général* dans la nature humaine, mais qui exige, pour son *efficacité*, une *vocation morale particulière* qui n'est pas donnée à tous. Ainsi, sous leur influence, même le plus grand devient petit, tandis qu'ils transforment ce que la noble *humanité exige par elle-même* en un *désir* individuel que doit *éveiller* en lui l'*homme* moralement *faible*. Ils ne soupçonnent pas qu'est petit en nous tout ce que la *nature* ne fait pas en nous, que le sublime de la moralité elle-même, tant qu'elle n'est pas devenue en nous *nécessité*, se rapetisse entre les mains de l'homme. Quoi d'étonnant à ce que leur *morale* présente un contraste si singulier! Il y a, d'un côté, l'*Idée* de l'*humanité* dans sa nécessité *décidée*, de l'autre, l'*image*, l'accompagnant toujours, de l'homme inconstant et découragé, tel qu'il calcule moralement, délibère, doute, craint de ne pas atteindre pourtant ce qui est juste – et en fin de compte, s'il l'a atteint, souvent il ne peut pas suffisamment s'assurer lui-même que, *cette fois*, la raison a vaincu en lui. Ils oublient, ou bien plutôt ils ne savent pas, qu'il n'y a aucun « *cette fois-ci* » pour la moralité, et que la *dignité* de la nature humaine – ce qui l'élève au-dessus du simple phénomène – ne peut résider qu'en cela. Le même contraste se présente dans tout ce qu'ils disent et écrivent sur la religion. Ils ont ouï dire que l'Idée de la divinité est sublime, et ne savent pas qu'elle a cessé de l'être entre leurs mains. D'où le vain effort de *rendre* sublime quelque chose qui ne l'est en rien. D'où la déplorable impression esthétique que produisent leurs écrits. Peut-être cela ne se verra-t-il jamais aussi clairement que dans le présent écrit. S'efforcer constamment de s'élever, et constamment à nouveau retomber! Le dernier recours est encore une fois – ce cher *besoin;* un concept vil, qui jure violemment avec l'Idée sublime de *Dieu*. Le besoin d'un Dieu; quelle pensée! Et même si on a pu utiliser cette expression au départ, faut-il pourtant répéter éternellement les mêmes expressions? – On conseille au malheureux athée d'*éveiller* en lui, avant toutes choses, le *besoin de croire*, avant qu'il n'ose douter de Dieu. Qui ne songe ici au théologien qui ne connaissait d'autre moyen de sauver l'athée que celui de supplier Dieu avec ferveur, afin que
66 celui-ci le délivre de l'athéisme. | – L'athée n'est pas apaisé pour autant. Il déclare qu'« il ne compte pas la croyance en Dieu au nombre de ses besoins spirituels, qu'une *proposition* n'est pas vraie du fait que sans elle la raison se contredirait » (mais est-il jamais question d'une *proposition* lorsqu'il s'agit d'un postulat pratique, – et qui est donc concerné par cette objection si peu philosophique?) et que « précisément l'homme se sépare

d'avec lui-même s'il veut unir bonheur et éthique » ; – on en arrive finalement à la pensée *la plus audacieuse* du livre : « Dieu lui-même, s'il existait, devrait vouloir l'athéisme ». – On voit bien déjà à la nature de ces objections ce qui peut en découler. Cela signifie que le fondement de la croyance n'est pas un syllogisme et (enfin, nous y sommes !) que ce fondement est, comme il le dit p. 112, une *PROPOSITION théorique originairement fondée* en l'homme, mais qu'il n'est pas nécessaire de prouver *en tant que* telle, et sans laquelle la raison éthique se contredirait elle-même. Nous y voilà ! Et par-dessus le marché la théorie de l'involution et de l'évolution des kantiens ! Le postulat de la raison pratique est enterré, pour ainsi dire enfoui, dans l'esprit humain – il sommeille tant que le besoin moral en fait de même (tant que l'on ne se conduit pas encore de manière *SUFFISAMMENT éthique*) ; dès que ce besoin est éveillé, le postulat apparaît comme une *proposition* toute prête à laquelle il ne manque plus à présent qu'un écrivain comme notre auteur pour la coucher sur le papier [1] ! –

Quelle vétille pourtant que tout cela, comparé à ce qui suit ! Kant est censé s'être représenté l'immortalité comme une *durée infinie sans temps* (1). | L'athée reconnaît que cela, il ne peut pas le penser. Mais, dit **67**
l'auteur, cela ne prouve pourtant pas que c'est impossible ! – Or Kant souhaite encore *prouver* que le *pensable* lui-même n'est pas encore *possible* en vertu de sa simple *pensabilité*, après qu'un de ses élèves *a affirmé* que l'*impensable*, *malgré* son *impensabilité*, n'est pourtant pas *impossible*. Quelles hérésies ne détruira-t-on pas à l'avenir par ce seul adage ! – Cela ne suffit pas ! L'auteur veut aussi *savoir comment* il est *possible* de durer *sans temps* (1). Qu'il nous dise seulement aussi comment il est possible de se mouvoir sans espace, de respirer sans air, etc. Ce n'est pas la forme du temps elle-même, mais quelque chose qui *lui* est *analogue*, qui constituera la forme de sa vie future (nous laissons l'auteur négocier

1. Bien que nous n'approuvions pas le moins du monde la théorie soumise ici à la critique, et bien que nous puissions être certains, étant donnés la profondeur et l'amour de la vérité dont fait montre le recenseur, qu'il ne l'a point blâmée sans raison, il n'en va pourtant pas de même pour la plus grande partie du public, qui ne connaît pas la théorie que soutient le recenseur à ce sujet, et sur laquelle il fonde son blâme. Nous l'invitons donc, par la suite, à indiquer plus en détail, là où il aura facilement l'occasion de le faire, les raisons de son jugement, afin que ne soit pas tenu pour *infondé* ce qui *n'*est simplement *pas prouvé* pour l'instant, et que ne nous soit pas adressé le reproche de glisser des affirmations sans preuve – ce qui s'oppose à nos principes.

Il n'est pas besoin, pour la suite, de réitérer cet avertissement. L'affaire est, espérons-le, parfaitement claire.

Les éditeurs.

avec lui-même) ! Le temps est simplement une forme qui nous est *donnée en même temps que le corps* – et celui qui nous a donné ici-bas le temps comme forme, tant que nous nous mouvons dans le corps, peut, une fois que nous avons quitté ce corps, nous en donner également une nouvelle ! Donc, de même que celui qui pense Dieu sous forme humaine se rend coupable d'un *anthropomorphisme*, de même celui qui s'imagine l'homme, lors de son existence future, sous la forme de l'existence *animale* (c'est-à-dire sous la forme du temps), se rend-il coupable d'un – *zoomorphisme* ! – On voit que l'auteur donne dans la nouveauté. – Pourtant le zoomorphisme est tout naturellement, comme l'est l'anthropomorphisme chez Kant, ou bien *dogmatique* ou bien *symbolique* (2)*;* c'est-à-dire que celui qui croit que nous serons dans l'autre vie en tout point semblables à ce que nous sommes à présent dans le temps est un *zoomorphiste dogmatique ;* mais celui qui croit que la forme future de notre existence sera seulement à peu près comme celle qui est dans le temps, est un philosophe éclairé, et un *familier du système critique* ! – Le pauvre *Lavater* est ainsi un zoomorphiste grossier, lui qui, dans ses *Vues dans l'éternité*, calcule à quelle vitesse les esprits se rencontrent dans le ciel (3). Avec M. Lavater, nous ne perdons pourtant, avec le corps, que l'inertie, alors qu'avec M. Heydenreich nous perdons le temps lui-même ! Peut-être l'auteur, ou un autre kantien, nous gratifie-t-il encore d'une *Arithmetica coelestis*, qui
68 |repose sur la forme future de notre intuition à peu près comme l'*Arithmetica terrestris* repose sur sa forme présente (1). C'est alors que tous nos doutes concernant le *zoomorphisme symbolique* seront terrassés !

2) Un supplément aux *Lettres sur la perfectibilité de la religion révélée*, paru à l'occasion de cette foire, ne contient rien de remarquable pour la philosophie de la religion. L'auteur a affaire à un prédicateur ignorant dont l'attaque maladroite n'aurait proprement mérité aucune réponse (2).

3) À titre de curiosité, on peut dès à présent mentionner ici un opuscule censé également être dirigé contre les lettres citées plus haut. Son auteur se nomme *Tittmann* (3), et il est depuis peu professeur de philosophie à Leipzig. Je n'ai rien lu d'aussi amusant depuis fort longtemps. L'auteur s'insurge comme un vrai matamore contre les philosophes qui veulent se mêler de théologie, tandis qu'il entonne des propos sur la décadence de la religion sur un ton de jérémiade qu'on peut à la rigueur pardonner à une vieille bigote, mais qu'on trouve ridicule chez un jeune homme (on voit aisément qu'il l'est à cet exercice scolaire) et chez un professeur. Il dit entre autres choses que Kant doit avoir étudié la théologie dans un lycée de piètre niveau, sans quoi il n'aurait pu accumuler un tel retard dans ce domaine;

c'est pourquoi il aurait mieux fait d'apprendre à l'école d'un théologien moderne comment, entre-temps, la théologie s'est grandement améliorée.

4) Pour rassembler tout ce qui a paru sous forme de lettres, mentionnons encore les *Lettres* dirigées contre le onzième volume de la relation de voyage de *Nicolai* et publiées sous le titre : *Lettres sur la philosophie kaléidoscopique prophétique la plus récente du Juif éternel* (1797) (4).

– L'auteur n'est pas tout à fait un Ulysse capable de réprimer d'un seul coup les grognements de Thersite (5) : sa juste compréhension de ce dont il s'agit et son amour de la vérité méritent cependant l'éloge qui leur est dû.

| Un certain nombre d'auteurs philosophiques, soucieux du destin de la 69
philosophie kantienne, ont depuis longtemps soumis au public les causes qui, selon eux, ont fait obstacle à la diffusion générale et au développement plus poussé de cette philosophie (1). Les répéter, je n'en vois pas la nécessité; en revanche, j'établirai une autre cause qui, ce me semble, est la principale raison pour laquelle cette philosophie fut jusqu'à maintenant presque autant méconnue de la part de ses partisans que de ses adversaires.

Cette cause est qu'on la tenait et la faisait passer pour une philosophie qui, ne suscitant qu'un intérêt spéculatif, peut être comprise et estimée seulement des philosophes de l'École déjà initiés. Certes, y ont beaucoup contribué les allégations des anti-kantiens, répétées jusqu'au dégoût, selon lesquelles Kant (que dans le même temps ils voulaient pourtant réfuter) a écrit dans une langue presque entièrement incompréhensible. Ils ne songeaient pas qu'en dehors de la *langue des mots*, il y a aussi une *langue des esprits*, que celle-là n'est que le véhicule de celle-ci, que donc leur allégation pouvait fournir une preuve, non contre cette *philosophie*, mais, tout aussi aisément et *in dubio* plus aisément encore, contre leur talent *philosophique*. Il nous faut cependant ici faire une distinction. Quelques-uns parmi ces philosophes en portaient à juste titre le nom, et cela au sens le plus noble du terme, comme des hommes, qui, bien éloignés des recherches spéculatives, avaient voué toute leur attention à la *vie humaine*, et qui, maintenant, par un malencontreux accident, ont importé, dans l'examen de cette philosophie, leur totale aversion pour toutes les recherches qui n'interviennent pas immédiatement dans la vie (une aversion que pouvaient leur inspirer très facilement toutes les entreprises spéculatives antérieures !). D'autres n'étaient pas tant prévenus contre la nomenclature, la terminologie, l'esprit de système en général, que seulement contre *cette*
nomenclature-ci, etc.; | ils ont été, en grande partie, habitués depuis 70
longtemps au mode d'exposition de Leibniz, qui n'avait communiqué ses principes philosophiques que de façon fragmentaire, dans des lettres à des

amis ou à de distingués et importants messieurs, toujours avec de grands égards pour les systèmes dominants, et qui pour cette raison même ne les avait pas communiqués avec autant de rigueur et de précision qu'il convient aux exposés scientifiques, ou bien sont-ils restés ankylosés dans la langue et la méthode scolaires propres à la pensée wolffienne. D'autres, enfin, avaient perdu, par le semblant de philosophie sans force et sans vigueur de quelques écrivains insipides, ou par la sagesse digne de digestes (1) de quelques éclectiques maniant les aphorismes, tout sens et goût – non pas pour un système déterminé – mais pour la *philosophie en général*, avant même que Kant n'eût rendu publique une seule ligne de sa philosophie.

Ce qui, d'autre part, contribuait tout autant à renforcer ce préjugé, c'était le ton fier des prétendus kantiens, qui, pour les jours et les années d'effort qu'ils avaient dédiés aux écrits de Kant, voulaient au moins être honorés du titre de *hiérophantes kantiens*, et avaient tout intérêt à conserver la langue obscure dont seuls ils avaient la clef. C'était cependant trop demander aux lecteurs de bonne volonté. Ce qui fait l'attrait et la caractéristique la plus sûre d'une science enfin établie sur un sol solide est et reste pourtant une terminologie *précise;* – or justement la philosophie saine, puisqu'elle doit appartenir non pas à l'*École* mais à l'*Homme*, se doit d'être également intelligible en toute langue humaine. Ce qui fait la fierté de la chimie récente est sa nomenclature (2). En France, où elle est née, une congrégation des plus grands chimistes s'est rassemblée pour se mettre d'accord sur cette nomenclature. En Allemagne, plusieurs hommes, dont certains très connus, ont cherché à s'attirer un grand mérite en en faisant la traduction (3). Cela est sans doute très louable et même nécessaire dans une science qui restera toujours seulement dans les limites de l'École; – quant à savoir s'il faut souhaiter un tel consensus en philosophie, c'est une autre question.

71 | S'il y a bien une chose qui est certaine, c'est que le ton de beaucoup de kantiens semblait vouloir dire que, pour bien comprendre leur philosophie, toute autre culture de l'esprit, toute richesse des connaissances réelles sont complètement inutiles (1) (il n'y a évidemment rien de plus facile que d'écrire sur une *tabula rasa;* mais alors celle-ci est aussi quelque chose qui ne peut qu'*être* lu, et qui ne peut pas *se lire soi-même*); et pourtant la première question, dont la réponse doit constituer toute la préoccupation de cette philosophie, présuppose déjà, pour inspirer de l'intérêt et pour être comprise, une culture que l'on ne peut pas attendre *apriori* de tout un chacun. On devrait penser que seul un homme, qui, au cours de recherches empiriques, a assez souvent senti combien peu à elles seules elles

contentent l'esprit, combien précisément les problèmes les plus intéressants qu'elle soulève renvoient si fréquemment à des principes supérieurs, combien le progrès dans ces recherches est lent et incertain sans Idées directrices, dont on n'est souvent pas même clairement conscient, – seul un homme, qui par une expérience diversifiée, a appris à distinguer apparence et effectivité, vanité et réalité des connaissances humaines, seul un tel homme (fatigué par maintes recherches inutiles qu'il s'imposait à lui-même dans l'ignorance de ce dont l'esprit de l'homme est capable) se posera la question avec le plus grand intérêt et avec une claire conscience quant au sens de ce qu'il demande : qu'est-ce qui est en fin de compte le réel dans nos représentations ? Et même si l'on veut déroger à cette condition, on doit au moins s'en tenir à ceci que chez un homme qui doit se poser cette question avec sens et intelligence, deux qualités rares doivent être réunies : d'un côté, une tendance originaire au réel, et de l'autre une capacité à s'élever au-dessus de l'effectif. La première est nécessaire, car sans elle une *telle* question s'embrouille trop facilement dans des spéculations idéalisantes ; la dernière est requise, car sans elle le sens, engourdi au contact de l'objet singulier, ne garde pas de réceptivité pour la réalité *en général*.

On aurait en outre dû penser que cette question intéresserait le moins les hommes dont toute la force philosophique se limite à l'analyse de concepts morts et abstraits. Pour un tel homme il n'y a rien de réel. Celui qui en soi et
hors de soi ne sent et ne connaît | rien de réel, qui ne vit en général que de 72
concepts et joue avec des concepts, dont le pouvoir d'intuition est depuis longtemps détruit par le travail de la mémoire, par une spéculation morte, ou par une corruption au contact de la société, celui pour qui sa propre existence même n'est rien qu'une *pensée sans force*, comment peut-il donc parler de la réalité (tel l'aveugle parlant des couleurs) ? Ou comment veut-il comprendre la réponse s'il n'a pas compris la question ? Demandez aux sauvages, pour qui les plumes bigarrées et une chair peinte sont la plus belle chose qu'ils connaissent, ce que sont les beaux-arts. Ou essayez de les instruire là-dessus – ils vous regarderont avec un étonnement stupide, ou ricaner à la manière d'un singe[1].

Dans cette question, donc, se loge déjà la fierté d'un *homme cultivé* qui s'oblige à rendre raison de l'ensemble de son savoir, une fierté que l'on doit peut-être se dissimuler à soi-même, mais pas aux autres pour lesquels la simple question doit être déjà un *Odi profanum vulgus et arceo* (2). Et cette

1. Cf. *Les pérégrinations philosophiques les plus récentes d'un vieux Californien*, dans le tome 11 de la fameuse description de voyage (1).

dignité de la question doit aussi passer dans la réponse; car c'est à la réponse que l'on reconnaît l'homme et que l'on apprend s'il était capable de la question.

Aussi, beaucoup ont admis ne pas comprendre cette première question de la philosophie. Quand on demandait : d'où provient vraiment toute notre connaissance ? – on ne voulait cependant pas savoir comment il est possible de décomposer dans leurs parties constituantes des représentations et des concepts que l'on possède déjà, mais la question était de savoir comment on en est *venu originairement* à ces concepts et à ces représentations. Parce que l'on peut de façon toute naturelle développer à nouveau à partir d'un concept ce que l'on a auparavant pensé en lui – non seulement *de manière arbitraire*, mais de manière *nécessaire* –, ce que l'on opposa d'abord à cette question, ce furent des exemples grâce auxquels il *devait* apparaître que toute notre philosophie se ramène à des analyses de concepts déjà formés. Mais, en vérité, ces exemples ne faisaient rien apparaître de plus que le fait que l'on peut analyser *arbitrairement* ce que l'on a auparavant lié de manière *nécessaire*. Parce que, quand l'on sépare en pensée l'objet de ses propriétés, il reste encore un quelque chose logique indéterminé,
73 on croit que cet objet | pouvait bien aussi être dans l'effectivité quelque chose de subsistant indépendamment de ses propriétés. Parce que le concept de matière par exemple provient *originairement* d'une synthèse de forces opposées effectuée par l'imagination, on croit ensuite pouvoir déduire *analytiquement*, selon le principe de contradiction, les forces fondamentales de la matière à partir de je ne sais quel concept simplement logique de la matière (lequel n'est pas du tout possible) et ainsi de suite. C'est sur de telles illusions que reposait toute la querelle scolaire à propos de la différence entre jugements analytiques et jugements synthétiques.

Kant prenait le point de départ suivant : *ce qui est premier* dans notre connaissance est l'*intuition*. Il en résultait aussitôt la proposition selon laquelle l'intuition est le *plus bas* degré de la connaissance. Elle est pourtant ce qu'il y a de plus haut dans l'esprit humain, c'est à elle d'abord que toutes nos autres connaissances empruntent leur valeur et leur réalité. En outre, ce qui doit précéder l'intuition, disait Kant, est une affection de notre sensibilité. D'où celle-ci provenait, il le laissa complètement indécidé. Ici il laissa délibérément de côté quelque chose qui seulement plus tard devait apparaître comme le dernier – le plus haut – problème que la raison ait jamais eu à résoudre. Mais tenants et opposants de cette philosophie reprenaient scrupuleusement ce que leur auteur avait délibérément négligé. Et parce qu'il parlait ensuite de *choses en soi*, il devait alors y avoir tout simplement des choses en soi qui avaient agi sur nous. Simplement il

suffisait de *lire* quelques pages de plus pour voir que d'après la philosophie de Kant tout ce qui pour nous est objet (*Objekt*), chose, ob-jet (*Gegenstand*) n'est devenu tel que dans une synthèse originaire de l'intuition. En effet, il mentionne à titre de conditions de toute intuition le temps et l'espace, et montre que ces derniers ne sont absolument pas quelque chose d'effectif indépendamment de nous, mais des formes originaires de l'intuition. Il est vrai que l'on a compris cela comme si, ainsi que l'a dit assez *naïvement* il y a peu un recenseur dans l'A.L.Z, nous *apportions* ces formes déjà achevées et déjà prêtes pour l'usage de l'intuitionner (1). Mais qui nous a ordonné de comprendre cela de cette façon ? Lorsque Kant parlait d'une synthèse de l'imagination dans l'intuition, cette synthèse était pourtant bien une *action* de l'esprit (*Gemüth*), l'espace et le temps étaient donc, en tant que formes | de cette synthèse, des *modes d'action de l'esprit*. Certes, aucun objet ne **74**
naît à partir du temps et de l'espace. Mais l'espace et le temps désignaient *en général* les modes d'action de l'esprit dans l'état de l'intuition. Cette affirmation était donc une indication qui, bien utilisée, pouvait donner l'éclaircissement le plus complet qui soit sur l'essence de l'intuition même (l'élément *matériel* de cette intuition) et par là sur tout le système de l'esprit humain.

Considérons en effet, pour m'exprimer de façon tout à fait usuelle, ce que l'espace et le temps apportent à l'objet. L'espace donne à l'objet une étendue, une sphère. Toutefois, dans le concept de l'étendue, de la sphère, on ne trouve pas nécessairement non plus le concept d'une *limitation*. Cette *limite*, puisque l'*objet* désigne une sphère limitée, doit donc venir d'ailleurs. C'est le *temps* qui d'abord donne à l'espace limite, borne, contour. Voilà pourquoi l'*espace* a trois dimensions. Car puisqu'il est originairement infini, il n'a absolument aucune direction, ou plutôt il a toutes les directions possibles, que l'on ne peut pas distinguer les unes des autres avant qu'elles ne deviennent (lorsqu'elles sont limitées par le temps) des directions *finies*, *déterminées*. À l'inverse, le *temps* n'est originairement rien d'autre que *borne* et *limite*, il est négation absolue de toute étendue, un point mathématique. Ce n'est que l'espace qui lui donne son étendue ; c'est pour cette raison qu'il ne peut être représenté originairement que par l'image d'une ligne droite, et n'a qu'une seule dimension possible. Par conséquent, en outre, ni l'espace sans le temps, ni le temps sans l'espace ne sont représentables. La mesure la plus originaire de tout espace est le temps, lequel a besoin d'un corps mû uniformément qui parcourt l'espace, et inversement, la mesure la plus originaire du temps est l'espace, que parcourt un tel corps (par exemple le soleil) dans le temps. Par conséquent le temps et l'espace sont des conditions nécessaires de toute intuition. Sans

le temps l'objet n'a pas de forme, sans l'espace il n'a pas d'étendue. Celui-ci est à l'origine absolument indéterminé (*apeiron* de Platon); celui-là est ce qui d'abord donne à toutes choses détermination et contour (*peras* chez Platon) (1). L'espace sans le temps est une sphère sans limite, le temps sans l'espace est une limite sans sphère. Or la détermination, la limite, la borne sont quelque chose d'originairement *négatif.* En revanche, la sphère, l'étendue, etc. sont originairement *positives.* Il s'ensuit donc, puisque
75 l'espace et le temps sont les conditions de l'intuition, | que l'intuition en général n'est possible que par deux activités absolument opposées. Mais l'espace et le temps sont simplement *formels*, ils sont des modes d'action originaires de l'esprit saisis dans leur universalité. Mais on peut pourtant s'en servir comme d'un principe selon lequel l'élément *matériel* des modes d'action originaires de l'esprit se laisse aussi déterminer dans l'intuition. D'après ce principe, deux activités originairement opposées par *nature* doivent être réunies dans l'intuition, se rencontrer, se déterminer et se limiter mutuellement. L'une d'elles sera de façon *positive*, l'autre de façon *négative*. Cette dernière, que sera-t-elle d'autre que ce que Kant caractérise comme l'activité agissant sur nous *de l'extérieur*? Mais la première sera manifestement celle qu'il admet comme étant à l'œuvre dans la synthèse de l'intuition, à savoir l'activité originaire *de l'esprit.* Ainsi on a démontré de manière parfaitement claire que l'objet n'est pas quelque chose qui nous est donné *en tant que* tel du dehors, mais qu'il n'est qu'un produit de l'auto-activité originaire de l'esprit, qui, à partir d'activités opposées, crée et produit un troisième élément commun (*koinon* chez Platon). Or, cette auto-activité de l'esprit qui agit dans l'intuition, Kant l'attribue avec raison à l'*imagination*, parce que cette faculté, qui est capable de passivité autant que d'activité, peut seule rassembler les activités négative et positive et les présenter dans un produit commun. Et c'est pourquoi cette action est aussi pour lui la synthèse originaire et transcendantale de l'imagination dans l'intuition – une expression que les kantiens sont les seuls à ne pas reprendre de leur maître, alors qu'ils reprennent toutes les autres, et cela sans doute pour des raisons toutes particulières.

Si l'on avait compris cette unique expression, la chimère qui a si longtemps tourmenté nos philosophes – j'entends les choses en soi, c'est-à-dire ces choses qui devraient exister encore en dehors des choses effectives, agir originairement sur nous, fournir le matériau en vue de nos représentations, etc. –, cette chimère se serait évanouie comme le brouillard et la
76 nuit devant | la lumière et le soleil. On aurait compris qu'une chose n'est effective que pour autant qu'un esprit la connaît. Dans la philosophie leibnizienne, les choses en soi étaient quelque chose de tout autre. Leibniz

ne connaissait d'autre existence que celle qui *se connaît elle-même* ou celle qui *est connue* par un esprit. Cette dernière était pour lui un simple phénomène. Mais ce qui devait être davantage qu'un phénomène, il n'en faisait pas un objet mort, dépourvu de soi. C'est pourquoi il a doté ses monades de forces de représentation et en a fait des miroirs de l'univers (1), des êtres connaissants, représentants, et seulement *dans cette mesure* des êtres non « connaiss*ables* », non « représent*ables* » (2). – Esprit immortel, qu'est-il advenu de ta doctrine parmi nous ! Ce qu'il est advenu de la tradition la plus ancienne, la plus sacrée ; – *doctrina, per tot manus tradita, tandem in* vappam *desiit* (3) ! Donner la représentation aux choses en soi, non, nos têtes creuses étaient trop éclairées pour cela. Et quant à Leibniz – ô, lui qui pourrissait paisiblement dans la poussière – ce qu'il affirme elles le tenaient de *Kant*, elles étaient devenues trop sages pour lire Leibniz lui-même (4) ! Peut-on garder son calme lorsque l'on entend triompher sur les cendres des plus grands hommes des estropiés de la pensée, qu'une seule parole des premiers pourrait anéantir si seulement leur langue ne s'était tue il y a bien longtemps ! – Ou lorsque la croyance en un monde effectif – l'élément de notre vie et de notre agir – doit être engendrée non à partir d'une certitude immédiate, mais à partir de je ne sais quels simulacres des choses effectives, qui ne sont pas même accessibles à l'imagination, mais seulement à une spéculation morte et dépourvue de phantaisie, – et lorsque *notre nature* (originairement si riche et pleine de vigueur) doit être ainsi entièrement corrompue et dégénérée ? – Car l'essence de la nature spirituelle consiste en ce que, dans sa conscience de soi, il y a un conflit originaire duquel surgit en dehors d'elle un monde effectif dans l'intuition (une création à partir de rien). Et c'est pourquoi il n'y a de monde que pour autant qu'un *esprit* le connaît, et inversement il n'y a pas d'esprit sans qu'il y ait un monde en dehors de lui. – Je poursuis.

La simple intuition, dit Kant, ne suffit pas encore à faire que je connaisse un objet en dehors de moi. Bien évidemment. | Car, étant 77
engendré synthétiquement par l'imagination, il ne peut être en même temps intuitionné par l'esprit comme *objet*, c'est-à-dire comme quelque chose à quoi revient, indépendamment de lui, effectivité et existence autonome. Ce n'est qu'une fois que cette faculté créatrice a achevé sa tâche que doit intervenir, selon Kant, l'*entendement*, soit une faculté servile, qui ne saisit, ne *conçoit*, ne retient que ce qu'une autre a produit. Mais que peut faire une telle faculté ? – Maintenant que l'intuition a disparu, et avec elle, la réalité, elle peut seulement *reproduire*, *répéter* cette action originaire de l'intuition dans laquelle d'abord était l'objet ; pour cela elle a besoin de l'imagination. Mais le réel n'est que dans l'intuition. L'imagination, dans

sa fonction présente, ne peut donc pas répéter ce mode d'action selon sa *matière*. Car sinon naîtrait à nouveau une intuition, et nous serions là où nous étions auparavant. Ainsi elle ne répète que l'*élément formel* de ce mode d'action. Celui-ci consiste, comme nous le savons, dans le temps et l'espace. Ainsi elle ne trace que le contour d'un objet flottant dans le temps et l'espace en général. Ce contour, Kant le nomme *schème*, et affirme que seul celui-ci médiatise le concept avec l'intuition (1). Cependant, il a fait preuve ici, comme souvent, d'égards bien trop grands pour quelque chose qui en soi n'a aucune réalité. On peut bien, dans la *spéculation*, séparer le schème du concept; dans la *nature* (de notre connaître), ils ne sont jamais séparés. Un concept sans sensibilisation par l'imagination est un mot dépourvu de sens, un son dépourvu de signification. C'est seulement une fois que l'esprit peut opposer l'objet et le contour, le réel et le formel, les rapporter, les comparer, les rattacher l'un à l'autre, qu'apparaissent pour la première fois une intuition accompagnée de conscience et la conviction solide et inébranlable en l'esprit que quelque chose existe effectivement en dehors et indépendamment de lui. Et ainsi, dit Kant, c'est seulement dans la coïncidence de l'intuition et du concept que réside le point lumineux d'une connaissance objective (2). Il s'en trouve néanmoins pour lui reprocher encore aujourd'hui « une séparation abyssale entre l'entendement et la sensibilité » (3). Il est surprenant d'entendre cela de la part de philosophes dans la philosophie desquels *tout* est séparation. Cependant, la chose peut
78 s'expliquer. Il existe un talent à séparer ce qui n'est jamais séparé et | à isoler dans la pensée ce qui dans la nature est partout uni. Il s'agit d'un talent *spéculatif* indispensable, mais extrêmement funeste lorsqu'il n'est pas lié au talent *philosophique* pour unir à nouveau ce que l'on a séparé, car ce sont seulement ces deux talents pris ensemble qui font le philosophe (1). Or, ce dernier talent est refusé à beaucoup auxquels le premier est accordé. Ainsi, là où il est question pour la spéculation de séparer quelque chose qui dans l'effectivité n'est jamais séparé, ces esprits *comprennent* ce que l'on veut faire. Mais qu'il en aille de la *liaison*, de la réunion de ce que l'on a séparé, alors c'en est fini de leur talent, et – c'est pourquoi nous avons affaire à de tels jugements.

Kant n'a presque eu affaire qu'à ce genre de jugements malheureux. Il lui fallait décomposer les connaissances et les concepts humains en leurs parties constitutives, tel était son *but;* il a laissé à ses successeurs la tâche d'embrasser d'un seul regard l'immense et surprenante totalité de notre nature, telle qu'elle provient de ces parties, telle qu'elle a existé de tout temps et existera toujours, la tâche d'insuffler âme et vie à son œuvre, et ainsi de la transmettre à la postérité comme la chose la plus sublime que la force humaine pouvait accomplir. Ce qui est le premier et le plus haut dans l'esprit humain, c'est toute la richesse d'un monde qui s'ouvre devant lui et obéit à des lois qu'il rencontre partout, qu'il retourne en lui-même (en philosophant), ou qu'il explore la nature (en observant). Kant affirme que ces lois sont des *formes* originaires de l'entendement humain, ou, ce qui revient au même, des modes d'action originaires de notre esprit (2). C'est seulement par ces modes d'action de notre esprit que le monde infini est et subsiste, car ce dernier n'est bel et bien rien d'autre que notre esprit créateur lui-même, dans des productions et des reproductions infinies.

Il n'en est pas ainsi chez les élèves de Kant ! (3) – Pour eux, le monde, et toute l'effectivité, est quelque chose qui est originairement étranger à notre esprit, qui n'a d'autre parenté avec lui que celle, *contingente*, par laquelle il
agit sur lui. | Néanmoins ils dominent un *tel* monde, qui n'est pourtant pour 79
eux que *contingent*, et qui précisément pourrait être aussi bien autrement, avec des lois qui – ne savent-ils pas comment ni d'où ? – sont enfouies dans leur entendement. Bien qu'étant parfaitement conscients que le monde consiste en choses en soi, ils transposent ces concepts et ces lois de l'entendement, en tant que législateur suprême de la nature, dans ces choses en soi ; ils les appliquent en toute liberté et à leur gré, et ce monde, cette nature éternelle et nécessaire, obéirait à leur bon vouloir spéculatif ? – Et c'est cela que Kant est censé avoir enseigné ? – Et comment est-on censé appeler un tel système ? Ce n'est pas un idéalisme ; tout idéaliste conséquent aurait honte de l'être. Il n'est pas non plus censé être un dogmatisme, et il ne l'est pas. – Qu'est-il alors ? – Il n'a jamais existé un système qui fût plus ridicule et plus extravagant. La nature n'a jamais été quelque chose de différent de ses lois. Elle ne consiste que dans son mode d'action immuable, ou plutôt elle n'est même rien que cet *unique* mode d'action éternel. Mais parce qu'on peut se représenter la nature comme je ne sais quelle chose spéculative à laquelle on prête une existence indépendante de ses lois, on considère alors ces dernières de telle manière qu'un esprit extérieur au monde les y a implantées. Ou, selon le système le plus récent, de telle manière que c'est seulement notre entendement qui les transpose dans la nature comme quelque chose de totalement différent d'elle. On fait à présent dire à Kant ce que *Hume*, le sceptique, avait affirmé. Mais Hume avait conclu fort justement que toute notre science de la nature n'est dès lors qu'une illusion, que toutes les lois de la nature ne sont rien que des habitudes de l'imagination (1). Il s'agissait d'une philosophie conséquente. Et Kant est censé n'avoir rien fait d'autre que répéter Hume pour le rendre, de conséquent qu'il était, inconséquent ? – Kant affirmait certes que les lois de la nature sont des modes d'action de notre esprit, des conditions sous lesquelles

seulement notre intuition même est possible; mais il ajoutait que la nature
n'est rien de différent de ces lois (2), qu'elle est même seulement une action
continue de l'esprit infini, dans laquelle d'abord il vient à la conscience de
80 soi, et par laquelle il donne | à cette conscience de soi étendue, durée,
continuité et nécessité. Tous ces malentendus sont nés, comme c'est maintenant clair et évident, de ce que même le nouveau système était considéré à son tour comme un système spéculatif d'un point de vue spéculatif. L'entendement sain n'a jamais séparé représentation et chose, encore moins les a-t-il opposées. C'est dans la concordance de l'intuition et du concept, de l'objet et de la représentation, que reposait depuis toujours la conscience, propre à l'homme, et partant la conviction ferme et indépassable d'un monde effectif. L'idéalisme (que Kant voulait bannir à jamais de la tête des hommes) fut le premier à séparer l'objet (*Object*) de l'intuition, l'ob-jet (*Gegenstand*) de la représentation. L'idéaliste est seul et abandonné au milieu du monde, cerné de tous côtés par des fantômes spéculatifs. Pour lui il n'y a rien d'*immédiat*, et l'intuition même, dans laquelle l'esprit et l'objet concordent, n'est à ses yeux rien qu'une pensée morte. Pour cette raison même ne s'arrachera-t-il jamais à son système désolant. Car même si l'on parvient à lui faire adopter le point de vue où l'effectif nous est immédiatement présent, alors intervient à nouveau sur-le-champ sa faculté servile qui transforme sous ses yeux l'effectivité même en apparence. Tout ce qui est est pour lui quelque chose que l'on a trouvé par déduction et ratiocination – rien d'originaire. Que l'on admette une seule fois cette séparation entre concept et intuition, représentation et effectivité, alors nos représentations sont *apparence*, car qu'elles soient des *copies* de choses *en soi*[1], on ne peut plus à présent l'affirmer. Mais si notre représentation est à la fois *représentation* et *chose* (comme l'entendement sain ne l'a jamais considéré et ne le considère jusqu'à ce jour pas
autrement), l'homme revient alors des égarements sans fin d'une spécu-
81 lation fourvoyée sur le droit chemin d'une nature saine, | en accord avec
elle-même. Car maintenant il *apprend* à considérer les choses théoriquement, comme elles *sont*, et pratiquement, comme elles *doivent* être – un résultat qui, quoiqu'en contradiction avec mainte spéculation ratiocinante et avec tous les systèmes sophistiques, semble pourtant à l'entendement

1. Kant niait que les représentations fussent des copies des choses en soi. Mais il attribuait pourtant de la réalité aux représentations (1). Ainsi – c'était une conséquence nécessaire – il ne pouvait en général y avoir aucune chose en soi, et pour notre représentation aucun *original en dehors* d'elle. Sinon l'une et l'autre ne pourraient s'accorder.

sain si bien connu qu'il s'étonne à juste titre qu'une telle dépense d'art philosophique fût nécessaire pour le porter enfin à la lumière du jour.

Le but de la philosophie théorique de Kant était d'assurer la réalité de notre savoir. Dire aussi clairement et intelligiblement que possible comment il a accompli cela, je le tiens pour d'autant plus digne d'effort qu'il y en a bien peu qui le pourraient, ou, même s'ils le pouvaient, le voudraient. J'ai parlé comme *bon* m'a semblé. La prochaine fois, il sera question de la philosophie *pratique* de Kant.

N. S. Pour faire droit à l'actualité, je joins à ce qui précède un bref compte rendu concernant deux nouveaux écrits. L'auteur du *premier* d'entre eux entreprend une

Rectification des jugements du public sur Kant et sa philosophie, Cologne, Peter Hammer, 1797 (1).

L'auteur a eu par endroits quelques bonnes idées, qui pourraient, autrement formulées, se montrer utiles, en particulier l'idée qu'à notre philosophie, jusqu'ici, n'a manqué rien tant que la *nature*, et que les philosophes pensent en vain améliorer par idéalisation l'état présent de l'humanité (car manifestement c'est seulement la *nature* et une *nécessité* implacable qui règnent et vont régner sur notre histoire, jusqu'à ce que nous cessions de vouloir *unifier* ces choses contradictoires, le droit et la force, la liberté et la loi positive, la raison pure et la constitution de l'État). L'auteur est du reste un écrivain d'un bon naturel, mais c'est un fanfaron ridicule, embrouillé et vaseux.

L'*autre* auteur est un adversaire insidieux, perfide et fourbe, dont l'écrit non seulement ne mérite aucune approbation à cause de sa mauvaise composition et de la confusion de ses concepts, mais mérite bien encore *un mépris profond* en raison de l'esprit vindicatif, fanatique et calomnieux qui domine en eux :

| *Lettre à un jeune homme qui voudrait étudier la philosophie critique*, **82**
de Schlosser, Lübeck, 1797 (1).

J'ai déjà quelques fois entendu poser cette question : comment est-il donc possible qu'un système aussi absurde que la philosophie *que l'on appelle* critique puisse non seulement entrer, mais vraiment s'établir dans un esprit humain ? Or, puisque j'ai laissé cette question sans réponse au paragraphe précédent de cet Aperçu, je me suis résolu à ajouter à présent ces quelques remarques à ce sujet. Car j'ai la ferme conviction qu'aucun homme disposant un tant soit peu de sa raison n'a jamais affirmé quoi que ce soit dans le domaine des choses spéculatives qui ne trouve quelque fondement dans la nature humaine elle-même. S'il était impossible de découvrir l'origine des illusions spéculatives, nous devrions renoncer totalement à nous en préserver, nous et les autres; nous serions soumis, pour ce qui touche à nos recherches, au hasard le plus aveugle qui soit, et un doute universel concernant la raison humaine ne nous permettrait même pas de nous mettre d'accord avec nous-mêmes et par conséquent encore moins avec les autres. – Une fois réfutée cette opinion absurde, ce qu'il importe donc en premier lieu de faire, c'est de rendre cette opinion aussi *raisonnable* ou, conformément à son origine, aussi *concevable* que possible (2), étant admis également que c'est là faire trop d'honneur aux individus qui la professent.

La proposition principale de la philosophie dont il est question ici peut se formuler en quelques mots comme suit : la *forme* de nos connaissances provient de *nous-mêmes*, leur *matière* nous est donnée *de l'extérieur* (3).

83 | Il est déjà avantageux d'établir cette *opposition* ce serait-ce qu'en général. Car, bien que dans notre savoir lui-même les deux, forme et matière, soient le plus intimement unis, il est pourtant clair que la philosophie supprime cette union *de manière hypothétique* de façon à pouvoir l'*expliquer* et il est tout aussi évident que tous les systèmes philosophiques, depuis les temps les plus anciens, ont considéré la forme et la matière comme les deux extrêmes de notre savoir.

Bientôt on découvrit que la *matière* était le substrat ultime de toutes nos *explications*. On renonça donc à rechercher l'origine de la matière elle-même. Mais on remarqua en outre dans les choses un élément que l'on ne pouvait plus expliquer à partir de la matière elle-même et que l'on se sentait pourtant tenu d'expliquer (que par exemple les phénomènes découlent avec régularité d'autres phénomènes, qu'il y a une finalité dans chaque chose singulière, que tout le système du monde extérieur tient sa cohérence d'une liaison universelle selon le moyen et la fin). Mais ces déterminations étaient à ce point liées aux choses elles-mêmes que l'on ne pouvait penser ni les choses sans ces déterminations ni ces déterminations sans les choses. C'est pourquoi, si l'on voulait seulement faire passer *celles-là* dans *celles-ci* à partir de l'entendement d'un quelconque être supérieur (par exemple l'architecte du monde), on ne comprendrait pourtant pas comment est née cette liaison inséparable des deux, qui ne peut être dissoute par aucun art spéculatif. On fit donc provenir les choses en même temps que leurs déterminations du pouvoir *créateur* d'une divinité; on comprend bien pourtant comment un être pourvu d'un pouvoir créateur peut se représenter (*darstellen*) des choses extérieures à lui-*même* mais pas comment il peut les représenter à d'*autres* êtres, ou en d'autres termes : même si nous concevons l'origine d'un monde *en dehors de nous*, nous ne concevons pourtant pas comment la représentation de ce monde est entrée *en nous*.

L'ultime tentative *devait* donc être *celle* d'expliquer, non pas comment sont nées des choses extérieures indépendamment de nous – (en effet de cela nous ne comprenons rien, puisqu'elles sont elles-mêmes le substrat ultime de toutes les explications des données extérieures), mais comment est née une représentation des choses extérieures en *nous* ?

| En premier lieu il faut préciser la question. Il est évident que non 84
seulement il faut expliquer la *possibilité* d'une représentation des choses extérieures en nous, mais aussi sa *nécessité*, et en outre non seulement comment nous prenons conscience d'une représentation, mais aussi pourquoi nous sommes précisément contraints par là de la rapporter à un objet extérieur. Car même notre connaissance, nous la tenons pour *réelle* seulement pour autant qu'elle s'accorde avec l'objet (l'ancienne définition de la vérité, à savoir qu'elle est l'accord absolu de l'objet et du connaître aurait pu depuis longtemps conduire à penser que l'objet lui-même n'est pas autre chose que notre connaître nécessaire). Car dans la spéculation nous pouvons certes séparer l'un et l'autre, mais dans notre savoir lui-même existe une concordance absolue des deux et c'est dans l'incapacité même de distinguer l'objet pendant la représentation *de* la représentation que se trouve pour l'entendement commun le fondement de la croyance en un monde extérieur.

Tel est donc le problème : expliquer l'accord absolu de l'objet et de la représentation, de l'être et du connaître. Mais il est évident que, dès que nous *opposons* l'objet, comme une chose en dehors de nous, à la représentation (et nous le faisons en soulevant cette question), absolument aucun accord *immédiat* n'est possible entre les deux. D'où les tentatives faites pour médiatiser par des concepts l'objet et la représentation, pour considérer le premier comme *cause* et cette dernière comme *effet*. Pourtant avec toutes ces tentatives nous n'atteignons jamais ce que nous voulions vraiment, l'identité de l'objet et de la représentation, car c'est cela que nous devons présupposer et que l'entendement commun a présupposé depuis toujours dans tous ses jugements.

On se demande donc si une telle identité de l'objet et de la représentation est en général possible. Il est aisé de voir qu'elle ne serait possible qu'en *un seul* cas s'il existait vraiment un être qui *s'*intuitionne *lui-même*, donc qui serait en même temps le représentant et le représenté, l'intuitionnant et l'intuitionné. C'est *en nous-mêmes* par conséquent que nous trouvons l'unique exemple d'une identité absolue de la représentation et de

l'objet. Ce qui ne se connaît et ne se comprend qu'immédiatement et par là connaît et comprend toute autre chose, c'est le *Moi* en nous. En tout autre
85 objet je suis | contraint de demander par quoi l'*être* de celui-ci est médiatisé avec ma *représentation*. Mais à l'origine *je* n'existe nullement pour un sujet connaissant en dehors de moi, comme la matière, mais *pour moi-même;* en moi se trouve l'identité absolue du sujet et de l'objet, du connaître et de l'être. Comme je ne me connais autrement que *par moi-même*, il est absurde d'exiger du *Moi* encore un autre prédicat que celui de la *conscience de soi*. L'essence d'un esprit consiste précisément en ceci qu'il n'a pour lui-même aucun autre prédicat *que* soi-même.

C'est donc seulement dans l'auto-intuition d'un esprit que réside l'identité de la représentation et de l'objet. Ainsi, pour pouvoir expliquer cet accord absolu de la représentation et de l'objet sur lequel repose la réalité de *tout* notre savoir, il devrait être possible de *prouver* que l'esprit, en ce qu'il intuitionne *en général* des objets, s'intuitionne seulement *lui-même*. S'il est possible de le prouver, la réalité de notre savoir est assurée.

La question est de savoir comment le faire.

En premier lieu il est nécessaire que l'on fasse sien ce point de vue à partir duquel sujet et objet en nous, intuitionné et intuitionnant sont *identiques*. Cela ne peut se faire autrement qu'au moyen d'une action libre.

De plus, j'appelle *esprit* ce qui n'est que *son propre* objet[1]. L'esprit, qui n'est pourtant pas tant un objet *originaire* qu'un *sujet* absolu, pour lequel *tout* (et également lui-même) est *objet*, doit être objet *pour soi-même*. C'est ainsi que cela doit être. Ce qui *est* objet (*Objekte*) est quelque chose de *mort*, au repos, *incapable par soi* d'aucune action, simple *ob-jet* (*Gegenstand*) de l'agir. L'esprit ne peut toutefois être appréhendé que *dans son*
86 *agir* (de celui qui | n'en est pas capable, on dit précisément pour cela qu'il philosophe *sans* esprit); il est donc seulement *en devenir* ou bien plutôt il n'est lui-même pas autre chose qu'un *devenir éternel*. (De là on conçoit d'emblée la dimension *continue* et progressive de notre savoir, qui va de la matière morte jusqu'à l'idée d'une nature vivante). L'esprit doit donc pour lui-même non pas *être* objet mais le *devenir*. C'est précisément pour cette

1. Beaucoup d'hommes honnêtes, qui n'ont par ailleurs rien à objecter à ce qui vient d'être dit, s'arrêteront au moins sur le mot *esprit*; les kantiens (s'ils portent un jugement sur cette critique de leur philosophie) vont lui jeter la pierre ou lui faire la leçon sur des choses qui se situent bien en dessous d'elle, comme par exemple qu'elle procède d'une manière dogmatique, qu'elle parle de l'esprit comme d'une chose en soi, etc. C'est pour cela que j'ai répété à plusieurs reprises que je donne le nom d'esprit à ce qui est *pour soi-même* et non pour un autre être, qui n'est donc *originairement* en général aucun *objet* et encore moins un objet *en soi*.

raison que toute philosophie commence avec l'acte et l'action et c'est pour cette raison justement que l'esprit n'est rien qui serait originairement (en soi) objet. Ce n'est que *par lui-même*, par son *propre agir*, qu'il *devient* objet.

Or ce qui *est* (originairement) objet est *en tant que* tel nécessairement quelque chose de *fini*. Donc, parce que l'esprit n'est pas originairement objet, il ne peut pas être selon sa nature originairement fini. – Est-il donc infini ? Mais il n'est *esprit* que dans la mesure où il devient *pour soi-même objet*, c'est-à-dire pour autant qu'il devient *fini*. Il n'est donc ni infini sans devenir fini, ni ne peut devenir fini (pour soi-même) sans être infini. Il n'est donc aucun des deux seulement, ni fini ni infini, mais se trouve en lui l'*union* la plus originaire *de l'infinité et de la finité* (c'est là une nouvelle détermination du caractère spirituel).

De l'infini au fini, pas de *passage* ! Il s'agit de l'une des propositions de la plus ancienne philosophie. Par le passé, des philosophes ont essayé de dissimuler ce passage en se servant au moins d'images, d'où la doctrine de l'émanation, une tradition issue du monde le plus ancien. D'où le caractère inévitable du spinozisme selon les principes en vigueur jusqu'à présent (1).

Ce n'est qu'à des époques plus tardives que des systèmes sans esprit essayèrent de trouver des intermédiaires entre infinité et finité. Mais il ne peut y avoir entre elles aucun *avant* ni aucun *après*; cela n'a lieu qu'entre *des choses finies*. L'existence des choses finies (donc également des représentations finies) ne peut absolument pas être expliquée d'après les concepts de cause et d'effet. Ce n'est qu'avec la compréhension de cette proposition que commence toute philosophie; car sans elle nous n'avons pas même le besoin de philosopher – sans elle, tout notre savoir est simple empirie, progression de cause à effet. Mais finité et infinité ne sont *originairement unies* que dans l'*être* d'une nature spirituelle. C'est dans cette | *simultanéité* absolue de l'infini et du fini que réside l'*essence* d'une nature 87
individuelle (de l'égoïté). *Qu*'il doive en être ainsi découle de la possibilité de la *conscience de soi*, par laquelle seule l'esprit *est ce qu*'il est. – Mais il est également possible d'en fournir une preuve apagogique. Car ou bien nous sommes originairement infinis, et alors nous ne comprenons pas comment sont nées en nous des représentations finies et leur succession; ou bien nous sommes originairement finis, et alors on ne peut expliquer comment une idée d'infinité, en même temps que la capacité à faire abstraction du fini, est venue en nous.

En outre, l'esprit est tout, seulement *par soi-même*, par son propre *agir*. Il devrait donc y avoir en lui des *actions* originairement opposées, ou, si nous en saisissons la simple forme, des modes d'action opposés, dont l'un serait originairement *infini*, l'autre originairement *fini*. Mais les deux ne devraient pouvoir être distingués que dans leur relation réciproque l'un à l'autre.

Et il en est bien ainsi. Ces deux activités sont originairement unies en moi; mais je ne le sais que par le fait que *je* les rassemble dans une unique action. Cette action s'appelle *intuition*, dont je crois avoir expliqué la nature dans les sections précédentes. Avec l'intuition même, la conscience n'existe pas encore, alors même qu'aucune conscience n'est possible sans elle. Ce n'est que dans la conscience que je peux distinguer ces deux activités, l'une étant d'une nature *positive*, l'autre d'une nature *négative*, l'une *remplissant* une sphère, l'autre la *limitant*. Celle-là est représentée en tant qu'activité *allant vers l'extérieur*, celle-ci en tant qu'activité *allant vers l'intérieur*. Tout ce qui *est* (au sens propre du mot *est*) n'est que par le *fait d'être dirigé sur soi-même* (cela se voit avec l'objet mort, qui n'*est* pas, mais *existe* seulement par la force d'attraction, et dans le système du monde par la tendance centripète des corps célestes). L'esprit n'existe donc *pour soi* que par le *fait d'être dirigé sur soi-même*, par cela qu'il se limite lui-même dans son activité, ou plutôt, l'esprit n'est lui-même rien d'autre que cette activité et cette limitation, toutes deux pensées comme *simultanées*.

88 | L'esprit, *en se limitant lui-même*, est en même temps *actif* et *passif*, et parce que sans cette action il n'y aurait également aucune conscience de notre nature, alors cette union absolue d'*activité et de passivité* doit être un caractère de la nature *individuelle*.

La passivité n'est pas autre chose qu'une activité *négative*. Un être absolument passif est purement et simplement *rien* (un *nihil privativum*). – Sans nous en rendre compte, nous avons été conduits par nos recherches au problème le plus difficile de la philosophie. Aucune représentation n'est en nous possible sans une passivité, mais précisément tout aussi peu sans une *activité*. Tous les philosophes l'ont compris. Il s'avère à présent que notre *être* et notre *essence* reposent sur cette union originaire d'activité et de passivité, qu'il appartient par là à notre être et à notre essence de représenter *en général*, et, comme il apparaîtra par la suite, de représenter également ce système déterminé des choses. Et parce que *tout* ce qui est fini est concevable seulement par des activités opposées, mais que celles-ci ne sont originairement unies que dans un esprit, il s'ensuit de soi-même que toute existence extérieure ne provient et ne procède que de la nature spirituelle.

L'intuition rassemble activement activité et passivité. Je présuppose cela connu à partir de la section précédente. L'objet de l'intuition n'est donc rien d'autre que l'esprit *même* dans son activité et sa passivité. Mais l'esprit, en s'intuitionnant lui-même, ne peut pas en même temps se distinguer de lui-même. D'où, dans l'intuition, l'identité absolue de l'objet et de la représentation (d'où, comme il apparaîtra sous peu, la croyance qu'il n'y a de réalité que dans l'intuition, car l'esprit ne distingue pas encore à présent ce qui est réel de ce qui ne l'est pas).

Mais nous savons que nous pouvons distinguer objet et représentation, car nous sommes partis de cette distinction (sans elle, il n'y aurait aucun besoin de philosopher). Il nous faut donc sortir de l'intuition afin de distinguer objet et représentation.

Nous ne le pouvons pas autrement que dans la mesure où nous faisons abstraction du produit de notre intuition (cette faculté d'abstraire est seulement concevable par cela que nous sommes originairement libres, c'est-à-dire indépendants de l'objet. | En outre, puisque cette faculté ne **89**
peut être exercée qu'en opposition à l'objet, c'est-à-dire de façon pratique, il est clair alors qu'une distinction est possible eu égard à l'*intensité* des représentations entre différents sujets – et même que philosophie théorique et philosophie pratique ne sont absolument pas séparées originairement, car nous ne pouvons aucunement abstraire sans agir *librement*, et nous ne pouvons pas agir librement sans abstraire. Cela deviendra encore plus clair par la suite). À savoir que nous ne pouvons pas *faire abstraction* du *produit* de l'intuition sans agir librement, c'est-à-dire sans répéter *librement* le mode d'action originaire (de l'esprit) dans l'intuition ; et inversement, nous ne pouvons pas répéter *librement* ce mode d'action sans en même temps *faire abstraction* de son *produit*. Nous ne pouvons donc pas faire abstraction du *produit* de l'action sans l'*opposer* à l'agir libre (c'est-à-dire sans lui donner une indépendance à l'égard de notre agir, une *existence autonome*), et inversement, nous ne pouvons pas opposer le produit de l'action à notre agir sans en même temps agir librement (c'est-à-dire sans en faire abstraction). Ce n'est que maintenant par notre abstraction que le produit de notre agir devient *objet*.

C'est seulement par mon agir libre, dans la mesure où lui est opposé un objet, que naît en moi la *conscience*. À présent, l'objet est *là*, son origine se trouve pour moi dans le passé, par-delà ma conscience présente, il est là *sans mon intervention*. (D'où l'impossibilité d'expliquer à partir du point de vue de la conscience l'origine de l'objet). Je ne peux pas agir librement dans l'abstraction sans m'opposer l'objet, c'est-à-dire sans me sentir dépendant de lui. Mais l'objet n'était originairement que dans l'intuition, et absolument pas différent d'elle. Je ne peux donc pas *abstraire* librement, sans me sentir contraint eu égard à l'intuition, et inversement, je ne peux pas me sentir contraint eu égard à l'intuition, sans en même temps abstraire *librement*.

Mais je ne deviens pas *conscient* de l'intuition, lorsque je fais abstraction d'elle. Je ne peux donc pas devenir *conscient* de l'intuition,
90 | sans me sentir *contraint* à son égard. Inversement, je ne peux pas me sentir contraint eu égard à l'objet (de l'intuition) sans faire abstraction de lui, c'est-à-dire sans me sentir en même temps libre. Je ne deviens donc *conscient* également de ma liberté que dans la mesure où je me sens contraint eu égard à l'objet. – *Pas de conscience de l'objet sans conscience de la liberté, pas de conscience de la liberté sans conscience de l'objet.*

En répétant *librement* le mode d'action originaire de l'esprit dans l'intuition, c'est-à-dire en faisant abstraction, naît le *concept*. Mais je ne peux pas faire abstraction sans en même temps intuitionner avec conscience, et inversement; *donc nous sommes conscients du concept seulement en opposition à l'intuition, et conscients de l'intuition seulement en opposition au concept.*

Mais précisément parce que nous ne devenons conscients du mode d'action libre dans l'intuition qu'en opposition à son produit (l'objet), elle nous apparaît comme *quelque chose d'abstrait de l'objet* (c'est le point de vue de l'empirisme), bien que l'objet même ne soit rien d'autre qu'un produit de ce mode d'action. Mais parce que nous répétons pourtant *librement* ce mode d'action (parce que, par exemple, nous inscrivons librement des figures dans l'espace, car l'imagination peut projeter librement un contour général de l'objet), alors ce mode d'action nous apparaît comme quelque chose qui provient seulement de notre esprit, et que nous ne faisons que *transposer* aux choses en dehors de nous (c'est le point de vue de la philosophie formelle).

Mais *les uns et les autres* (les empiristes et les formalistes) ne deviennent conscients de l'*objet* qu'en opposition au mode d'action *libre* de leur esprit; les uns et les autres s'accordent donc aussi en cela que l'*objet* est *quelque chose d'indépendant de ce mode d'action*, bien que l'*objet même* ne soit rien d'autre que ce mode d'action déterminé.

En bref: parce que nous devenons conscients du concept seulement en opposition à l'intuition, de l'intuition seulement en opposition au concept, le concept nous apparaît alors comme dépendant de l'intuition, et l'intuition comme dépendante du concept, bien que les deux soient originairement (*avant* la conscience) *une seule et même chose*.

91 |Une action eu égard à laquelle nous nous sentons *libres*, nous l'appelons *idéale*; une action eu égard à laquelle nous nous sentons *contraints*, nous l'appelons *réelle*. C'est pourquoi le concept nous apparaît comme *idéal*, l'intuition comme *réelle*, mais cela seulement dans la

relation réciproque de l'un à l'autre, car nous ne sommes *conscients* ni du concept sans l'intuition, ni de l'intuition sans le concept.

C'est pourquoi celui qui se trouve au point de vue de la simple conscience doit nécessairement affirmer que notre savoir est *en partie* idéal, *en partie* réel, et de là naîtra un système extravagant qui ne peut jamais expliquer comment donc l'idéal est devenu réel ou le réel est devenu idéal. – Celui qui s'élève à un point de vue supérieur trouve qu'il n'y a originairement *aucune* différence entre idéalité et réalité, que notre savoir n'est donc pas *en partie*, mais *entièrement* et *absolument* idéal et réel *en même temps*.

Le *mode d'action* de l'esprit et le *produit* de ce *mode d'action* sont originairement une seule et même chose. Nous ne pouvons toutefois pas devenir conscients ni du mode d'action ni du produit de celui-ci, sans opposer *celui-ci* à celui-là et *celui-là* à celui-ci. Le mode d'action abstrait de son produit est *purement formel;* le produit abstrait du mode d'action par lequel il est né est *purement matériel*.

Celui donc qui part seulement de la conscience (comme d'un fait) érigera un système aberrant, en vertu duquel notre savoir est, d'une manière surprenante, d'une part composé de formes dépourvues de contenu, d'autre part de choses dénuées de forme. – Bref, un tel système parviendra à la proposition que nous avons érigée plus haut (1) comme la proposition principale de la philosophie la plus récente :

« La *forme* de notre connaissance vient de *nous-mêmes*, la *matière* nous est *donnée du dehors* ».

Nous, qui savons qu'originairement forme et matière sont une seule chose que nous ne pouvons distinguer qu'après que l'une et l'autre existent par une unique et même action identique et indivisible, nous ne connaissons que cette seule alternative : soit il faut que matière et forme nous soient *données du dehors*, soit il faut que les deux, matière et forme, n'adviennent et ne proviennent que *de nous*.

| Si nous admettons la première hypothèse, la matière est alors quelque 92
chose qui est *en soi* et originairement effectif. Mais la matière n'est matière que dans la mesure où elle est *objet* (d'une intuition ou d'une action). Si elle était quelque chose *en soi-même*, il faudrait qu'elle fût aussi quelque chose *pour soi-même;* cela, toutefois, elle ne l'est pas, car elle n'est en général que dans la mesure où elle est intuitionnée par un être en dehors d'elle.

Mais posons qu'elle est quelque chose *en soi* – quoiqu'il soit déjà absurde de le dire et encore plus de le penser –, alors nous ne pourrions jamais savoir ce qu'elle est *en soi*. Il faudrait être la matière elle-même pour le savoir. Mais alors, si nous avions nécessairement une connaissance de cet être, nous serions *Nous* – et non la matière. Aussi longtemps, donc, que nous *présupposons* la matière, c'est-à-dire que nous admettons qu'elle est quelque chose *précédant* notre connaissance, nous ne comprenons pas même ce que nous disons. Au lieu donc de piocher ici et là à l'aveuglette dans des concepts incompréhensibles, il vaut mieux demander quelle est en fin de compte la seule chose que nous comprenons originairement et ce que nous *pouvons* comprendre. Mais *originairement* nous ne comprenons que *nous-mêmes;* et parce qu'il n'y a que *deux* systèmes conséquents, l'un qui fait de la matière le principe de l'esprit, et l'autre qui fait de l'esprit le principe de la matière, alors il ne nous reste d'autre possibilité, à nous qui voulons nous comprendre *nous-mêmes*, que d'affirmer que ce n'est pas l'esprit qui *est né* de la matière, mais que c'est *la matière qui est née de l'esprit;* – une proposition, à partir de laquelle se fera aisément le passage à la philosophie pratique, à laquelle nous allons nous consacrer maintenant.

ÉPILOGUE POUR LES PHILOSOPHES FORMELS

Facturusne operae pretium sim ? (1) Voilà à vrai dire la question qu'il
faut se poser, Messieurs, si l'on veut vous ouvrir les yeux sur votre
philosophie. Encore faut-il qu'on veuille en discuter. Écoutez donc au
moins la | suggestion suivante. – Si vous avez eu par ailleurs assez d'abné- 93
gation pour lire le présent article, alors vous voyez que *votre* philosophie
est *pour nous* entièrement concevable et que *nous* pouvons exposer de
façon intelligible son *origine* à tout un chacun. Vous devez en outre
concéder que celui qui veut réfuter l'autre *doit* lui dévoiler l'origine de son
erreur. Jusqu'ici vous avez montré de la bonne volonté à nous réfuter, mais
chez vous malheureusement la *chair* (la *haine* envers la meilleure philo-
sophie) est *pleine de bonne volonté*, mais l'*esprit* (la capacité à lui causer du
tort) est *faible* (1). Pourtant, il y a bien une chose que vous pouvez faire.
Essayez au moins une fois de rendre cette philosophie haïe *concevable*
selon son *origine ;* cherchez les sources de ses erreurs, et prouvez par là que
Vous vous situez à un point de vue plus élevé que *Nous*. Jusqu'ici cette
philosophie n'a fait que vous *étonner*, elle était pour vous *inconcevable*,
une chose d'un autre monde, un fantôme, pour lequel vous ne trouviez
aucun nom dans tous vos manuels. Prenez courage, et attaquez le problème
à bras le corps. Montrez à quel terrible égarement elle doit son existence.
Dès lors nous irons volontiers à votre école et les *leçons* que vous n'avez
dispensées jusqu'ici qu'à des bancs vides trouveront des oreilles attentives.
Si vous n'acceptez pas non plus cette proposition, on est en droit de
déclarer publiquement et à la face du monde que vous êtes perdus[1].

1. Les éditeurs rappellent dans une note de cet *Aperçu*, p. 61, « que si nous accusions des *auteurs philosophiques* d'impureté morale, ils n'approuveraient pas cette accusation ». Mais

94 | Il est bien connu que l'Académie Royale Prussienne des Sciences a mis au concours pour l'année 1795 la question : *Quels progrès a faits la métaphysique en Allemagne depuis le temps de Leibniz et de Wolff.* L'Académie a partagé le prix entre les trois écrits de MM. *Schwab, Reinhold,* et *Abicht*[1]. L'intérêt de la question est aussi évident que les difficultés de la réponse. On pouvait facilement s'attendre à ce qu'un *leibnizien* retournât, au terme de ses recherches, au *catéchisme* wolffien (p. 146) (1), qu'un *kantien*, en revanche, présentât ses propres travaux comme le couronnement de la philosophie telle qu'elle s'est développée jusqu'à nos jours. Il n'était guère possible d'espérer, à cette époque-là comme aujourd'hui, une réponse impartiale à cette querelle non encore tranchée des différents systèmes.

Il y a deux façons d'être impartial en répondant à une telle question. *Soit* on est un philosophe humble, et on renonce par avance, autant que possible, à tous les idéaux élevés de la philosophie, on s'oppose à toutes les tentatives pour continuer à développer une philosophie déterminée, on est aussi tolérant qu'intolérant, et on attend de la philosophie en général tellement peu qu'à la fin le mérite de chaque système particulier paraît être aussi grand que petit.

Soit on est impartial envers tous les systèmes philosophiques, parce qu'on les envisage tous ensemble comme des approximations d'un idéal commun, car on aperçoit en tous la même raison, les mêmes problèmes, les mêmes germes d'un système futur qui, au-dessus de tous les partis et de tous les systèmes particuliers, leur livrera peut-être un jour la preuve
95 surprenante qu'ils avaient, dans leur ensemble, autant raison | que tort, qu'ils étaient autant vrais que faux. L'auteur avoue qu'il croit avoir

je me suis bien gardé de parler d'une impureté d'*auteurs philosophiques ;* à la p. 60 il n'y est question que de l'impureté d'*un certain nombre recherches.* La différence est grande. Une *recherche* peut être très impure (elle peut être née visiblement sous l'influence de la haine personnelle, de l'égoïsme et de l'intérêt particulier) sans que l'*écrivain* en soit conscient. Je sais qu'il ne devrait pas en être ainsi et que d'un certain point de vue il est moins méprisable d'être injuste en l'ayant décidé consciemment. L'accusation d'après laquelle un certain nombre de *recherches, jugements* etc. sont impurs n'est pas propre à moi seul ; plusieurs expressions du même cahier (par exemple à propos du destin de la Doctrine de la Science) disent la même chose (2). – Maints écrivains le reconnaissent en disant *explicite* ou *implicite* qu'ils ne *veulent* pas entendre, qu'ils ne *veulent* pas comprendre, | quoique l'on sache très bien que ce *ne-pas-vouloir* (comme dans le cas du renard dans la fable) n'est que la conséquence du *ne-pas-pouvoir* (2).

1. *Écrits récompensés sur la question,* etc. édité par l'Académie Royale Prussienne des Sciences, Berlin, 1796.

reconnu l'impartialité philosophique de la première espèce dans l'écrit primé au concours de M. *Schwab*, et l'impartialité de l'autre espèce dans celui de M. *Reinhold*. Comme il lui était impossible de lire l'écrit de M. *Abicht* (1), il ne lui reste qu'à prouver *ce* jugement-là.

« Si par exemple, dit M. *Schwab*, (p. 5), en Grèce, un sage quelconque lui avait posé cette question : quels progrès la philosophie a faits depuis Socrate, les tenants des différentes sectes auraient répondu sans aucun doute chacun exclusivement au bénéfice de son école. Mais des sages, des philosophes sans parti pris, qui embrassent du regard leur science d'un point de vue plus élevé que celui de leur chaire, des penseurs indépendants (2), qui connaissent les forces de l'esprit humain, parce qu'ils ont partagé les efforts des esprits les plus perspicaces – de tels hommes auraient peut-être été par là conduits à des considérations auxquelles la philosophie et la vérité auraient gagné ». M. S. mentionne les *Grecs*, parce qu'il les avait comparés peu avant aux Allemands en raison de leur penchant pour les recherches spéculatives et de leur intérêt presque ininterrompu pour les investigations philosophiques. « Il appartient au caractère propre du génie national des Allemands, ainsi M. S. commence-t-il son traité, qu'ils s'adonnent à des spéculations métaphysiques à un moment où les autres nations d'Europe y ont presque totalement renoncé » (3). C'était une très bonne chose que d'évoquer ce sujet, puisque l'on peut aujourd'hui très fréquemment entendre cette remarque, en particulier chez ceux qui ont leurs propres raisons de ne pas être favorables à la philosophie et qui ne se lassent pas de comparer leur nation avec les peuples anciens et modernes à leur préjudice, pour que ne s'éteignent pas parmi eux le penchant à l'imitation et le manque de confiance en leurs propres forces. Il n'y a pas tant à s'étonner si les *Allemands*, dont la patrie n'a été depuis longtemps que le *théâtre* sur lequel d'autres nations jouaient leur rôle, se soient au moins réservé le plaisir du jugement et de la recherche menée d'après des principes pour se dédommager de l'inactivité à laquelle ils sont condamnés.

| Pourtant, nous ne voulons pas trop insister sur les *Grecs*. Le souvenir 96
de ce qu'était la philosophie chez eux et de ce qu'elle est chez nous est bien trop proche. La philosophie est aussi devenue parmi nous un objet d'*érudition*, et le grand public, qui s'est intéressé de temps en temps à la philosophie, s'en est toujours tenu davantage à la lettre qu'à l'esprit. Ainsi en est-il advenu de la philosophie *leibnizienne* qui, peut-être plus que toute autre, a son esprit et sa lettre. C'est une question importante de savoir si la philosophie de Leibniz n'est pas encore maintenant inaccessible à la majeure partie de nos érudits philosophes. Il est à déplorer qu'un si grand

admirateur de Leibniz comme M. S. nous ait si peu transmis l'*esprit* de sa philosophie. En effet, si le gain *matériel* qu'a fait la philosophie grâce à Leibniz consiste par excellence dans l'établissement du principe d'identité et de contradiction, dans celui du principe de raison suffisante, etc., alors ce gain est très modeste; et l'affirmation de M. S. résonne de manière bien étrange lorsqu'il dit que l'on trouve le principe de contradiction déjà chez Aristote (p. 10). Où ne trouve-t-on pas ce principe et les autres, et quel gain la philosophie a-t-elle obtenu en les *établissant*! Mais que Leibniz, par ces deux principes d'identité et de raison suffisante, ait tracé la *méthode* de la philosophie *en général* et dans cette mesure la voie du savoir humain *en général*, qu'il ait posé par là même le fondement pour des recherches ultérieures sur la possibilité de connaissances synthétiques, cela fut un gain matériel aussi bien que formel. De façon générale, la proposition de M. S. selon laquelle la philosophie peut obtenir un gain *soit* d'un point de vue matériel, *soit* d'un point de vue formel, comme il l'a exprimé ici, n'est pas tout à fait juste (1). La philosophie comme science ne peut ni progresser matériellement sans en même temps progresser formellement, ni progresser formellement sans en même temps progresser matériellement, et le grand mérite de Leibniz consiste précisément en cela que les idées les plus dignes d'admiration par lesquelles il a enrichi le savoir humain pouvaient en même temps esquisser une nouvelle voie pour toutes les autres sciences,
97 si seulement | son esprit n'était déjà perdu chez ses successeurs les plus immédiats. Il y a également matière à étonnement dans le fait que M. S. puisse encore aujourd'hui répéter après *Mendelssohn* que Leibniz a emprunté à Spinoza l'harmonie préétablie[1]. Autant dire qu'il l'avait empruntée à Descartes (1).

Cette manière de juger les systèmes philosophiques non pas d'après leur *esprit*, en totalité, mais d'après la *lettre* de leurs principes particuliers domine presque entièrement dans cet écrit de M. S. De cette façon, l'histoire de la philosophie perd à vrai dire son intérêt véritable, et il est facile d'être impartial. Car tant que l'on s'en tient à la lettre et aux formules des systèmes, on ne voit en fait dans les contradictions des diverses constructions savantes rien d'autre qu'une série de différends inutiles et pitoyables sur des mots et des concepts dépourvus de sens, et par conséquent on est enclin à prendre un ton grand seigneur envers la philosophie en général, considérée comme simple discipline scolaire, et à poser

1. *Cf.* l'ouvrage de Jacobi sur la doctrine de Spinoza, tome VI; en particulier sa propre explication de Leibniz, p. 364 (2).

ainsi les opinions les plus différentes et les plus contradictoires dans un équilibre parfait du point de vue de leur mérite. Mais si l'on revient à l'*esprit* des différents systèmes, on s'aperçoit aussitôt que les philosophes authentiques ont été sur le fond de tout temps *d'accord* entre eux, et pourtant par là même (chaque philosophe particulier) *originaux* comme il n'est jamais possible aux mathématiciens de l'être; que de tout temps ce sont seulement les philosophes de la lettre, ou les philosophes de l'esprit d'une part, et les philosophes sans esprit d'autre part, qui furent en désaccord les uns avec autres; que, aussi tranchant et désobligeant que puisse également paraître ce jugement, dans le dernier cas, on ne s'est jamais disputé à propos de propositions particulières, mais pour savoir auquel des deux revenait en général la philosophie et le talent philosophique; par là aussi il devient donc clair que dans les deux cas, la diversité des opinions ne peut jamais cesser; dans ce cas-là parce qu'aucun des deux partis ne se comprend lui-même, dans ce cas-ci parce qu'il manque toujours à l'un l'organe par lequel il pourrait devenir intelligible à l'autre. Rien ne caractérise autant l'esprit génial de Leibniz que le passage cité p. 13 : « Et après avoir assez médité sur l'ancien et le nouveau, j'ai trouvé
| que la plupart des doctrines reçues peuvent souffrir un bon sens », etc. (1). 98
Mais on ne parvient pas à un tel résultat par une énumération chronologique d'opinions diverses. Il faut avoir trouvé le « *centre perspectif* » de Leibniz à partir duquel le chaos des opinions diverses, qui apparaît comme totalement confus à tout autre point de vue, montre de la régularité et de l'harmonie (2). Pour trouver ce que Leibniz trouva, à savoir que ce qui, dans les systèmes les plus contradictoires, est véritablement *philosophique* et est aussi *vrai*, il faut avoir à l'esprit l'idée d'un système universel qui confère à tous les systèmes particuliers, quelque opposés qu'ils puissent être un lien et une nécessité dans le système du savoir humain lui-même. Seul un tel système englobant peut satisfaire à l'obligation d'unir les intérêts conflictuels de tous les autres, de prouver qu'aucun de ces derniers, quand bien même il semble contredire l'entendement commun, n'a exigé quelque chose de véritablement insensé, que donc, en philosophie, pour toute question possible est possible aussi une réponse universelle. Car il est manifeste que la raison ne peut soulever aucune question qui n'aurait déjà reçu auparavant en elle-même une réponse. – De même qu'à partir d'un germe, rien ne se développe qui n'était auparavant uni en lui, de même dans la philosophie, rien ne peut naître (par analyse) qui n'était présent auparavant dans l'esprit humain lui-même (dans la synthèse la plus originaire). C'est pourquoi un *esprit* directeur *commun* pénètre tous les systèmes particuliers dignes de ce nom; chaque système particulier n'est possible que par

un écart vis-à-vis de l'archétype universel duquel tous dans leur ensemble s'approchent plus ou moins. Mais ce système universel n'est pas une chaîne pendante dont les maillons s'attachent l'un à l'autre à l'infini, mais une *organisation* dans laquelle chaque maillon est par rapport à chaque autre réciproquement fondement et conséquence, moyen et fin (3). Tout progrès en philosophie n'est donc aussi qu'un progrès par *développement*; chaque système particulier digne de ce nom peut être considéré comme un germe qui se perfectionne, certes lentement et graduellement, mais inéluctablement et suivant toutes les directions dans les développements les plus variés. Celui qui a une fois trouvé pour l'histoire de la philosophie un tel
99 centre | est seul capable de la décrire avec vérité et conformément à la dignité de l'esprit humain.

Il doit ensuite, dans une telle histoire de la philosophie, valoir pour ainsi dire comme une loi que seuls des *esprits originaux* y trouvent leur place, qui sont parvenus à la philosophie *à partir de son fondement*, et nullement ceux qui ont assuré leur gagne-pain quotidien en donnant, à force d'artifices philosophiques, une nouvelle preuve à des opinions reçues et une nouvelle autorité à d'anciennes erreurs. Cela va également de soi qu'est exclue d'une telle histoire toute prétendue philosophie produite, *de l'extérieur* et *de manière partielle*, par un amoncellement sans règle, et non par un principe interne, de l'intérieur duquel elle a été formée de manière *organique*. Certes, à la vérité, il faut qu'il y ait dans la raison humaine elle-même un point qui rassemble de manière unifiée toutes les fins de notre savoir. Mais on ne trouve pas ce point par des *coalitions arbitraires* qui ne doivent leur origine qu'à l'association d'idées, à la convenance ou à l'humeur d'un professeur, car par là naissent de simples rhapsodies dans lesquelles on pose les uns à côtés des autres les concepts doctrinaux les plus divers des philosophes anciens et modernes, certes *sans conflit mais également sans harmonie* (p. 174) – car ils ne se contredisent que dans la mesure où un seul point commun les unit tous, et inversement (1).

Ainsi il faut que le système qui doit servir de centre pour une histoire de la philosophie soit lui-même capable d'un développement. Il faut qu'en lui domine un esprit *organisateur*. Comme souhaité, la tâche de l'Académie devait être, à cet égard, de montrer à un esprit philosophique ce qu'il est cependant advenu du système leibnizien – un système, qui, jusqu'à présent, eu égard à la fécondité de ses idées, capables d'un développement authentiquement infini, était le seul de son espèce. – M. S. ne voulait pas, comme il semble, user de cet avantage. Car, comme il n'y avait pas lieu d'attendre de sa part qu'il considérât l'histoire de notre philosophie (ainsi pouvons-nous pourtant bien nommer la philosophie leibnizienne, qui a été inventée parmi nous et n'a été totalement comprise que par nous) du point de vue étroit de la *chaire philosophique*, l'on pouvait d'autant plus espérer qu'il répondît à cette tâche au moins du point de vue *du philosophe*.

| La proposition formulée p. 17 est à vrai dire *tolérante :* « que dans une 100
métaphysique tout soit démontré de manière si rigoureuse, et élevé au-dessus de tout doute, finalement cela importe peu ». Dès lors on comprend pourquoi *Wolff* ne pouvait admettre qu'en partie la doctrine des monades (*ibid.*), et pourtant par là même être l'homme qui fit de la philosophie de Leibniz un système. D'autres à vrai dire sont convaincus que c'est proprement dans la monadologie que réside *ce qu'il y a de distinctif* dans toute la philosophie leibnizienne et que cette doctrine appartient nécessairement autant à son esprit et à son essence que l'Ἓν καὶ πᾶν à la doctrine de Spinoza.

Il est aussi particulièrement édifiant de lire dans une histoire des progrès de la *philosophie* avec quel bonheur particulier la philosophie wolffienne a été appliquée par un Reinbeck (1), un Canz (2), un Carpzov (3) et d'autres à la théologie et à la confirmation du *concept doctrinal théologique* (4). Il me semble qu'une telle chose appartient davantage à l'histoire des régressions de la philosophie qu'à celle de ses progrès. – On s'étonne que soient accordées de nombreuses pages à la philosophie du théologien Crusius (5) qui n'a apporté de profit ni à l'humanité ni à une quelconque science, et n'a mis en circulation aucune vérité nouvelle, alors que le mérite de *Baumgarten* d'avoir conquis pour la philosophie un nouveau domaine (celui de la métaphysique du beau) est à peine mentionné en passant (6).

À partir précisément de ces principes tolérants, on s'explique pourquoi à la p. 38 la *Correspondance littéraire* est désignée comme une œuvre qui fit aussi époque dans la philosophie. Que l'ère de la correspondance littéraire fut l'ère d'une foule de beaux esprits malchanceux, oubliés de longue date, et que cette plèbe d'écrivains fut traitée aussi sévèrement que possible ne pouvait avoir pourtant sur les progrès de la métaphysique qu'une influence très indirecte. Car en ce qui concerne les recensions philosophiques dans cette œuvre, elles ne se caractérisent pour la plus grande part par rien de plus que le ton grand seigneur qu'elles adoptent contre les écrits qui sont au-delà de leur horizon (7); qu'on lise par exemple la critique concernant *L'unique fondement possible d'une démonstration de l'existence de Dieu* de Kant, ou la recension véritablement pitoyable de *Abbt* sur le calcul de Ploucquet (8). Le jugement concernant Abbt p. 59 est encore loin d'être suffisamment sévère. | La correspondance amicale 101 mentionnée p. 40 (que Nicolai édita selon son principe : *lucri bonus odor ex re qualibet* (1) après la mort de Abbt) est un triste monument de la platitude littéraire et de la puérilité de cet écrivain mort précocement, puérilité avec laquelle il s'autorisait à se faire passer lui-même pour supérieur à *Socrate-Mendelssohn*.

Quant à savoir si, dans une histoire des progrès qui ont constitué la philosophie *comme science*, le nom de *Mendelssohn* même a sa place, cela reste très incertain, même en admettant qu'il ait acquis un grand mérite en exposant plusieurs théorèmes wolffiens et que, comme le dit M. S., dans ses écrits, *tout* est *lumière* (2). Mais là où *tout* est lumière, *rien* au fond n'est lumière, car cet élément ne devient visible qu'au contact des choses réelles. Il est également bien connu qu'il n'éclaire que la *surface* des choses. – Il n'y a aucun mérite à être clair en philosophie si le discours n'allie pas à la clarté la *profondeur du sens*. Mais on n'atteint pas celle-ci dans les choses philosophiques par un exercice et un effort, si grands qu'ils puissent être ; pour cela est requis un talent que seule la nature confère, qu'elle a par exemple conféré à Lessing et qu'elle a refusé, à ce qu'il semble, à Mendelssohn. Ne serait-ce qu'à partir de l'*histoire du spinozisme de Lessing*, il apparaît suffisamment qu'il ne vint à l'âme de Mendelssohn aucun pressentiment de *ce* que Lessing était d'un point de vue philosophique, et qu'ainsi leurs talents philosophiques ne différaient pas seulement selon le *degré*, mais aussi *spécifiquement*. Il est étonnant que M. S., malgré l'exactitude qui lui est coutumière, omette si facilement *cette* histoire. Elle est doublement remarquable, non seulement à cause de Lessing et de ses *amis*, mais aussi parce qu'elle fut l'occasion de faire connaître la philosophie d'un esprit que seule l'espèce parvenue à sa maturité sera totalement en mesure d'apprécier et d'interpréter. Les écrits dans lesquels est contenue cette histoire, malgré les moyens que l'on a employés pour réduire leur auteur au silence, ont déjà trouvé leur postérité.

102 | RAPPEL PRÉALABLE

Du fait de certaines expressions que j'ai entendues à propos des premiers articles de ce traité, je tiens pour nécessaire de rappeler que je n'ai jamais eu pour intention de réécrire à nouveau ce que Kant avait écrit (il y a pour cela suffisamment de mains), ni de savoir ce que Kant *a* véritablement voulu avec sa philosophie, mais seulement ce qu'il *devait nécessairement* vouloir *selon ma façon de voir* si sa philosophie devait être cohérente en elle-même.

Je passe maintenant à la philosophie *pratique*. Le présent article doit constituer seulement le *passage* de la philosophie théorique à la philosophie pratique. Je présuppose par là des lecteurs qui partagent avec Kant l'attente – « de ce qu'un jour on parvienne jusqu'à la pénétration du pouvoir de la raison pure *tout entière* et à ce que l'on puisse *tout* (la philosophie théorique et la philosophie pratique) dériver d'un seul principe, ce qui est l'irrésistible besoin de la raison humaine, qui ne trouve une entière satisfaction que dans l'unité systématique complète de ses connaissances » (1).

RAPPORT ENTRE LA PHILOSOPHIE THÉORIQUE ET LA PHILOSOPHIE PRATIQUE. PASSAGE DE LA NATURE À LA LIBERTÉ

La philosophie théorique, dit-on, doit prouver la réalité du savoir humain. Mais toute la réalité de notre connaissance repose | en premier lieu 103
sur ceci qu'il y a en elle au moins quelque chose de présent immédiatement à l'âme sans la médiation de concepts ou de déductions. Car ce que nous pensons à l'aide de concepts ou produisons par des déductions, nous en sommes aussi conscients comme d'un produit de notre pensée et de notre capacité à déduire. Toute pensée et toute capacité à déduire présupposent déjà une effectivité que nous n'avons pas pensée ni déduite. Dans la reconnaissance de cette effectivité, nous ne sommes conscients d'aucune liberté, nous sommes contraints de la reconnaître aussi certainement que nous nous reconnaissons nous-mêmes. On ne peut nous arracher cette effectivité sans nous arracher *à nous-mêmes*.

Or la question est de savoir comment il est possible que quoi que ce soit d'extérieur et d'entièrement différent de l'âme soit pourtant lié si immédiatement à notre intériorité, en quelque sorte si entrelacé avec notre *Moi* que l'on ne peut séparer l'un et l'autre, sans en même temps arracher leur racine commune, la conscience de nous-mêmes.

Il ne faut rien faire d'autre que penser clairement cette question et ne rien céder de la rigueur de son exigence pour pouvoir y trouver la réponse.

Car tous les essais manqués pour lui répondre ont en commun ce défaut qu'ils cherchent à expliquer par des concepts ce qui précède tous les concepts; tous trahissent cette même incapacité de l'esprit à s'arracher à la pensée discursive et à s'élever à l'immédiat qui est en lui.

Je ne crois pas que quelqu'un puisse aisément nier que toute la fiabilité de notre savoir repose sur l'*immédiateté* de l'intuition. Les plus spirituels des philosophes parlent de la connaissance des choses extérieures comme

d'une révélation qui nous advient; non pas comme s'ils prétendaient expliquer par là quelque chose, mais pour indiquer qu'il est absolument impossible de médiatiser le lien entre objet et représentation au moyen de concepts compréhensibles; ceux-là mêmes donnent à la conviction que nous avons des choses extérieures le nom de *croyance*, ou bien parce que l'âme entretient la relation la plus immédiate avec ce qu'elle croit ou bien, pour le dire en un mot, que notre conviction est une certitude véritablement
104 aveugle, qui ne repose pas sur des déductions (de la cause à | l'effet) ou en général sur des preuves (1). On ne voit pas non plus comment une quelconque supposition seulement produite par des déductions peut passer dans l'âme et devenir le principe dominant de l'agir et de la vie tout comme l'est la croyance en un monde extérieur.

À la question : d'où vient l'immédiat, et par conséquent d'où vient ce qui dans notre connaissance tient bon invinciblement?, il n'y a que deux grandes réponses possibles.

Ou bien l'on dit que notre intuition est purement *passive* et que c'est de cette passivité de l'intuition que provient à proprement parler la nécessité avec laquelle nous nous représentons les choses extérieures ainsi et non autrement. La représentation n'est rien d'autre que le produit d'une influence extérieure ou, mieux encore, le résultat des relations qui existent entre l'objet et nous (2).

Il n'y a pas lieu ici d'énumérer tout ce qui peut être dit et a déjà été dit à l'encontre de cette opinion. Nous nous bornerons donc à ceci :

En premier lieu, toute l'hypothèse (car ce n'est rien de plus que cela) n'expliquerait rien ne serait-ce que parce qu'elle rend compréhensible tout au plus une impression sur notre réceptivité, mais non que nous intuitionnons un *objet* effectif. Toutefois nul ne niera que nous ne *ressentons* pas seulement l'objet extérieur, mais que nous en avons une *intuition*. Selon cette hypothèse, on en resterait éternellement à cette impression, car si l'on dit que l'impression est d'abord rapportée à un objet extérieur (comme à sa cause) et que c'est pour cette raison que la représentation de ce dernier se forme, on ne prend pas en compte que, dans l'état de l'intuition, nous ne sommes pas conscients d'une telle action, d'une telle sortie hors de nous, d'une telle opposition et d'une telle relation, et également que la certitude de la présence d'un *objet* (qui doit donc être quelque chose de différent de l'impression) ne peut reposer sur un raisonnement si incertain. En tous les cas, l'intuition devrait donc tout au moins être conçue comme une *action libre* bien qu'occasionnée par l'impression.

Mais, *en deuxième lieu*, il est certain que la cause n'existe jamais *en même temps* que son effet. Entre les deux un temps s'écoule. Il doit donc, si cette supposition est juste, y avoir un temps durant lequel l'objet | *agit* sur 105
nous et un autre durant lequel nous prenons *conscience* de cet effet. Le premier moment a lieu entièrement *en dehors* de nous, le second est *en* nous. Nous devrions donc supposer deux séries temporelles entièrement différentes l'une de l'autre, s'écoulant pour ainsi dire l'une à côté de l'autre et l'une en dehors de l'autre, ce qui est absurde.

En troisième lieu, il est certain que l'effet n'est pas identique à sa cause. Or on peut sans peine en appeler à la conscience de tout un chacun pour savoir s'il n'y a pas, dans l'état de l'intuition, une identité absolue de l'objet et de la représentation, si chacun ne se comportait pas comme si l'objet lui-même était présent dans l'intuition et s'il n'était pas conscient de la différence des deux seulement comme d'une action *libre*. – Cette croyance en l'identité originaire de l'objet et de la représentation est la *racine* de notre entendement théorique et pratique. À l'inverse on peut prouver historiquement que la première source de tout scepticisme était l'opinion selon laquelle existe un objet originaire *en dehors de nous*, dont l'effet est la représentation. Car l'âme peut se comporter tout à fait passivement à l'égard de l'objet ou en partie activement, aussi vrai que l'impression doit être différente de l'objet et déjà modifiée par la réceptivité de l'âme. L'objet qui agit sur nous doit donc être entièrement différent de celui que nous intuitionnons. Mais l'entendement sain, en dépit de tout, maintient inébranlablement sa croyance selon laquelle l'objet représenté serait en même temps l'objet en soi, et le philosophe de l'École oublie lui-même, aussitôt qu'il passe dans la vie réelle, toute la différence qu'il y a entre les phénomènes et les choses en soi[1].

Entre la cause et son effet se trouvent en fin de compte non seulement une continuité temporelle mais également une contiguïté spatiale. | Mais 106
l'on ne saurait penser qu'il y a place pour l'espace et le temps entre l'objet et la représentation. En effet, quel est donc le milieu commun dans lequel coïncident aussi bien les corps les uns par rapport aux autres dans l'espace

1. L'idéalisme transcendantal, dit Kant, est un réalisme empirique, c'est-à-dire qu'il affirme que l'objet représenté est en même temps aussi l'objet réel. En revanche, inversement, le réalisme transcendantal est un idéalisme empirique, c'est-à-dire qu'il doit affirmer que l'objet effectif est tout autre que celui que nous nous représentons (1). – Mais l'entendement commun est tout à fait en faveur du réalisme empirique et n'a besoin contre l'idéalisme empirique de presque rien d'autre que des armes les plus légères de l'esprit et de la satire, qui sont, il est vrai, les plus raisonnables contre le dogmatique inflexible.

que l'esprit et l'objet? Toute explication que l'on en donne est *transcendante* dans son origine, c'est-à-dire qu'elle saute d'un monde à l'autre pour expliquer un phénomène qui n'est pourtant possible que dans un seul. À moins que l'on supprime la différence entre l'esprit et la matière. Voulons-nous avoir recours aux *simulacris* de l'Antiquité ou aux *formis intentionalibus* des aristotéliciens, qui entrent dans l'âme par nos sens comme par des fenêtres ouvertes? Ou est-ce l'âme qui, à l'instar d'un miroir concave, réfléchit les images informes comme autant de figures régulières? Mais pour qui? Seulement pour un œil en dehors de lui. – Par conséquent nous préférerions avouer ne pas savoir la moindre chose de l'origine de la représentation, plutôt que de persévérer dans une hypothèse qui conduirait aux plus absurdes analogies. Je crains d'avoir d'ores et déjà lassé mes lecteurs et c'est pourquoi je passe à la théorie complètement opposée. La voici résumée en quelques mots :

Il n'y a rien d'immédiat dans notre connaissance (et précisément pour cela rien de certain) à moins que la représentation ne soit en même temps l'original et la copie et qu'*en même temps* notre savoir soit originairement un idéal et un réel et ne soit que par un idéal et un réel. L'objet n'est rien d'autre que notre propre synthèse, et l'esprit n'intuitionne en lui rien d'autre que son propre produit. L'*intuition est pleinement active et pour cette raison productive et immédiate.*

La question est de savoir comment l'on peut concevoir une telle intuition immédiate et absolument active. Il est facile de découvrir ce qui suit.

Ce qu'est la *matière*, c'est-à-dire l'objet de l'intuition externe, nous pouvons continuer à l'analyser à l'infini et à le séparer mécaniquement ou chimiquement, nous ne parvenons jamais à rien de plus qu'à des *surfaces* de corps. Ce qui est seul indestructible dans la matière, c'est la *force* qui réside en elle et qui se fait connaître au sentiment par son impénétrabilité. Mais cette force est telle qu'elle va simplement *vers l'extérieur*, qu'elle ne s'oppose qu'au choc extérieur – elle n'est donc pas une force *qui revient en soi-même*. Seule une force qui revient en soi-même se crée elle-même une
107 *intériorité*. C'est pourquoi | ne revient à la matière aucune *intériorité*. Mais l'être représentant intuitionne un *monde intérieur*. Cela n'est pas possible sinon par une activité *qui se donne à elle-même sa sphère*, ou, en d'autres termes, qui revient en soi-même. Mais aucune activité ne revient en soi-même qui ne va pas précisément pour cette raison et en même temps aussi *vers l'extérieur*. Il n'y a pas de sphère sans limitation, mais précisément aussi peu de limitation sans espace qui est limité.

Cette propriété de l'âme par laquelle elle devient capable d'une connaissance immédiate (c'est-à-dire d'une auto-intuition) est donc la *dualité de sa tendance* en direction de l'intérieur et en direction de l'extérieur.

Dans la mesure où ces deux tendances s'*interpénètrent* en quelque sorte en elle naît un produit, pour ainsi dire *une construction réelle de l'âme même*. Ce produit est dès lors *en* elle, il n'est pas différent d'elle, il lui est immédiatement présent, et c'est *ici* à proprement parler que se trouve en fin de compte tout ce qui est immédiat et précisément pour cela tout ce qui est certain dans notre connaissance.

Toute intuition est donc originairement une intuition simplement *interne*. Cela découle nécessairement de ce que nous savons et pouvons savoir seulement de la nature de l'âme. Si l'on nous demande en quoi consiste l'essence de l'esprit, nous répondons : dans la tendance à s'auto-intuitionner. Nous ne pouvons pas avec nos explications aller au-delà de cette activité. En elle se trouve déjà la synthèse de l'idéal et du réel dans notre savoir, ce n'est que par elle que l'esprit se connaît lui-même, et il n'a qu'une seule et unique limite du savoir, *lui-même*.

Mais on se demande par quoi le sens *interne* devient un sens *externe*. La réponse est la suivante :

Par la tendance à l'auto-intuition, l'esprit se limite lui-même. Mais cette tendance est *infinie*, elle se reproduit continuellement elle-même à l'infini. (L'esprit ne perdure que dans cette reproduction infinie de soi-même. On montrera bientôt que sans cette présupposition tout le système de notre esprit est inexplicable.) L'esprit possède donc un effort nécessaire à s'intuitionner dans ses activités contradictoires. Il ne le peut sans les présenter dans un unique produit commun, c'est-à-dire sans les rendre *permanentes*. Elles apparaissent donc du point de vue de la conscience comme des activités *au repos*, | c'est-à-dire comme des forces qui 108
n'agissent pas *elles-mêmes* activement, mais seulement *en opposition* au choc extérieur. – La matière n'est rien d'autre que l'*esprit intuitionné dans l'équilibre de ses activités*.

Ce produit commun est nécessairement *fini*. Ce n'est que dans l'action du produire que l'esprit aperçoit sa *finité*. Puisqu'il est complètement libre dans le produire, le fondement de son produire limité ne peut pas se trouver dans son action *présente*. Il ne se limite donc pas *soi-même* dans *cette* action, il se *trouve* limité, ou, ce qui est la même chose, il se *sent* limité.

Or ce qui dans l'objet est le produit de son agir libre lui apparaît comme la *sphère*, ce qui le limite dans cette action du produire, comme la *limite* de l'objet.

Mais cette limite du produire est aussi la *limite du sens interne et externe*. L'esprit intuitionne la sphère de son produire libre comme une *grandeur dans l'espace*, la limite de ce produire comme une *grandeur dans le temps*. Cette dernière, il la trouve en *lui-même*, ou, en d'autres termes, il la *sent*. Mais quant à la grandeur dans l'espace, *il l'intuitionne* comme étant *en dehors de lui*, comme la sphère de son activité libre, originairement sans limites.

Ici donc, là où en premier lieu *espace* et *temps*, en tant que formes différentes de l'intuition, se séparent, se séparent également sens externe et sens interne, et le sens *externe* n'est en fait rien d'autre que le sens *interne limité*.

Ce qui *est intuitionné* a une grandeur dans l'*espace*, ce qui est *senti* a une grandeur dans le *temps*. Ce qui n'a qu'une grandeur dans le temps, nous l'appelons *qualité*. Nul n'a jamais cru que les couleurs, le goût, l'odeur étaient quelque chose dans l'espace. C'est pourquoi on les considérait auparavant comme des *qualitates secundarias*, c'est-à-dire comme des qualités qui ont leur fondement simplement dans notre manière de sentir. La qualité des objets n'est donc rien d'autre que ce qui est originairement senti, c'est-à-dire la limite du produire libre. Tout objet singulier n'est cet objet *déterminé* que par sa *qualité*. Et parce qu'aucune connaissance n'est *réelle* que dans la mesure où elle est une connaissance d'un objet *déterminé*, toute la croyance en la réalité en dehors de nous s'attache finalement à la *sensation originaire*, comme à sa première et sa plus profonde racine.

109 | C'est dans l'action de l'intuition que l'esprit se *trouve* en tant que limité. Par là la limite de son produire lui apparaît comme *contingente* (comme simple accident de son action), tandis que la sphère de son produire, dans laquelle il n'intuitionne rien d'autre que son propre mode d'action, apparaît comme l'*essentiel* de son action, comme le nécessaire (le substantiel).

Dans l'intuition, l'esprit *met un terme* au conflit originaire des activités opposées en les présentant dans un produit commun. L'esprit, pour ainsi dire, *est en repos* dans l'intuition, et la sensation le tient enchaîné à l'objet.

Or l'esprit ne sortirait jamais de cette première intuition s'il était immuablement attaché à la sensation la plus originaire, il y aurait en lui une immobilité éternelle, il n'y aurait aucun progrès de représentation en représentation, aucune richesse, aucune diversité de l'intuition externe, à moins que son activité originaire ne soit une tendance vers l'*infini*, et ne se reproduise continuellement elle-même à l'infini. Nous devrons donc affirmer, en vertu de cette activité originaire, que l'esprit est forcé continuellement de remplir l'infini, en vertu de l'activité opposée, de s'intuitionner *dans* cet effort même. C'est pourquoi nous penserons l'âme comme une activité qui est continuellement forcée de produire du fini à partir de l'infini. C'est comme si en elle était concentrée une infinité qu'elle est contrainte de présenter en dehors de soi. Cela ne peut s'expliquer que par l'effort constant de l'esprit pour devenir pour soi-même *fini*, c'est-à-dire conscient de soi-même.

Toutes les actions de l'esprit aboutissent donc à *présenter l'infini dans le fini*. Le *but* de toutes ces actions est la *conscience de soi*, et leur histoire n'est rien d'autre que l'*histoire* de la *conscience de soi*.

Toute *action de l'âme* est également un *état* déterminé *de l'âme*. L'histoire de l'esprit humain n'est donc rien d'autre que l'histoire des différents *états* à travers lesquels il parvient peu à peu à l'intuition de soi-même, à la *pure* conscience de soi.

| Il n'y a toutefois aucun état dans l'âme ni aucune action qu'elle 110
n'*intuitionne* pas elle-même. Car son effort de s'intuitionner soi-même est infini, et elle ne se reproduit elle-même continuellement à l'infini que par l'infinité de cet effort.

Mais ce qu'intuitionne l'âme est toujours sa *propre nature*, *se développant*. Sa nature n'est cependant rien d'autre que ce conflit souvent mentionné qu'elle présente dans des objets déterminés. Ainsi indique-t-elle à travers ses propres produits, de façon imperceptible à des yeux ordinaires, de façon claire et déterminée pour le philosophe, le chemin sur lequel elle parvient peu à peu à la conscience de soi. Le monde extérieur se tient ouvert devant nous pour que nous retrouvions en lui l'histoire de notre esprit.

Par conséquent nous ne trouverons pas de repos en philosophie tant que nous n'aurons pas accompagné l'esprit jusqu'au terme de tout son effort, jusqu'à la conscience de soi. Nous le suivrons de représentation en représentation, de produit en produit, jusqu'au moment où il s'arrache pour la première fois à tout produit, se saisit dans son pur agir, et n'intuitionne alors plus rien d'autre que *lui-même* dans son activité absolue.

Cette découverte est d'une grande importance pour notre but présent. Nous cherchons le passage de la philosophie théorique à la philosophie pratique. Or le principe de *toute* philosophie est la conscience de soi. Le cercle entier de l'esprit est décrit par celle-ci, car, dans toutes ses actions, l'esprit aspire à la conscience de soi. Nous trouverons donc également dans la succession de ces actions, sans aucun doute, une action dans laquelle philosophie théorique et philosophie pratique se limitent réciproquement et se lient l'une à l'autre.

Puisque cette unique action englobe les deux mondes entre lesquels notre philosophie est partagée, nous pouvons alors savoir par avance qu'elle sera l'action suprême de l'esprit humain. Cela présupposé, poursuivons dans la voie indiquée.

111 | Nous avons laissé l'esprit à l'état d'intuition et de sensation. Si son activité ne doit pas s'éteindre dans la première intuition, elle doit alors se rétablir elle-même. L'âme exprimera donc d'abord un effort pour se détacher de l'impression présente. Par cet effort *naît* pour elle le *temps*, comme une grandeur étendue (quoique seulement en une unique direction); l'objet présent bascule dans un moment passé, nous le *trouvons* par conséquent dans la première conscience comme quelque chose de *contingent*, qui est là sans notre concours. Mais toute notre existence dépend de notre activité. Cependant cette activité s'exprime dans de constantes productions. Il y a par là en nous un effort *nécessaire* pour maintenir la continuité des représentations, c'est-à-dire un *produire éternel*. L'âme, en se dégageant des choses présentes, s'oriente nécessairement en même temps vers quelque chose à venir. Il y a donc dans nos représentations une succession en laquelle se maintient notre propre existence. Aucune représentation ne *persiste* dans l'âme, mais, puisqu'elle n'est rien d'autre qu'une activité de l'âme, toute représentation est continue et pour ainsi dire s'écoule. Chaque représentation, c'est-à-dire chaque activité nécessaire de l'âme, produit donc par soi-même une nouvelle représentation. C'est comme si l'âme s'était efforcée de présenter en chaque moment singulier un infini; puisqu'elle en est incapable, elle s'efforce alors nécessairement d'aller au-delà de chaque instant présent pour présenter l'infini au moins *de façon successive*, dans le *temps*. L'âme produit donc sans cesse la représentation d'un univers, bien qu'elle ne puisse le présenter dans aucun moment singulier. Elle ne le ferait pourtant pas si elle n'avait à chaque moment un sentiment de son être-limité, et, ce qui s'y rattache, si elle n'exprimait un effort nécessaire à son encontre. Mais c'est pour la même raison qu'elle n'est elle-même avant tout qu'un flux de représentations. Car ce n'est que dans le passage continu de la cause à l'effet qu'elle perdure, et il ne s'agit plus d'un objet singulier, mais d'une série nécessaire de phénomènes successifs dans lesquels l'esprit se sent emprisonné.

Mais que de chaque cause suive son effet, et que, inversement, chaque effet devienne la cause, que par conséquent la succession de nos représen-
112 tations soit *sans fin*, que l'instant présent soit le garant certain | de l'instant futur (*praesens gravidum futuro* (1)), tout cela trahit l'existence d'une activité originaire de l'âme qui n'est tendue que vers sa *propre conservation* –;

d'où il s'ensuit que l'âme porte en *elle-même* sa durée et la certitude de son existence, qu'elle est donc une activité irrépressible et se rétablissant elle-même à l'infini.

L'esprit, en s'efforçant de se dégager des choses présentes, devient, *dans* cet agir et par cet agir, quelque chose de *passé*. Mais le passé n'est présent que dans le *concept*. Or l'âme, dont l'activité productive est infinie, tend sans cesse vers l'*effectif*, et c'est pourquoi il y a en elle un progrès constant du *concept* à l'*intuition*, de l'intuition au concept, du passé au présent, du présent au futur. Dans la mesure où l'âme progresse de représentation en représentation, le temps (qui au commencement est un simple *point*) acquiert une étendue, mais l'espace (qui au commencement est sans limite) est activement limité. Mais une activité qui en même temps *limite* l'*espace* et *étend* le *temps* apparaît extérieurement comme *mouvement*. Le *mouvement* (en tant que [produit] commun issu du temps et de l'espace) est donc ce qui correspond extérieurement à la succession interne des représentations, et puisque le sens interne devient nécessairement un sens externe, alors l'âme intuitionnera nécessairement la succession de ses représentations en dehors de soi en tant que *mouvement*. Toutefois le mouvement est nécessairement *déterminé*, c'est-à-dire que le corps mû parcourt un espace déterminé. Mais l'espace est uniquement déterminé par le temps (le temps est la mesure de l'espace la plus originaire de toutes). Le schème le plus originaire du *mouvement* est donc la *ligne*, c'est-à-dire *un point qui s'écoule*.

La simple succession des représentations intuitionnée extérieurement fournit le concept du *mouvement mécanique*.

Cependant l'âme ne doit pas intuitionner seulement cette succession, mais elle doit s'intuitionner *elle-même* dans cette succession, et (parce qu'elle n'intuitionne que son *activité*) elle doit s'intuitionner *elle-même* comme *active* dans cette succession. Mais elle n'est active dans cette succession que dans la mesure où elle produit et entretient par ce produire
infini la succession des représentations. Elle doit donc | s'intuitionner elle- 113
même dans son *produire*, dans son *passage spontané de la cause à l'effet*. Mais elle ne s'intuitionne jamais sans se présenter dans un objet. Elle s'intuitionnera donc elle-même comme un objet dans lequel se trouve une force productive.

Dans la mesure où elle produit ses propres représentations, elle est par elle-même réciproquement cause et effet. Elle s'intuitionnera donc comme un objet qui est par soi-même réciproquement cause et effet, ou, ce qui est la même chose, comme une nature s'organisant elle-même (1).

Il n'y a pas lieu ici de développer de façon plus détaillée le concept d'organisation. Mais il faut ici remarquer la chose suivante :

Si l'esprit humain est une *nature qui s'organise elle-même*, alors rien n'arrive en lui *du dehors, mécaniquement*; ce qui est en lui, il se l'est formé du *dedans*, selon un principe interne. Par conséquent, en lui, tout s'efforce au système, c'est-à-dire à la finalité absolue.

Mais tout ce qui est absolument conforme à une fin est *en lui-même entier* et *complet*. Il porte en lui-même l'*origine* et la *fin finale* de son existence. Or c'est là précisément le caractère originaire de l'esprit. Il est déterminé par lui-même à la finité, se construit lui-même, se produit continuellement lui-même à l'infini, et est ainsi commencement et fin de sa propre existence.

Dans ce qui est conforme à une fin, forme et matière, concept et intuition s'*interpénètrent*. C'est là précisément le caractère de l'esprit dans lequel idéal et réel sont absolument unis. Il y a donc dans toute organisation quelque chose de *symbolique*, et chaque plante est, pour ainsi dire, *le trait confus de l'âme*.

Comme il existe dans notre esprit un effort infini pour s'organiser lui-même, il faut aussi que se manifeste dans le monde extérieur une tendance générale à l'organisation. Et il en va effectivement ainsi. Le système du monde est un mode d'organisation qui s'est formé depuis un centre commun. Les forces de la matière chimique dépassent déjà les limites de ce qui est simplement mécanique. Même les matières brutes, qui se séparent d'un milieu commun, se scindent en figures de manière régulière (2).
114 | La pulsion formatrice (1) universelle de la nature se perd à la fin en une infinité que même l'œil exercé ne peut mesurer. La marche constante et assurée de la nature sur la voie de l'organisation révèle assez clairement une pulsion active qui, luttant pour ainsi dire avec la matière brute, tantôt l'emporte, tantôt perd, la fait éclater tantôt dans des formes plus libres, tantôt dans des formes plus limitées. C'est l'*esprit* universel de la nature qui lui-même informe peu à peu la matière brute. Du lichen, dans lequel on voit encore à peine la trace de l'organisation, jusqu'à la *forme* plus noble qui semble avoir brisé les chaînes de la matière, domine une seule et même pulsion, qui s'efforce d'œuvrer d'après un seul et même idéal de conformité à une fin et d'exprimer continuellement à l'infini un seul et même archétype, la *forme pure de notre esprit*.

Aucune organisation n'est pensable sans *force productive*. J'aimerais bien savoir comment une telle force entrerait dans la matière, si nous admettions que cette dernière est une *chose en soi*. Il n'y a plus de raison, ici, d'être craintif dans nos affirmations. Il n'y a plus de doute possible devant ce qui *se produit* tous les jours sous nos yeux. Il y a une force productive dans les choses en dehors de nous. Mais une telle force est seulement la force d'un *esprit*. Ainsi ces choses-là ne peuvent pas être des *choses en soi*, ne peuvent pas être effectives *par elles-mêmes*. Elles ne peuvent être que des *créatures*, des *produits d'un esprit*.

La succession graduée (2) des organisations et le passage de la nature inerte à la nature animée trahit clairement une force productive, qui ne se développe que *progressivement* jusqu'à la complète liberté. L'esprit doit s'intuitionner soi-*même* dans la succession de ses représentations. Cela il ne le peut sans *fixer* cette succession, c'est-à-dire sans la présenter au *repos*. Par conséquent tout [être] organique est pour ainsi dire soustrait à la série des causes et des effets. Chaque organisation est un *monde unifié* (selon Leibniz, une représentation *confuse* du monde (3)). Il y a un archétype *éternel* qui est exprimé dans chaque plante; car, si loin que nous puissions remonter, nous découvrons qu'elle naît seulement à partir d'elle-même et qu'elle revient en elle-même. Seule la matière, dans laquelle l'archétype est exprimé, paie le tribut de son caractère éphémère, mais la *forme* de l'organisation (son *concept* même) est indestructible.

| Cependant l'esprit, dans la mesure où il fixe la succession des repré- 115
sentations, s'intuitionne certes dans son pouvoir productif, mais non *dans* l'*activité* du produire. Or ce qui correspond extérieurement à la succession intérieure des représentations est *mouvement*. Mais cette succession des représentations, dans laquelle l'esprit doit s'intuitionner soi-même *comme actif*, est entretenue par un *principe d'activité interne*. S'il doit donc s'intuitionner soi-même comme actif dans la succession de ses représentations, alors il faut qu'il s'intuitionne comme un *objet*, qui a en soi-même un *principe interne de mouvement*. On appelle un tel être un être *vivant*.

Il y a donc nécessairement de la *vie* dans la nature. De même qu'il y a une succession graduée de l'organisation, il y aura une succession graduée de la vie. Ce n'est que progressivement que l'esprit s'approche de soi-même. Il est nécessaire qu'il s'apparaisse à soi-même *extérieurement*, et précisément comme *matière organisée, animée*. Car seule la *vie* est l'analogon visible de l'être spirituel. De même que l'esprit perdure seulement dans la continuité de ses représentations, de même le vivant seulement dans la continuité de ses mouvements internes. S'il n'y avait pas en nous un passage constant de représentation en représentation, alors l'activité spirituelle s'éteindrait; s'il n'y avait pas dans le corps une implication constante d'une fonction dans l'autre, une reproduction constante de

l'une par l'autre, un équilibre des forces toujours rétabli, et toujours à nouveau détruit, alors la vie s'arrêterait[1]. – Tout en l'homme porte le carac-
116 tère de la liberté. Il est | tout entier un être que la morte nature a affranchi de sa tutelle et livré au danger de ses propres forces (en conflit les unes avec les autres). Sa durée est un *risque* toujours renaissant, toujours surmonté, un risque auquel il s'expose par sa propre impulsion, et dont il se sauve lui-même à chaque fois.

Toutefois l'esprit ne doit pas intuitionner la matière animée, mais il doit s'intuitionner *soi-même dans* la matière animée. Mais lui-même ne se distingue que par son *intériorité*, par l'activité dans ses représentations. Il faut donc que ce corps soit à chaque moment particulier la reproduction fidèle de son état intérieur. Chaque représentation de l'esprit se dessinera en quelque sorte dans le corps (l'objet extérieur se peint dans l'œil par le biais de la lumière, les mouvements se reproduisent dans l'oreille en quelque sorte par le moyen de l'air, etc.), il faut que le corps imite et pour ainsi dire reproduise extérieurement chaque mouvement interne. C'est pourquoi l'homme est le seul être qui ait une physionomie. Plus l'animal est proche de l'homme, plus il est près de la physionomie, etc.[2].

Mais si le corps est la reproduction fidèle de l'âme, alors les deux coïncident dans une unique intuition, l'esprit se perd dans la matière, il n'y a aucune distinction possible entre les deux. L'esprit ne doit pourtant

1. Celui qui connaît les recherches les plus récentes sur l'origine et le principe de la vie animale ne saurait être surpris d'entendre dire que rien n'a encore été établi à ce propos, et que l'on veut reprendre cette recherche entièrement *à neuf*. Ce qui entrave le plus les progrès de ces recherches, c'est le concept dominant de *force vitale*, véritable *qualitas occulta*. (1) – On peut même aisément appliquer le *concept* de vie établi ci-dessus aux *phénomènes* de la vie. Si par exemple il est confirmé que les deux matières électriques sont séparées à partir de l'air, on en vient aisément à penser que, d'après la *manière* différente *dont* cette séparation est produite et la *constitution* différente des corps *par laquelle* cette séparation est effectuée, peuvent aussi naître des matières *différentes*, positives et négatives, | (d'après l'analogie avec les matières électriques), qui (vraisemblablement engendrées par les organes de la respiration) peuvent entretenir la *vie* par leur conflit permanent.

2. Le réalisme crasse a en sa faveur les premières et les plus simples expériences. Nous voyons seulement par le fait que la lumière touche nos yeux, etc. – Mais alors qu'est-ce que la lumière elle-même ? À nouveau un objet ! – Et qu'est-ce que l'œil sinon le *miroir* des choses ? Cependant le miroir ne se voit pas lui-*même*, il réfléchit, mais pour un œil en dehors de lui. Que le corps soit le miroir de l'Univers, cela même doit d'abord être déduit dans le système de la philosophie, et l'idéalisme même conduit à un point de vue pour lequel devient vraie la proposition selon laquelle toutes les représentations naissent en nous par l'influence des choses extérieures. – Et à quel monde appartient donc le corps ? N'appartient-il pas au monde objectif, c'est-à-dire seulement au système de nos représentations nécessaires ?

s'intuitionner lui-*même* que dans son produit, c'est-à-dire qu'il doit se *distinguer* lui-*même* de son *produit*. On se demande alors comment cela est possible.

| Dans son corps l'esprit *unit* et *assemble* en quelque sorte les éléments 117
du monde. Il trace par là même les limites de son produire, dans la mesure où il intuitionne toute la sphère de ses actions possibles dans un monde réduit qu'il parcourt, et dont il régit les mouvements par ses représentations. Mais que ce corps soit *son* corps, et qu'il soit régi par *ses* représentations, il ne le sait qu'en devenant conscient de cette représentation indépendamment du mouvement qui lui correspond dans le corps. La question se pose de savoir comment l'esprit devient conscient d'une représentation *en tant que* telle.

Nous avons suivi l'esprit à travers la succession graduée complète de ses productions. Il fallait expliquer comment il devient *immédiatement* conscient de lui-même, et comment il s'intuitionne lui-même immédiatement. Puisqu'il est *pure activité*, il ne pouvait donc que s'intuitionner dans son activité. S'il devait s'intuitionner soi-même dans son activité, alors il lui fallait *agir*. Cet agir originaire était nécessairement un agir *sur soi-même*, puisque pour l'esprit rien n'existe encore que lui-même. Par cet agir sur soi-même est né pour lui un monde de produits. Cependant, il devait intuitionner non pas ces produits, mais s'intuitionner soi-*même*, c'est-à-dire *son* activité, *dans* ces produits. Cela n'est possible que s'il sépare l'*action* par laquelle le produit *naît* pour lui du *produit lui-même*, ou ce qui revient au même, que s'il sépare son *activité* dans la représentation de l'*objet* de la représentation. On se demande alors comment cela a lieu.

Si toute notre connaissance était purement *empirique*, nous ne sortirions jamais de la simple intuition. Mais *originairement* notre connaissance est simplement empirique. Le fait que nous distinguions l'*objet* de l'intuition de *l'intuition même*, le *produit* de l'*action* par laquelle il naît, doit être par conséquent une action *ultérieure* de l'esprit.

Sans cette action nous intuitionnerions certes tous les objets dans l'*espace*, mais nous n'intuitionnerions pourtant l'espace lui-même qu'*en nous*. En effet, puisque la conscience est quelque chose d'absolument intérieur – on ne peut penser entre elle et les choses extérieures aucun
| contact immédiat –, alors nous nous voyons contraints d'affirmer qu'ori- 118
ginairement nous n'intuitionnons absolument pas les choses *en dehors de nous*, ou, comme certains l'ont enseigné, en *Dieu* (1), mais que nous les intuitionnons uniquement en *nous-mêmes*. Si tel est le cas, aucune

séparation entre le monde intérieur et le monde extérieur ne paraît possible. Le sens externe se dissoudra donc complètement dans le sens interne. Et parce que l'intérieur n'est distingué que dans son opposition avec l'extérieur, le monde intérieur s'effondrera inévitablement alors avec le monde extérieur. Ce n'est que pour une activité revenant *librement* en soi-même que s'ouvre le monde intérieur. Mais notre activité, si elle n'était pas sortie d'elle-même, ne reviendrait pas non plus en soi-même librement. Elle serait complètement close sur elle-même, pour ainsi dire perdue en elle-même.

L'état dans lequel l'âme se trouve durant le *sommeil* nous permet d'éclaircir cette affirmation. Puisque l'âme est une activité continue, nous ne pouvons croire qu'elle cesse dans cet état d'être active, c'est-à-dire de produire des représentations. Mais puisque l'âme est abandonnée par le corps, et puisque toute relation à un espace extérieur devient de cette manière impossible, l'âme dans cet état intuitionne tout seulement en *elle-même*, il ne se forme en elle ni concept ni jugement, ni non plus, précisément pour cette raison, de souvenir des représentations qu'elle a eues. Bref, l'âme semble dormir en même temps que le corps.

Dans l'état intermédiaire entre le sommeil et la veille, l'âme est dérangée dans son activité naturelle par l'imagination à demi éveillée ; de là naît le *rêve* dans lequel certes elle intuitionne tout avec conscience, mais dans la plus grande confusion. Les objets flottent dans cet état comme dans un *monde intermédiaire*, et l'âme, quoiqu'elle *juge* souvent qu'elle rêve, n'a pourtant pas le pouvoir de rectifier ses représentations parce qu'elle n'est pas en mesure de s'arracher complètement à son objet.

Il n'est donc pas possible que toute activité de l'esprit s'éteigne dans l'intuition, car sinon nous ne deviendrions pas même conscients de cette intuition. La question se pose seulement de savoir si dans notre expérience interne se trouve un quelconque produit d'une telle activité qui dépasse l'intuition.

Il faut concéder (selon ce qui précède) que dans l'état de l'intuition, représentation et objet sont une seule et même chose. Nous séparons néanmoins les deux dans la mesure où nous parlons de cette séparation. Mais puisqu'ils sont *nécessairement* unis en nous, ils ne peuvent être
119 séparés | *réellement*, mais seulement *idéalement, en pensée*. La question se pose cependant de savoir comment la *pensée* est possible en nous.

On aperçoit par là, rappelons-le au passage, qu'il est impossible que la *pensée* soit notre activité originaire, car elle ne fait que suivre l'intuition et requiert, pour son explication même, un principe encore supérieur duquel elle provient (comme Minerve de la tête de Jupiter (1)). Sans une *énergie originaire* de l'esprit, il n'y a aucune *liberté de la pensée;* sans liberté de la pensée, pas de distinction de l'objet et de la représentation; sans cette dernière, ni conscience, ni philosophie, la philosophie provenant précisément de cette distinction.

Il y a en nous une capacité à répéter *librement* l'action de l'esprit dans l'intuition et à distinguer dans celle-ci le nécessaire du contingent. Sans cette distinction, toute notre connaissance serait purement *empirique.* C'est donc la *faculté des concepts a priori* qui nous rend capables de quitter l'état de l'intuition aveugle. Mais ces concepts ne sont eux-mêmes rien d'autre que des *modes d'intuition* originaires de l'esprit. *En tant que* concepts, ils n'existent par conséquent que *dans la mesure où* nous concevons, c'est-à-dire dans la mesure où nous *abstrayons;* ils ne nous sont donc pas innés (car ce qui est inné existe sans notre concours).– L'âme ne peut être une chose particulière dans laquelle des idées déterminées ont été seulement implantées; car, abstraction faite de ses idées, elle n'est elle-même rien. Ce ne sont donc pas ses idées qui lui sont innées, mais c'est *elle* qui est innée à elle-*même.* Cependant, celui qui est incapable d'embrasser l'esprit dans son *activité*, dans son agir, celui qui ne connaît donc rien de lui que ce qu'il en a *abstrait*, à celui-ci, ces actions originaires de l'esprit par lesquelles seulement il parvient à la conscience lui apparaissent comme de simples structures *formelles* qui ne sont développées que par un choc extérieur, mais l'esprit lui-même ne lui apparaît que comme quelque chose en repos dans lequel on ne peut distinguer qu'un *pouvoir* originaire d'agir. Mais un tel pouvoir de l'esprit en repos est une véritable aberration qui n'est réelle nulle part ailleurs que dans les abstractions des philosophes (2).–

| L'esprit doit devenir conscient de lui-même dans son pur agir. Mais le 120
concept est seulement le calque de l'intuition. Le concept coïncidera donc avec l'intuition dans une seule et même conscience. Ainsi le concept ne suffit pas encore à lui seul à expliquer une pure conscience de soi de l'esprit.

Même à l'animal, qui se trouve dans un état de *stupeur* constante, on n'est tout aussi peu en mesure de dénier le concept que l'intuition. Mais ce qui manque à l'animal (et à l'homme qui s'en rapproche), c'est la *conscience qui distingue et lie* librement, en un mot le *jugement*, à savoir l'apanage de l'être raisonnable. C'est dans le jugement seul que sont unies ces deux actions, la libre distinction de l'intuition et du concept et la libre liaison de l'une avec l'autre. Ce n'est que par le jugement que le produit de l'intuition devient un *objet* que nous *déterminons.* Ce, seulement dans la mesure où nous jugeons que la représentation en quelque sorte se *détache* de l'âme et pénètre en tant qu'*objet* dans une sphère extérieure à elle.

Mais le jugement lui-même n'est rien d'originaire. On se demande *en premier lieu* par quoi il est possible à l'esprit de *distinguer* objet et représentation. La nature a résolu ce problème par un art caché dans les profondeurs de l'âme humaine (1). Afin que l'un et l'autre, concept et objet, ne coïncident pas dans une seule et même conscience, l'imagination étend le concept au-delà des bornes de l'individualité, de telle sorte pourtant que le concept flotte entre l'universalité et l'individualité. Elle parvient ainsi, en figurant de façon sensible la *règle* d'après laquelle l'objet naît, à unir, par un schématisme spécifique, individualité et universalité dans un seul et même produit. *En second lieu*, comment est-il possible que l'un et l'autre, objet et représentation, soient *liés* l'un à l'autre? – L'imagination productive esquisse une *image* par laquelle le concept est déterminé et limité. Ce n'est que dans la concordance du schème et de l'image que repose la conscience d'un objet *singulier*.

C'est un mal inévitable pour la philosophie de devoir fragmenter en moments et actions singuliers ce qui n'est, dans l'esprit humain lui-même, qu'une seule et même action, un seul et même moment. Elle deviendra
121 précisément | pour cette raison incompréhensible à tous ceux qui sont incapables de réunir par l'imagination transcendantale ce que l'on avait été nécessairement contraint de séparer. Il apparaît ainsi clairement que l'âme ne peut esquisser aucun schème de l'objet sans qu'il ne lui en vienne une image qui la dirige dans le produire, et sans qu'elle puisse non plus produire une image sans procéder par là d'après une règle figurée de manière sensible (selon un schème).

Il apparaît donc que cette suite d'actions, qui constituent toutes ensemble les conditions de la conscience, n'est pas une *succession*, c'est-à-dire qu'il n'y en a pas une qui présuppose ou produit l'autre, mais qu'elles se présupposent et se produisent toutes ensemble réciproquement. Il s'agit d'une alternance d'actions qui retournent constamment en elles-mêmes. C'est donc dans le *jugement* que repose à proprement parler le centre duquel toutes les actions théoriques proviennent et dans lequel elles retournent.

Nous devons à présent sortir de ce cercle magique. Mais chaque action qui se rapporte à l'objet retourne dans ce cercle (1). Il n'est possible de le quitter que par une action qui n'a plus d'autre objet que l'*esprit lui-même*. Il est évident que l'esprit ne peut devenir conscient de son agir comme tel que dans la mesure où il s'efforce de s'élever au-dessus de tout ce qui est objectif. Cependant, au-delà de tous les objets, l'esprit ne trouve plus rien que lui-même.

Mais cette action même par laquelle l'esprit s'arrache à l'objet ne peut s'expliquer plus avant qu'à partir d'une *autodétermination* de l'esprit. L'esprit *se* détermine *lui-même* à accomplir cela, et en se déterminant, il l'accomplit également.

C'est un *élan* par lequel l'esprit s'élève lui-même au-dessus de tout fini. Il anéantit en quelque sorte pour soi-même tout fini, et ce n'est que dans cet élan *absolument positif* qu'il *s'*intuitionne *lui-même*.

Cette autodétermination de l'esprit s'appelle le *vouloir*. L'esprit *veut*, et il est *libre*. Qu'il *veuille*, on ne peut en indiquer aucun autre fondement. Car c'est précisément pour cela, parce que cette action se produit *absolument*, qu'elle est un *vouloir*.

En tant que l'esprit anéantit par cet acte tout ce qui est objectif pour lui, il ne lui reste plus rien d'autre que la *pure forme de son vouloir*, désormais la loi éternelle de son agir.

| La question était de savoir comment l'esprit devient immédiatement 122
conscient de son agir. La réponse consista à dire que c'est du fait qu'il s'arrache à l'objet; ce qui ne peut à nouveau se produire sans qu'il agisse *absolument*. Mais *agir absolument* signifie *vouloir*. Ainsi l'esprit ne devient-il immédiatement conscient de son agir que dans le *vouloir*, et l'acte du *vouloir* en général est la *condition suprême de la conscience de soi*.

* * *

Or il s'agit là de cette action que nous avons cherchée dès le début, l'action qui unit la philosophie théorique et la philosophie pratique.

À cette action même, on ne peut indiquer d'autre fondement car l'esprit n'*est* que par le fait qu'il *veut*, et il ne se connaît lui-même que par le fait qu'il *se détermine lui-même*. Nous ne pouvons dépasser cette action et c'est pourquoi elle constitue à bon droit le *principe* de notre philosopher.

L'esprit est un *vouloir originaire*. Par conséquent, il faut que ce vouloir soit aussi *infini* que l'esprit lui-*même*. Mais cette action du *vouloir* contient déjà le *dualisme* des principes qui domine de part en part la totalité de notre savoir. Déjà dans cette action se *scindent* les deux mondes entre lesquels notre savoir est partagé.

L'esprit se détermine originairement lui-même et est ainsi selon sa nature à la fois agent et patient. Ce conflit originaire de l'agir et du pâtir, il y met fin dans l'intuition d'un monde objectif. Mais c'est seulement *dans* ce conflit (de l'agir et du pâtir) qu'il perdure lui-même. Si donc l'esprit ne pouvait rétablir ce conflit originaire, alors c'est aussi en même temps avec ce conflit que toute son activité trouverait sa fin dans l'intuition. Mais il ne peut rétablir ce conflit qu'en s'arrachant au produit de l'intuition, et il ne peut à nouveau accomplir cela sans s'y déterminer *lui-même*, c'est-à-dire sans devenir encore une fois agent et patient.

L'esprit *veut*. Mais le *vouloir* n'a lieu que dans l'opposition à l'effectif.
123 Ce n'est que parce que l'esprit se sent prisonnier dans l'*effectif* | qu'il aspire à l'*idéal*. L'effectif est donc aussi nécessaire et éternel que l'idéal, et l'esprit est enchaîné par son propre vouloir aux objets.

À l'inverse, sans la liberté du vouloir, il n'y a en nous qu'un *représenter aveugle* et aucune conscience *de nous-mêmes* dans notre représenter.

Et puisque le monde objectif n'est rien d'effectif *en soi*, l'on ne saisit la façon dont il *perdure* que par le *vouloir* constant de l'esprit. Seule la liberté de notre vouloir porte le système entier de nos représentations, et le monde lui-même ne subsiste que dans l'expansion et la contraction constantes[1] de l'esprit.

Puisque ce n'est que par le vouloir et l'agir purs de l'esprit que naît tout *temps*, l'on comprend par là également la *simultanéité* de toutes les choses dans le monde. Dans l'action la plus originaire de l'esprit repose déjà, à l'état non développé, l'idée d'un univers; elle n'est développée et présentée que par une série infinie d'actions. Seule cette action unique est synthétique selon sa nature, toutes les autres ne sont, par *rapport à elle*, qu'analytiques.

* * *

À propos de *Kant*, on s'est maintes fois demandé *comment* s'articulent la philosophie théorique et la philosophie pratique (2); on est même allé jusqu'à douter qu'elles puissent s'articuler dans *son* système de quelque façon que ce soit. Mais si l'on s'était tenu à l'idée de l'*autonomie* qu'il établit lui-même comme principe de sa philosophie pratique, on aurait facilement découvert que cette idée est dans son système le point par lequel s'articulent les philosophies théorique et pratique et qu'en elle est déjà proprement exprimée la synthèse la plus originaire des philosophies théorique et pratique. J'espère rendre cela encore plus clair.

1. Une image de la *création continuée*, que *Lessing*, dans son entretien avec *Jacobi*, avait prêtée à Leibniz (1).

| Toute la philosophie pratique exige comme principe *la liberté transcendantale;* mais il est affirmé à son sujet, dans la *Critique de la raison pratique*, qu'elle serait absolument impensable si les lois de la nature en général, et la loi de causalité en particulier, étaient des lois des *choses en soi* et non des simples phénomènes (1). Ici donc une articulation nécessaire des philosophies théorique et pratique se fait jour déjà dans ce système. 124

En outre, *Kant* affirme lui-même que l'on peut et que l'on doit expliquer les actions des hommes, d'un côté, comme nécessaires et *psychologiques*, d'après des *lois de cause* et *d'effet* et que l'on n'est pas néanmoins pour autant contraint d'abandonner l'idée de *liberté* et avec elle tous les concepts de faute et de mérite (2). – Pourquoi cela? – *Qui* est ici celui qui explique? Moi-même. Et *pour qui* explique-t-on cela? Encore une fois, pour moi-même. Qu'est-ce donc alors que ce *moi* à qui ses actions, bien qu'elles soient *libres*, apparaissent pourtant comme des conséquences d'une connexion nécessaire de causes et d'effets? Manifestement, un être qui donne *lui-même* à ses actions une sphère extérieure, qui *s'apparaît à lui-même*, qui *devient empirique pour lui-même* et *par lui-même*, – un principe qui, parce que tout le reste lui apparaît, ne peut être *lui-même* un phénomène ou ne peut se plier aux lois du phénomène. – En affirmant que les actions libres nous apparaissent à nous-mêmes (empiriquement), *Kant* présuppose donc manifestement un principe supérieur en lequel effectivité et possibilité, nécessité et liberté, réel et idéal, sont originairement unis (comme par une harmonie préétablie) (3).

Si l'esprit humain est en effet originairement autonome, il est un être qui porte en soi-même non seulement le *fondement*, mais aussi la *limite* de son être et de sa réalité, et dont la limite ne peut donc être déterminée par rien d'extérieur : il est une totalité fermée en elle-même, achevée en elle-même (pour ainsi dire un monogramme de la liberté construit à partir d'infini et de fini). S'il faut donc qu'un tel être intuitionne un monde *extérieur*, il doit être conforme à sa nature | que ce qui est seulement une 125
action *intérieure* de l'esprit lui apparaisse comme étant *extérieur*, bel et bien nécessaire, et soumis à des lois nécessaires. Mais figurent en premier lieu au nombre des actions *absolument intérieures* celles dans lesquelles nous devenons conscients de nous-mêmes comme d'un être moral. Nous ne pouvons le devenir sans *distinguer* ces actions de nous-mêmes, c'est-à-dire sans nous intuitionner *extérieurement*.

De la même façon, si cet être fermé en lui-même doit agir sur un monde extérieur, il faut que ce dernier tombe dans le cercle de son activité originaire et que le sensible diffère du suprasensible non selon le *mode*, mais seulement d'après ses *bornes*.

À l'inverse, si le monde extérieur (ainsi que le prouve Kant dans la philosophie théorique (1)) est un simple phénomène, on ne saurait comprendre comment une multiplicité infinie de choses extérieures et un système de régularité et de finalité peut provenir de la force représentative d'un être moralement vide et mort, dépourvu en soi-même de but et de destination[1].

Il est donc évident que les philosophies théorique et pratique de *Kant* sont toutes deux également infondées et incompréhensibles si elles ne procèdent pas l'une comme l'autre d'un principe unique, celui de l'autonomie originaire de l'esprit humain.

* * *

Même si, dans cette recherche, nous mettons de côté tout intérêt matériel et ne prenons vraiment en considération que la méthode que nous devrions suivre ici, nous aboutirons au même résultat.

La philosophie théorique exige que l'on explique l'origine de la représentation. Mais d'où lui vient le besoin d'expliquer, et l'explication n'est-
126 elle pas déjà elle-même une action qui présuppose que | nous nous soyons rendus indépendants de nos représentations, c'est-à-dire que nous soyons déjà devenus *pratiques*. Ainsi la philosophie théorique présuppose déjà, dans ses premiers principes, la philosophie pratique. – Inversement, la philosophie pratique présuppose aussi la philosophie théorique. La plupart des lecteurs me dispenseraient d'en fournir la preuve même si elle n'avait pas été déjà donnée dans ce qui précède. On ne peut donc pas trouver de *réponse unilatérale* aux deux questions de savoir comment les philosophies théorique et pratique sont possibles, et il faut qu'il y ait pour elles (si tant est que l'on puisse résoudre ce problème) une réponse *commune*.

C'est précisément pourquoi l'on ne peut trouver cette réponse ni dans la philosophie théorique ni dans la philosophie pratique, car l'une et l'autre s'excluent mutuellement. Soit donc on ne la trouve pas du tout, soit

1. Celui qui ne voit pas que seul ce qui est originairement pratique en nous est la source de tout ce qui est effectif pour nous ne comprendra pas non plus *cet* idéalisme.

seulement dans une *philosophie supérieure englobant* les deux et qui précisément pour cette raison doit provenir d'un *état absolu* de l'esprit humain, dans lequel celui-ci n'est ni théorique ni pratique et à partir duquel il doit y avoir néanmoins un passage commun dans le domaine du théorique aussi bien que dans celui du pratique.

Mais le passage d'un état *absolu* indéterminé à un état déterminé ne peut se produire par une détermination *extérieure* car, dans cet état, l'esprit est fermé à toute cause extérieure. Si donc il doit être *déterminé* (et nous devons le présupposer), *il ne peut l'être que par lui-même*. Cette *auto-détermination* de l'esprit doit donc être le passage commun vers la philosophie théorique et pratique et nous voilà à nouveau au point de départ.

***

En général, c'est mal s'y prendre que de vouloir fonder la philosophie théorique par la philosophie théorique. Aussi longtemps qu'il nous importera simplement d'élever un *édifice* philosophique (comme c'était manifestement le but de *Kant*), nous pourrons nous contenter d'un tel fondement, de même que, lorsque nous construisons une maison, il nous suffit qu'elle se tienne solidement sur la terre. Mais lorsqu'il est question d'un *système*, | on se demande sur quoi repose la terre, et sur quoi repose **127**
à son tour ce sur quoi repose la terre, et ainsi à l'infini.

Ne peut s'appeler *système* qu'un tout qui *se supporte lui-même* et qui, fermé en lui-même, ne présuppose hors de soi aucun fondement de son mouvement et de sa cohérence. Ainsi l'édifice du monde devint un *système du monde* lorsqu'on découvrit l'équilibre général des forces du monde (1). Or, c'est un tel équilibre universel des forces spirituelles que la philosophie doit découvrir pour devenir système. Mais tout aussi peu que les forces par lesquelles l'univers subsiste ne peuvent à leur tour s'expliquer à partir de la matière (car la matière les présuppose et doit être expliquée à partir d'elles), le système de notre savoir ne peut davantage s'expliquer *à partir de* notre savoir, mais il présuppose lui-même un principe plus élevé que notre savoir et notre connaissance. Mais ce qui dépasse toute notre connaissance est seulement le pouvoir de la *liberté transcendantale* ou celui du *vouloir* en nous. Car, en tant que limite de notre savoir et de notre agir, il est aussi nécessairement la seule chose qui soit *inconcevable*, *indissoluble* – celle qui par nature est *absolument sans fondement*, la moins démontrable qui soit, mais précisément pour cela la plus immédiate et la plus évidente dans notre savoir.

Toute la révolution qu'entraîne en philosophie la découverte de ce principe, la philosophie en est redevable à cette seule pensée favorable consistant à adopter le point de vue à partir duquel il faut considérer le monde non dans le monde lui-même mais en dehors de lui. C'est ainsi que l'on remplit l'ancienne exigence d'Archimède (appliquée à la philosophie). Vouloir appuyer le levier sur n'importe quel point ferme à l'intérieur du monde lui-même et vouloir le déplacer de la sorte, c'est travailler en vain. On ne parvient ainsi tout au plus qu'à mettre en mouvement des choses singulières. Archimède réclame un point ferme *en dehors* du monde. Il est absurde de vouloir le découvrir *théoriquement* (c'est-à-dire *dans* le monde lui-même).

Mais s'il existe en nous une *conscience pure*, indépendante des choses extérieures, que ne dompte aucune puissance étrangère et qui se *supporte* et se *soutient* elle-même, alors il s'agit proprement de « ce dont Archimède avait besoin, mais qu'il ne découvrit pas, un point fixe où la raison peut appuyer son levier, sans le placer pour cela dans le monde présent, ni dans
128 un monde futur, mais | uniquement dans *l'idée intérieure de la liberté* »[1], idée qui, parce qu'elle unit en elle ces deux mondes, doit constituer aussi le *principe* des deux.

Nous ne devenons conscients de cette liberté absolue que par le *fait*. La déduire plus avant est impossible (2).

La source de la conscience de soi est le *vouloir*. Mais, dans le *vouloir absolu*, l'esprit s'aperçoit immédiatement lui-même ou a une *intuition intellectuelle de soi-même*. Cette connaissance s'appelle *intuition* parce qu'elle *n'*est *pas médiatisée*, *intellectuelle*, parce qu'elle a pour objet une *activité* qui dépasse de beaucoup tout ce qui est empirique et qui n'est jamais atteinte par des *concepts*. Ce qui est présenté dans des concepts *se tient en repos* (3). Il n'y a donc de concepts que des objets, de ce qui est *limité* et de ce qui est intuitionné *sensiblement*. Le concept du mouvement n'est pas le mouvement lui-même, et sans intuition nous ne saurions pas ce qu'est le mouvement. Mais la *liberté* n'est reconnue que par la liberté, l'*activité* n'est appréhendée que par l'activité. S'il n'y avait pas en nous d'intuition intellectuelle, nous serions pour toujours empêtrés dans nos représentations objectives, il n'y aurait pas non plus de *pensée transcendantale*, pas d'imagination transcendantale, pas de philosophie, ni théorique, ni pratique.

•

1. Ce sont les mots de Kant dans son traité *D'un ton grand seigneur en philosophie* (1).

Seule cette intuition continuelle de *nous-mêmes* dans notre pure activité rend d'abord possible l'unité *objective* de l'aperception et le corrélat de toute aperception, le *Je pense*. Il est vrai que la proposition Je pense est purement et simplement *empirique*. Mais le *Je*, dans cette proposition, est une *représentation purement intellectuelle*, parce qu'elle précède nécessairement toute pensée empirique[1]. Cette activité constante d'auto-intuition et la liberté transcendantale qui la maintient, c'est cela seulement qui | fait que *moi-même* je ne sombre pas dans le flot des repré- **129**
sentations, et qui m'emporte d'action en action, de pensée en pensée, de moment en moment (comme sur des ailes invisibles)[2].

Toute *exaltation* outrepasse les limites de la raison. Ces limites, affirmons-nous, l'esprit les tire de lui-même, car il se donne lui-même sa sphère, s'intuitionne seulement dans cette sphère, et en dehors d'elle il n'y a rien pour lui. Il est seulement ridicule de découvrir dans *l'*exaltation ce qui rend toute exaltation à jamais impossible.

Peut-être cette philosophie est-elle finalement plus assurée face aux comparaisons que l'on voulait établir entre elle et les autres. – Jusqu'où peuvent aller, sous l'élan de *cette* philosophie, ces malheureuses recherches d'un premier théorème en philosophie, par quoi devait être réintroduit pour un certain temps l'exact opposé de toute pensée transcendantale, l'ancien dogmatisme. Dès le commencement le dogmatisme place celui qui le soutient dans un système nécessaire de représentations à partir duquel il est même impossible de trouver un point de départ, ou de prendre son envol vers le monde supérieur (de la liberté). La philosophie transcendantale a ceci de propre qu'elle pose celui qui la saisit dès le commencement dans la liberté, dans la mesure où elle brise les fers dans lesquels le

1. Une nouvelle fois, ce sont les mots même de *Kant* (*Critique de la raison pure*, troisième édition, p. 423 n.) (4). – Il est curieux de voir comment certains écrivains philosophiques répètent éternellement à d'autres écrivains les mots de Kant comme s'ils étaient mineurs ou comme si, des cent passages, dirons-nous, où Kant s'élève *contre* la *possibilité* d'une intuition intellectuelle (en son sens), ils n'en avaient pas même lu *un*. C'est comme s'ils craignaient, après qu'on leur eut prouvé qu'ils n'ont pas *compris* leur *seigneur et maître*, de perdre la gloire de *lire* assidûment et de *connaître par cœur ses mots*, ce contre quoi nul pourtant n'entend élever de doute.

2. Après ce que le Professeur *Fichte* a dit dans le quatrième fascicule du cinquième volume du "*Journal philosophique*", il ne reste rien à ajouter (1). – Cette recherche tout entière relève à proprement parler de l'*esthétique* (sur laquelle je reviendrai). Celle-ci est en effet la science qui nous montre l'*accès* à la philosophie entière, car en elle seulement nous pouvons expliquer ce qu'est l'*esprit* philosophique, sans lequel vouloir philosopher n'est rien de plus que vouloir durer en dehors du temps ou faire de la poésie sans imagination.

savoir empirique l'avait enchaîné. Tout ce qui est objectif, par sa nature, *pose une borne*. Même ce qui est notre œuvre propre, dès qu'elle est sortie de l'âme et est devenue objective, se fait pour nous borne, et le sentiment créateur, qui accompagnait sa naissance, disparaît. –

La philosophie transcendantale, dans la mesure où elle regarde tout ce qui est objectif jusqu'à nouvel ordre comme *n'étant pas présent*, est par nature dirigée vers *ce qui devient* et vers *ce qui est vivant*, car elle est, dans
130 ses premiers principes, *génétique*, et | l'esprit devient et croît en elle en même temps que le monde. – Elle a en commun avec le *scepticisme* la *liberté de la contemplation* et du raisonnement, avec le *dogmatisme* la *nécessité des affirmations*. – On percevra son effet dans d'autres sciences, parce qu'elle n'*éveille* pas seulement les esprits, mais, comme par une décharge électrique, elle en inverse les pôles.

Pour ne pas entièrement perdre de vue la littérature la plus récente, je communique ici quelques remarques faites à son occasion qui ne seront peut-être pas complètement inutiles.

« C'est un idéaliste, son système est idéaliste », nombreux sont ceux qui s'expriment de la sorte, et ils croient avoir ainsi abattu et l'homme et son système d'un seul coup. Chers amis, si vous saviez qu'il n'est idéaliste que *dans la mesure où* il est *en même temps* et *précisément pour cette raison* le réaliste le plus rigoureux et le plus décidé, vous parleriez autrement. – Qu'est-ce donc que *votre* réalisme? En quoi consiste-t-il à proprement parler? – Dans l'affirmation que quelque chose en dehors de nous provoque – vous ne savez encore ni quoi ni comment ni où – vos représentations. – Si je puis me permettre, cela est faux. Vous ne l'avez pas créé à partir de vous-mêmes, vous en avez entendu parler dans une École quelconque et vous le répétez sans vous comprendre vous-mêmes. Votre réalisme est beaucoup plus ancien que cette affirmation, aussi se trouve-t-il à un niveau infiniment plus profond que cette explication de l'origine de vos représentations, une fois qu'on en a enlevé la couche la plus superficielle.

C'est à ce réalisme *originaire* que nous vous renvoyons. La seule chose qu'il croie et qu'il veuille, c'est que l'objet que vous représentez soit en même temps aussi l'objet effectif. Mais cette proposition n'est pas autre
131 chose que | le clair et indéniable idéalisme; vous pouvez vous dresser contre lui tant que vous le voulez, vous êtes pourtant tous des *idéalistes nés*.

De *ce* réalisme vos philosophes scolaires ne savent rien simplement parce que la nature humaine a pour eux depuis longtemps disparu dans un vain jeu de concepts. *Vous* devez sentir que vous êtes dignes d'une meilleure philosophie. Laissez les morts enterrer leurs morts (1), mais préservez votre nature humaine, dont aucune philosophie, à partir de concepts, n'a encore sondé les profondeurs.

Si l'on avait pu prévoir qu'une foi aveugle dans les *expressions* d'un homme aurait bien plus d'effet que la foi en sa philosophie elle-même, l'on aurait pu alors regretter que Kant eût exposé dans la langue du dogmatisme sa philosophie, qui devait détruire tout dogmatisme dans son fondement.

« Nous ne connaissons pas les choses en soi », dit Kant. Dire que je ne connais pas Monsieur Untel revient à dire que je sais très bien que ce Monsieur Untel existe *in rerum natura*, mais que *moi* précisément je n'ai pas l'honneur de le connaître. Cette expression *présuppose* bien sûr l'existence des choses en soi ! On croirait entendre un dogmatique qui voudrait rendre compréhensibles les affirmations de Kant à un tiers dans *sa* langue.

Toutefois, un kantien qui n'en reste pas aux mots, mais va à la chose, devrait, certes à l'encontre de la lettre de son professeur, mais de façon entièrement conforme à son esprit, affirmer *que nous connaissons effectivement les choses telles qu'elles sont en soi*, c'est-à-dire qu'entre l'objet représenté et l'objet effectif n'existe absolument aucune distinction.

Il doit y en avoir qui se vantent que leur seigneur et maître veuille être compris littéralement. Certains ne soupçonnent pas que même dans la lettre d'un tel homme se trouve bien davantage qu'ils ne peuvent saisir. Ce qu'ils ne comprennent pas, c'est qu'une philosophie audacieuse a aussi le droit de parler avec audace, et que la *peur des mots* qui les caractérise ne convient qu'à des esprits *étroits*. – Si vraiment Kant veut | être compris strictement à 132
la lettre, nul ne l'a mieux compris qu'un adversaire comme Benedict Stattler (1), entre autres, mais avant tout un certain M. *Schäffer*, qui, en 1792, a fait paraître un écrit intitulé *Inconséquences et contradictions frappantes dans la philosophie kantienne, en particulier dans la Critique de la raison pure*, Dessau, chez Hofmann, gr. 8 (2).

Mais que signifient l'esprit et la lettre ? La lettre pour soi est et reste morte (3). Même vous, vulgaires imitateurs, introduisez dans la lettre de votre maître un *esprit* – mais un esprit (ou un non-esprit) qui est à *votre* façon. Parce que donc vous voyez qu'en philosophie, de quelque façon qu'on veuille s'y installer, on ne peut pourtant pas la quitter sans *nolens volens encore* philosopher, vous *dites* cependant que vous le faites, que vous philosophez de manière libre et franche pour votre propre compte, et que vous ne vous faites pas gloire de la lettre d'un autre.

Du reste, que ce seigneur et maître n'a pas tenu compte de *vous*, c'est évident. Sans quoi il aurait attaqué votre philosophie à la *racine*. Cette philosophie est la *raison paresseuse* qui porte en elle un désir constant des choses en soi et d'autres chimères de ce genre. Mais *dire* que nous ne connaissons pas les choses en soi (ce qui vous amène à présenter à la philosophie, de votre propre chef, vos sincères condoléances, et à prétexter la *limitation* de la faculté de connaître) ne signifie pas *extirper* ce désir *à la racine*, mais l'alimenter et l'entretenir.

Ici il n'y a donc rien à regretter si ce n'est que même la lettre de cette philosophie était trop audacieuse pour la plupart. Toute expression hardie en philosophie confine au dogmatisme parce qu'elle cherche à représenter quelque chose qui ne peut absolument jamais être *objet* de la représentation. Elle *symbolise* ce qu'elle ne peut *rendre sensible*. Si l'on prend le symbole pour l'objet lui-même, naît alors une philosophie encore plus extravagante que la religion de l'ancienne Égypte ou que la mythologie des Hindous.

Les *choses en soi* n'ont guère existé *avant* Kant *au* sens où *il* en parle.
133 Elles ne devaient être que le *choc* | destiné tout d'abord à tirer le lecteur du sommeil *empiriste*, empirisme qui croit pouvoir expliquer l'expérience par l'expérience, le mécanisme par le mécanisme.

« Le principe du sensible ne peut se trouver à nouveau dans le sensible, mais doit se trouver dans le suprasensible »; *Kant* a dit cela comme personne ne l'a dit plus clairement et plus excellemment parmi tous les véritables philosophes *avant* lui et *au même moment* que lui si ce n'est *Jacobi* (1). – Le caractère de tout sensible consiste précisément en cela qu'il est *conditionné*, qu'il n'a pas son fondement *en lui-même*.

Or ce fondement suprasensible de tout sensible, Kant l'a *symbolisé* par l'expression de *choses en soi* – une expression qui renferme en elle, comme *toutes* les expressions symboliques, une *contradiction*, parce qu'elle cherche à présenter l'inconditionné par un conditionné, à rendre fini l'infini. Mais de telles expressions contradictoires (absurdes) sont les seules expressions par lesquelles nous pouvons présenter en général des *Idées*. On sait depuis longtemps ce que des *esprits non-esthétiques* peuvent produire en usant d'un tel mot. *Platon s'épuise* en mots *pour* exprimer le fait que les *Idées* contiennent un *être* qui s'étend bien au-delà de toute *existence empirique*. On peut néanmoins entendre aujourd'hui encore la démonstration que les Idées de Platon sont des *substances effectives*, exactement comme les choses en soi de Kant (voir le *Memnonium, et autres écrits* de *Plessing* (2)).

On trouve à ce propos un curieux passage dans l'écrit polémique de *Kant* contre Monsieur *Eberhard* (*Sur une découverte*, etc., p. 55-56 (3)) : « qu'il nous faille en arriver à des *choses en soi* (pour expliquer les représentations), c'est l'affirmation constante de la *Critique*, à ceci près qu'elle cherche ce fondement de la matière des représentations sensibles *non pas même à nouveau dans des choses* EN TANT QU'OBJETS DES SENS, mais dans quelque chose de SUPRASENSIBLE, qui se trouve au fondement de ces [représentations] et dont nous n'avons aucune connaissance (ce qui se comprend, comme toujours, *d'une connaissance théorique, catégorique*, portant sur une *existence*). Elle dit que les objets EN TANT QUE CHOSES EN SOI *donnent* la matière aux intuitions empiriques (*ils contiennent le fondement pour déterminer le pouvoir de représentation conformément à sa sensibilité*), mais ils ne SONT pas la matière de ces intuitions ».

| Il est manifeste que les choses en soi ne désignent ici rien d'autre que l'*Idée* d'un fondement suprasensible des représentations ; elles contiennent seulement le *fondement* permettant de *déterminer de façon sensible* le pouvoir de représentation. Sans ce *déterminer*, nous-mêmes ne deviendrions pas conscients de ce fondement suprasensible. *Ce n'est que dans cette action du déterminer* (*de nous-mêmes*) *que se séparent les deux mondes, le monde sensible* (*réel, des phénomènes*) *et le monde suprasensible* (*idéal, des choses en soi*). 134

Je sais parfaitement bien que *Kant*, dans sa philosophie *théorique*, laisse absolument indéterminé ce principe suprasensible d'après lequel sont construites toutes les représentations. Il oppose quelque part au matérialisme, à titre d'hypothèse, et dans un but polémique, l'affirmation selon laquelle *le substrat intelligible de la matière et de la pensée pourrait bien être une seule et même chose*.

Je me souviens avoir lu dans les *Éclaircissements* etc. de Monsieur *Schulz* que ce qui nous détermine aux représentations *pouvait ne pas être si différent de l'âme elle-même* (1). – Tout cela est ici à vrai dire incertain et vague.

Kant laisse également *inexpliqué*, dans la suite de son système de la philosophie théorique, tout ce qui peut seulement être expliqué à partir de ce *principe originairement-interne de tout représenter* (qu'il n'a nulle part tenté de déterminer). J'indiquerai sur ce point un seul exemple.

Il déduit les catégories des fonctions formelles de l'entendement (dans l'usage logique), qui ont elles-mêmes besoin d'une déduction supérieure, et qui bien plutôt devraient à l'inverse être déduites des catégories. Après avoir établi la table des catégories, il poursuit ainsi : « sur elle se peuvent faire des considérations *avisées qui pourraient éventuellement avoir d'importantes conséquences du point de vue de la forme scientifique de toutes les connaissances rationnelles* », c'est-à-dire « qu'il y a partout un même nombre de catégories de chaque classe, à savoir trois, ce qui requiert tout autant réflexion, dans la mesure où, sinon, toute division des concepts – (selon le principe de contradiction) – doit être une dichotomie. À quoi s'ajoute encore toutefois que la troisième catégorie de chaque classe *procède* toujours de la liaison de la deuxième avec la première (donc *synthétiquement*) » (2).

135 | Chacun comprend que dans cette table des catégories la forme originaire, d'après laquelle l'esprit procède dans toutes ses constructions, est exhibée intuitivement et avec une précision mathématique. Mais que l'esprit humain soit en général contraint de *construire à partir d'opposés* tout ce qu'il intuitionne et connaît, on n'en comprend pas le fondement sans mettre au jour le *dualisme originaire* dans l'esprit humain que Kant a *établi* dans sa philosophie pratique, mais qu'il n'a fait que *présupposer* partout dans sa philosophie théorique.

Des considérations de ce type ne sont pas des ratiocinations philosophiques; car elles s'étendent aussi loin que la profondeur de leur fondement. Ces deux catégories dont Kant parle constituent les branches principales d'un seul et même tronc qui se déploient en *ramifications* infinies sur toute la nature. Ce n'est pas seulement la possibilité en général d'une matière et d'un système du monde qui nous ramène à cette dualité des principes, mais aussi tout le mécanisme et tout l'organisme de la nature. Par exemple on prouvera peut-être encore que tous les phénomènes de la nature prétendument merveilleux (c'est-à-dire encore inexpliqués) proviennent d'actions réciproques de corps solides avec ce fluide jusqu'ici resté en majeure partie inconnu qui remplit notre système planétaire et sans aucun doute tout l'espace du monde; mais ce que nous *savons* de ce fluide est qu'il apparaît sous les formes les plus diverses, mais qu'il n'apparaît toujours *actif* que dans sa *séparation* (en matières positive et négative) (1).

On a copié d'innombrables fois la table des catégories et on l'a faite imprimer et réimprimer et on a ainsi produit toutes sortes d'absurdités formelles; mais quant à l'emploi *réel* de cette table que Kant appelait de ses vœux lorsqu'il présentait son établissement comme un gain pour toutes les sciences (2), on l'a encore jusqu'ici très peu compris.

Je reprends. Dans la philosophie *théorique* de Kant le principe suprasensible de tout représenter est simplement indiqué. Mais dans la philosophie *pratique* apparaît soudain comme principe de notre *agir* – l'*autonomie de la volonté*, et comme le seul suprasensible dont nous avons la
136 certitude, la *liberté* en nous. Ici donc l'énigme se résout. | Quand *Reinhold* par conséquent (dont le traité *État présent de la métaphysique*, dans la deuxième partie de ses *Écrits divers*, a été l'occasion des considérations développées ici (1)) pose la question de savoir si l'idéalisme transcendantal, élaboré *d'abord* par *Fichte* dans son extension complète, est le même que l'idéalisme *kantien*, ou s'il s'en écarte eu égard à l'affirmation

fondamentale selon laquelle le principe des représentations est uniquement interne (qu'il ne faut donc aucunement chercher dans *quelque chose* de différent du Moi (2)), la réponse à cette question, d'après ce qui précède, est alors la suivante :

Les deux philosophes s'accordent pour affirmer que le fondement de nos représentations réside non pas dans le sensible, mais dans le *suprasensible*. Ce fondement suprasensible, Kant doit le *symboliser* dans la philosophie théorique, et parle pour cette raison de *choses en soi*, en tant que telles, qui *fournissent* la matière de nos représentations. *Fichte* peut se dispenser de cette présentation symbolique, parce qu'il n'envisage pas la philosophie théorique séparément de la philosophie pratique comme le fait Kant. Car le mérite qui lui est *propre* réside précisément en ce qu'il *élargit* le principe que Kant a posé au sommet de sa philosophie *pratique* (l'autonomie de la *volonté*) à la *philosophie dans son ensemble*, et devient par là le fondateur d'une philosophie que l'on peut légitimement appeler la *philosophie supérieure*, parce qu'elle n'est, d'après son esprit, *ni seulement théorique ni seulement pratique*, mais les *deux en même temps*.

Reinhold lui-même explique (dans l'écrit cité p. XI, XII de la Préface) que son but n'a pas été de présenter cet idéalisme dans toute son extension (3). Ce qu'il met là très bien en relief, c'est que le principe de cet idéalisme se trouve *en dehors* de la philosophie *simplement théorique*. « Sensibilité et entendement, dit-il, ne sont pensables qu'en rapport à un Non-Moi, lequel n'est *posé* d'aucune manière par la sensibilité et l'entendement, mais est seulement *présupposé* » (4). [Que l'on ne se trompe pas sur le sens de ce passage. Au sens strict, ni l'entendement ni la sensibilité ne *pré*supposent un *objet*, puisque le monde des objets n'est lui-même rien d'autre que notre sensibilité et notre entendement originaires. L'entendement ne présuppose pas plus l'objet que l'objet l'entendement (en tant que pouvoir au repos). L'entendement (dans son activité constructrice) | et 137
l'objet sont une seule et même chose et sont inséparables. Reinhold ne veut dire que ceci : sensibilité et entendement ne sont pas *pensables* sans objet (qui naît par eux), comme cela apparaît avec évidence à partir de l'opposition suivante :] « Mais la raison pure est *activité absolue* » (1). On peut à vrai dire comprendre sous le nom de raison pure autant la raison théorique que la raison pratique, à ceci près que la première n'est pas activité *absolue*, mais est elle-même seulement l'élévation de l'imagination (par la raison pratique) : Reinhold semble donc comprendre la raison pure comme raison *pratique*. Mais la question se pose alors de savoir comment ce passage du texte (« la raison pure est *activité absolue* ») est compatible avec *les considérations* qui suivent *à propos des concepts kantiens de la liberté de la*

volonté. Avec ces concepts, on affirme que la liberté de la volonté est totalement *différente* de la raison pure (pratique) (2). À la vérité, je ne sais pas comment une raison *pratique* (*c'est-à-dire législatrice*) peut être pensée comme DIFFÉRENTE d'une *volonté* qui doit pourtant être ELLE-MÊME *législatrice*. Mais j'y reviendrai plus tard. – Qu'il le veuille ou non, il est clair en tout cas d'après ce qui suit que l'auteur s'est placé au point de vue *pratique* de l'idéalisme et qu'il laisse de côté le point de vue *théorique*.

« Le Moi s'oppose lui-même un Non-Moi. C'est par la même activité absolue (par laquelle le Moi se pose lui-même) que le Non-Moi est posé en tant que tel. La proposition qui exprime cela établit l'antithèse originaire : *Le Moi s'oppose lui-même un Non-Moi*, ou c'est par le Moi que le Non-Moi est *purement et simplement* posé » (3). Supposons que quelqu'un veuille se former un concept complet de l'idéalisme transcendantal à partir de ce passage, il ne pourrait comprendre la proposition : « le Moi s'oppose *purement et simplement* un Non-Moi » autrement que de *cette façon :* le Moi s'oppose un *Non-Moi dans l'Idée*. Toutefois, avec cela on n'aurait manifestement rien gagné en vue de l'explication de la *nécessité* de nos représentations objectives.

Car cette action d'*opposer* est une action *libre*, *accompagnée de conscience*, et non une action *originaire*, donc pas plus une action *néces-*
138 *saire*. | Il est vrai que le Moi s'oppose le Non-Moi, et ce faisant, il devient par là même *pratique*. Mais il ne peut le faire, et ne peut donc non plus devenir *pratique*, sans présupposer le Non-Moi, ou sans *se* présupposer *soi-même* comme *borné* par le Non-Moi. Le *sentiment* de cet être-borné, il est vrai, naît seulement *par* cette action d'opposer, mais ce sentiment ne pourrait pas naître si cette limitation n'était pas *originaire* et *réelle*. Par conséquent pour que le Moi devienne *pratique* (et c'est de cela qu'il s'agit ici), il faut deux choses : 1) que le Moi *soit* borné dans ses représentations ; [mais le Moi *est* borné, non comme un *objet* par le fait que ce qui le borne est déterminé pour lui, sans *son concours*, par quelque chose d'extérieur, mais plutôt par le fait *qu'il* SE SENT *LUI-MÊME comme borné* (car en général un Moi n'est rien d'autre que ce qu'il intuitionne et sent en lui) ; il ne peut cependant pas se *sentir* comme limité sans s'*opposer* IDÉELLEMENT ce qui le borne, donc] 2) qu'il s'*oppose* ce qui le borne (le Non-Moi). Cela, il ne le peut à son tour sans *être* borné RÉELLEMENT.

Ainsi nous nous voyons pris inévitablement dans un cercle qui, compris de manière rigoureuse et correcte, nous révèle d'un coup la nature de notre esprit, et de manière inattendue nous élève au point de vue suprême de l'idéalisme transcendantal.

« Nous ne pouvons pas agir IDÉELLEMENT, nous ne pouvons pas nous *opposer* la borne originaire sans *être bornés* RÉELLEMENT : et, à l'inverse, nous ne *sommes* pas RÉELLEMENT *bornés* sans *sentir* ce fait d'être borné, c'est-à-dire sans nous l'*opposer* IDÉELLEMENT » (1). Il s'avère ainsi que cette action par laquelle nous *devenons* bornés (passivement), et que l'autre action par laquelle nous *nous nous fixons nous-mêmes* (activement) *une borne* en nous *opposant* ce qui nous borne, sont UNE SEULE ET MÊME *action* de notre esprit, que nous sommes donc *dans une seule et même action en même temps passifs et actifs*, en même temps *déterminés et déterminants*, bref, qu'une seule et même action unit en soi *réalité* (nécessité) et *idéalité* (liberté).

| Pour autant que je sache (et chacun peut dire ce qu'il est convaincu de 139
savoir), c'est là le *noyau* de l'idéalisme transcendantal. Car il est à présent évident que la nature originaire de l'esprit consiste dans cette identité absolue de l'agir et du pâtir, que c'est à vrai dire à partir de là que se produit ce phénomène merveilleux qu'aucune philosophie n'a jusqu'à ce jour expliqué, le phénomène du *sentiment* (*du spirituel-sensible* en nous), et que cette action réciproque originaire avec nous-mêmes est proprement *le principe interne de nos représentations*, que jusqu'ici tous les véritables philosophes ont cherché, quoique pour la plupart en vain.

Or comme *Reinhold* n'a compris qu'une seule de ces actions qui sont, *les deux ensemble et dans leur union la plus absolue*, le véritable mécanisme moteur de toute notre activité spirituelle, en outre comme ces deux actions que l'idéalisme rassemble en une ne reçoivent sens et signification que *réciproquement l'une par l'autre*, on comprend alors que de sa présentation de ce système l'on ne puisse tirer par abstraction aucun concept achevé de celui-ci.

« Le Moi s'oppose purement et simplement le Non-Moi » : par cette proposition on exprime simplement une action *idéale;* mais cette proposition, en tant que *principe de l'explication de l'origine de nos représentations* (et elle est établie comme telle par l'auteur), est totalement incompréhensible tant qu'elle est établie dans cette *unilatéralité*. Car on ne comprend pas comment doivent naître *des représentations réelles* à partir d'une opposition *uniquement idéale*.

La proposition « Le Moi s'oppose purement et simplement le Non-Moi » est du point de vue théorique *totalement fausse*. L'idéalisme de la philosophie théorique est complètement *anti-dualiste*, il affirme l'identité absolue de l'objet et du sujet dans la représentation; si l'on demande à l'idéaliste ce qu'*est* l'objet, il répond : *moi-même* dans mon produire fini. Il est également faux, considéré du *point de vue théorique*, que le Moi

s'oppose *purement et simplement* le Non-Moi; une *affection* du Moi est bien plutôt présupposée dans la philosophie théorique en tant que *condition* de l'objet. Toutefois la représentation ne se laisse pas expliquer à partir de
140 la *simple affection*, | cela relève d'une union *originaire* d'*activité* et de *passivité*, c'est-à-dire d'une nature *s'*affectant *soi-même*, *se* déterminant *soi-même*.

Ce n'est pas l'homme dont le traité a fourni l'occasion de toutes ces remarques qui est visé ici, mais d'*autres* hommes pour qui l'autorité en général, et notamment *cette* autorité-là, pourrait se substituer à toutes raisons. Puisqu'on peut encore entendre tous les jours que la Doctrine de la Science ne contient pas seulement l'idéalisme le plus débridé, mais en réalité le plus insensé, celui qui supprimerait toute *nécessité* de nos représentations objectives; et puisque la présentation unilatérale de ce système (à savoir quand il n'est présenté que du point de vue pratique), et puisque des propositions comme *celle-ci:* «le Moi s'oppose *purement et simplement* le Non-Moi», comprises *théoriquement*, éveillent sans doute l'idée d'un *tel* idéalisme chez les ignorants, il n'est pas alors inutile de mettre au jour cette unilatéralité, non pour protéger la Doctrine de la Science contre de *telles* explications (cela elle le fait elle-même de la meilleure manière qui soit), mais seulement pour s'épargner à soi-même et à d'autres qui pensent de la même manière les *nausées* que l'on ressent malgré soi quand on tombe par hasard sur de tels jugements dans un journal, ou quand on entend répéter pareilles choses dans des conversations. Car il est temps du reste d'en finir avec les sempiternels retours aux rudiments de la philosophie, auxquels nous obligent les esprits bornés de l'époque, d'autant plus que le chemin que cette philosophie a encore devant soi est suffisamment long et que même les ennemis déclarés qu'elle laisse derrière elle ne comptent guère.

Ce n'est que par cette *identité originaire du théorique et du pratique en nous*[1] que les affections en nous deviennent des pensées, les pensées des affections, le réel *idéal*, l'idéal *réel*. Si nous ne faisons pas de cette identité le principe de toute notre philosophie, nous pouvons certes renvoyer le
141 novice aux actions théoriques *originaires* de l'esprit | mais sans jamais procurer à ces actions une signification autre que purement *idéale*. Nous pouvons, à la manière de la *doctrine de l'unique point de vue possible* (c'est ainsi que se nomme chez Reinhold la doctrine de M. *Beck* de Halle (1)),

1. Il me faut à ce propos renvoyer au *6e cahier* où cette affirmation est déduite à partir de principes.

prier, implorer et exhorter le lecteur ou l'auditeur à *représenter originairement*, à se transporter au *point de vue du représenter originaire* et, si cela devait être nécessaire à cette fin, à se transporter même *sur une autre planète* où nous ne rencontrons que des objets nouveaux pour lesquels nous n'avons encore aucun concept (2); – nous pouvons répéter tout cela à l'infini, nous pouvons éternellement tourner en rond dans ce cercle de mots et fatiguer par là toutes les oreilles, sans être *certain* que qui que ce soit nous comprenne; car s'il se trouve jamais quelqu'un qui associe un sens à ces mots, cela ne tient qu'au fait qu'il sait déjà par avance ce que nous voulons dire. Que ce *représenter originaire* – ce *construire originaire – soit* non pas simplement *idéal*, mais *réel* et *originairement-nécessaire*, je ne peux le rendre compréhensible à personne sans l'ouvrir au principe interne de tout représenter et de tout construire. Mais ce principe interne n'est rien d'autre que l'*agir originaire* de l'*esprit sur lui-même*, l'*autonomie originaire* qui, envisagée du point de vue *théorique*, est un *représenter* ou, ce qui revient au même, un *construire de choses finies*, et, envisagée du point de vue pratique, un *vouloir*.

Or cet autodéterminer originaire de l'esprit, je peux l'exprimer en vérité dans une *proposition fondamentale*. Mais cette proposition fondamentale, pour celui *avec qui je parle*, est nécessairement un *postulat*, c'est-à-dire que je dois exiger de lui qu'il fasse abstraction aussitôt de toute matière du *représenter* et du *vouloir* pour *s'intuitionner* dans son *agir* ABSOLU *sur lui-même*. Je suis *en droit* de formuler cette exigence parce qu'elle n'est pas une exigence *purement théorique;* celui qui ne peut la remplir *devrait* au moins en être capable : car la *loi morale* exige de lui un mode d'action pour lequel (comme c'est aussi le cas chez la plupart des hommes) il ne dispose absolument d'aucun sens | sans devenir conscient de 142
sa *spiritualité originaire;* la loi morale lui présente un *état absolu*, auquel il doit parvenir, comme une *Idée* qu'il ne pourrait nullement comprendre s'il n'avait pas intuitionné (pour m'exprimer dans la langue de Platon) dans le monde intelligible (c'est-à-dire en soi-même en tant qu'être spirituel) son archétype.

Au contraire, une exigence purement théorique, par exemple celle de se transporter au point de vue du représenter originaire, voire, dans ce but, sur une planète étrangère, n'implique par soi absolument aucune *nécessité;* car celui qui en *perçoit* la *nécessité* a rempli cette exigence (représenter originairement) depuis longtemps déjà et par lui-même; là où donc elle est comprise, elle arrive trop *tard*, et là où elle arrive à point nommé, elle n'est *pas comprise*[1], car même si l'on admet que quelqu'un serait d'assez bonne volonté pour vouloir entreprendre, en se faisant violence, cette opération de l'esprit, il ne saurait pourtant pas comment s'y prendre et, au terme d'une tentative réussie, il serait probablement encore plus ignorant de ce qu'il est qu'auparavant.

143 | La question est la suivante : le représenter originaire est quelque chose qui, s'il doit être compris, doit nécessairement être lui-même encore déduit. Des affirmations comme celle-ci : – « il ne s'agit pas en l'occurrence de l'*explication* de ce que signifie un *objet*, de ce que signifie *originaire* et de ce que signifie se *représenter*; – la question de savoir ce que signifie se représenter originairement ne mérite pas la moindre réponse, la réponse adéquate est le représenter originaire lui-même » – des affirmations de cette sorte seraient tout à fait recevables si le postulat avait en lui-même une évidence mathématique.

La doctrine du point de vue répond sans aucun doute que celui qui ne comprend pas *a priori* ma supposition, ou qui ne perçoit pas qu'elle est la condition première de tout philosopher, celui pour qui elle n'est absolument pas faite et qui explique tout cela, explique par là même qu'il n'est pas et ne peut être un philosophe. Cette sévérité à l'égard de l'*ignavum pecus* (1) est juste et équitable, et la pierre de touche empirique de la vraie philosophie est sans aucun doute celle qui consiste en ce *qu'elle est absolument incompréhensible à tous les hommes dépourvus d'esprit, aussi nombreux soient-ils*. Mais alors la doctrine du point de vue ne devrait pas pour le moins se targuer de « pouvoir montrer à tout un chacun que, si son mode de représentation ne s'accorde pas avec le sien, il n'y connaît certainement rien du tout en matière de philosophie, quoiqu'il ait beau se

1. On peut en voir la preuve la plus évidente dans le destin qu'a eu la philosophie de M. Beck jusqu'à aujourd'hui. Quel plaisir il y avait à voir des gens, qui n'avaient pas même compris de la *Critique de la raison pure* ses premières phrases, s'empresser, après la parution de la *Doctrine du point de vue*, d'assurer que, il y a longtemps déjà, c'était *bien ainsi* et *non pas autrement* qu'ils avaient compris Kant. – Mais vous vous êtes abusés vous-mêmes, imbéciles ! Tout votre être se débat contre un tel système, et votre respect involontaire pour le nom de Kant est beaucoup trop aveugle pour que vous puissiez même encore aujourd'hui le croire capable d'un tel système qui résonne et doit résonner à vos oreilles comme une pure absurdité. On le constate à partir des *modestes objections* avec lesquelles vous avez redonné de l'air à votre cœur oppressé. – L'un d'entre vous, qui par ailleurs cherche à dissimuler son ignorance sous un sourire affecté, demanda (c'était la première fois qu'il exprimait honnêtement ce qu'il avait sur le cœur) avec grande crainte à M. Beck : si un éclair s'abattait depuis les cieux sur M. *Beck* et (que Dieu l'en garde !) le foudroyait – est-ce que *cela appartiendrait aussi à son représenter originaire !!*

donner le nom de philosophe dogmatique, sceptique ou critique ». – Il n'y a qu'une sorte de postulats qui possèdent une force *contraignante*, ceux de la *mathématique;* parce qu'ils peuvent être présentés en même temps dans l'intuition externe. Mais des postulats théoriques en *philosophie* (puisqu'ils exigent une construction compréhensible seulement pour le sens interne) ne peuvent recevoir leur force contraignante que d'une parenté avec des exigences *morales*, parce que celles-ci sont catégoriques, et donc même *contraignantes nécessairement*[1]. Or on ne peut absolument pas déceler une parenté de cette sorte dans ce postulat : représenter originairement. Ce n'est donc pas même un *postulat*, car il ne contient rien de ce que l'on peut exiger universellement. Le représenter originaire n'est pas *de manière générale* un *postulat* mais une *tâche* de la philosophie.

| Un postulat qui pourrait être placé comme tel au sommet de la philo- 144
sophie ne devrait pas être simplement théorique, il devrait avoir en même temps un versant pratique, il devrait être *théorique et pratique à la fois*. Cela résulte déjà de ce qui précède. Mais cela a encore un intérêt particulier en ce qu'aucun postulat purement théorique n'est principe de la philosophie.

En effet, la philosophie n'est pas *elle-même* une science que l'on peut, comme toute autre, *apprendre*, mais elle est l'*esprit scientifique* que l'on doit apporter avec soi lorsqu'on apprend si l'apprentissage ne doit pas déchoir en un savoir purement *historique*. La philosophie n'est par conséquent pas seulement un *instrument*, mais en même temps une *œuvre* de la culture et de l'éducation. Elle doit avoir quelque chose *qui la distingue* des autres sciences. Cette chose qui la distingue consiste en ce que la liberté et l'auto-activité ont en elle une part beaucoup plus grande que dans toutes les autres sciences. La philosophie d'un homme doit être en même temps l'étalon de sa culture, et, inversement, elle doit même faire en sorte à nouveau de l'éduquer. Si, dès lors, la philosophie est une science qui, pour comprendre, exige un certain degré de liberté d'esprit, alors elle ne peut être l'*affaire de tout un chacun*, c'est-à-dire qu'elle ne peut partir d'un postulat valant théoriquement-universellement et *a priori*. Elle doit déjà contenir en son premier postulat quelque chose qui exclut d'elle pour toujours certains hommes. Elle doit être, déjà en ses premiers principes, *intolérante*. Elle ne doit pas seulement repousser les esprits fainéants qui cherchent à dissimuler la pauvreté de leur esprit sous un jargon de mots scolaires appris par cœur, elle doit aussi travailler à *clore* l'affaire dès que

1. Je renvoie là-dessus le lecteur à l'*Appendice* joint à ce traité.

possible afin qu'à l'avenir tous les esprits qui en sont capables s'attèlent aux sciences qui interviennent plus immédiatement encore dans la vie. Elle doit chercher par conséquent à passer *elle-même* dans la vie (par l'éducation et la formation) et faire en sorte qu'elle n'ait plus besoin à l'avenir d'être *enseignée* et *apprise*. Elle doit donc partir d'un principe qui, bien qu'il ne *soit* pas universellement valable, *devrait* pourtant l'être. Afin qu'elle ait de l'emprise, même sur des hommes sans esprit, elle doit avoir déjà dans ses premiers principes un intérêt *pratique* (*sacri quid* (1)).
145 Elle doit | commencer avec un postulat qui ne fait qu'un avec les exigences, valant universellement sur le plan pratique, d'être conscient de soi-même en tant qu'être *spirituel*, d'anéantir en soi tout *empirisme* en tant que *principe*, ou plutôt, avec un postulat qui contient le fondement premier pour toutes ces exigences.

Il en fut ainsi depuis les temps anciens de telle sorte que le feu sacré de la philosophie fut gardé par des mains pures. Dans les États les plus sublimes du monde ancien, les premiers fondateurs, c'est-à-dire les premiers sages de cette époque, avaient cherché par des mystères à cacher la vérité aux profanes, c'est-à-dire à ceux qui en étaient indignes. À mesure que la culture progressa plus avant au cours du temps et lorsque des esprits singuliers s'extirpèrent au-delà des limites de ces institutions originaires, ils érigèrent des écoles philosophiques, non pas pour faire de la philosophie un objet de mémoire, mais pour *éduquer*, par elle, la jeunesse. Même dans ces écoles a dominé longtemps encore la distinction entre philosophie ésotérique et philosophie exotérique. À la même époque, lorsque, du fait des Sophistes en Grèce, la philosophie dégénéra en une profession et en une entreprise lucrative, l'État chuta aussi de sa hauteur passée, et la philosophie s'éteignit dans l'art misérable de persuader et de tromper par des raisons apparentes.

Quand bien même la philosophie n'aurait pas un tel intérêt par rapport à l'humanité et serait simplement *une occupation intellectuelle* (qui doit pourtant bien être d'une nature spécifique, puisque les hommes, après tant de tentatives manquées, recommencent toujours depuis le début à philosopher), l'intérêt *scientifique* exige cependant que le principe de la philosophie ne soit pas un principe purement-théorique.

Car 1) les actions *théoriques* de l'esprit humain lui-même n'obtiennent de signification *réelle* que par opposition aux actions *pratiques*. Que les actions originaires de l'esprit soient *nécessaires*, nous n'en prenons conscience que dans l'opposition avec l'arbitre des actions libres. Mais que pour cette raison l'esprit dans son représenter ne soit pas purement *passif* et ne puisse l'être, nous n'en prenons à nouveau conscience pas autrement

que du fait qu'il *pense* cette passivité, c'est-à-dire qu'il s'*élève* au-dessus d'elle, ou, en d'autres termes, qu'il *agit librement*. Mais dès lors le problème de la philosophie théorique est précisément celui d'unir, dans l'explication de la représentation, la nécessité et la liberté, la contrainte et l'auto-activité, | la passivité et l'activité; car dans la mesure où l'on sacrifie 146
le pâtir à l'activité ou l'activité au pâtir, dans le premier cas nous tombons dans un idéalisme dogmatique, dans le second cas dans un réalisme dogmatique (ou empirisme), deux systèmes tous deux également faux. Ainsi, si nous partons, par exemple comme la *doctrine de l'unique point de vue possible*, d'un *acte* purement théorique, il nous sera impossible d'expliquer le sentiment de nécessité qui accompagne toutes les représentations objectives, et quand bien même aurions-nous beau protester là-contre, ces actions originaires se dissoudront pourtant en actions purement *idéales*. La doctrine du point de vue a beau rappeler constamment qu'« il n'est pas question dans cette doctrine d'une *représentation* originaire, car la représentation *pré*suppose déjà l'objet que par elle nous (non pas engendrons, mais, après qu'il a déjà été engendré) *pensons; mais* il s'agit du *représenter originaire* lui-même comme d'un *acte* par lequel nous produisons d'abord l'objet lui-même » – tous ces rappels sont infructueux, car la même doctrine du point de vue se voit bientôt, par la suite, contrainte de représenter le représenter originaire comme identique avec l'*usage de l'entendement* et d'expliquer que « le représenter originaire consiste dans les *catégories* ».

Mais tout lecteur argumentera aussitôt ainsi: l'entendement est le pouvoir des *concepts;* or les concepts ne sont nullement *originaires*, mais ce sont simplement des *abstractions d'un élément originaire;* les concepts ne sont en aucun cas des actions *nécessaires*, mais des actions purement *idéales*. Les *catégories* ne sont pas *l'agir originaire lui-même*, que tu *entends* certes *rendre représentable*, mais sans *pouvoir* le faire à l'intérieur des bornes que tu t'es fixées à toi-même; elles ne sont pas le *représenter originaire*, mais la *représentation du représenter originaire*. Tu t'embrouilles donc dans tes propres affirmations en exigeant certes au début de renoncer totalement à la pensée *discursive* lors de l'explication de l'*origine* des représentations et en te voyant pourtant contraint de faire toi-même aussitôt appel à des représentations *discursives* | et de représenter le *repré-* 147
senter originaire comme identique à *l'usage de l'entendement dans les catégories*. Certes nous comprenons bien pourquoi tu devais procéder ainsi et pour cette raison nous ne nous laisserons pas dérouter quant au vrai sens de ce que tu dis, car nous comprenons que, de ton point de vue, tu ne *peux* absolument pas rendre compréhensible le *représenter originaire* et nous

voyons que ce procédé contradictoire n'est pas ta faute mais celle de ton *point de vue*.

Sans aucun doute la doctrine du point de vue demanderait à un tel lecteur comment donc il pourrait rendre compréhensible le représenter originaire, s'il voulait l'expliquer à d'*autres*, autrement que par des *concepts* ou par des *représentations du représenter originaire*. Celui qu'on interroge répondrait qu'il renonce complètement à rendre compréhensible à qui que ce soit le représenter originaire au moyen de *concepts* et que précisément pour cela il ne croit pas pouvoir débuter par le postulat du représenter originaire, mais bien plutôt qu'il exige du novice qu'il *fasse* tout d'abord *abstraction* de *tout* représenter pour le placer dans une totale liberté à l'égard de celui-ci. Mais nous affirmons que l'esprit humain, en faisant abstraction de tout ce qui est objectif, a dans cette action en même temps une *intuition* de lui-*même*, que nous appelons *intuition intellectuelle* puisque son objet est un agir purement intellectuel. Nous affirmons en même temps que cette intuition est l'action grâce à laquelle *naît* une pure conscience de soi et que, dans cette mesure, l'esprit humain n'est pas autre chose que *cette pure conscience de soi*. Ici nous avons donc une *intuition* dont l'objet est un *agir originaire*, et il s'agit bien d'une intuition que nous n'avons pas d'abord le droit de *chercher* à *éveiller* en d'autres à l'aide de *concepts*, mais que nous sommes *autorisés* à *exiger a priori* de chacun car il s'agit d'une action sans laquelle la *loi morale*, c'est-à-dire un commandement adressé *absolument* et *inconditionnellement* à *tout homme* dans sa simple qualité humaine, lui serait parfaitement incompréhensible[1].

1. On se demande peut-être comment il se fait cependant que tant de gens assurent que cette | intuition leur est quelque chose de parfaitement inconnu, voire d'incompréhensible. – *Nous* n'avons pas à y répondre, mais c'est ceux-là même qui *demandent*, afin de ne pas *être* interrogés, qui le doivent. *À nous*, à qui cette intuition est parfaitement claire et qui n'avons conscience d'aucune exaltation mystique, *à nous*, il nous revient de *vous* demander pourquoi vous n'avez pas encore élevé cette intuition (sans laquelle vous ne pouvez en aucun cas être conscients de vous-mêmes comme d'êtres moraux et intelligents) à la conscience claire et limpide. Car cette action (qui se trouve *originairement* en dehors de toute conscience), *une fois élevée à la conscience*, engendre ce que nous appelons la PURE *conscience de soi*. Mais que la pure conscience de soi ne naisse en personne d'elle-même ou par une illumination venue d'en haut, que bien plutôt le degré de pureté de cette conscience de soi doive être *parallèle* au degré de notre culture morale et intellectuelle (qui est pourtant bien *notre propre œuvre*), vous devez autant l'admettre que vous devez admettre que, *sans* cette conscience de soi, vous n'êtes capables d'aucun agir *pur* (non empirique), donc pas même capables de la *pensée* transcendantale, dont vous devez ou voulez pourtant être capables. – Aussi est-ce jusqu'à présent en vain que j'ai cherché une explication de la *conscience de soi* chez *Kant* et tous ses successeurs. Pourtant, toute sa philosophie est sans consistance tant qu'il ne nous

| Mais, s'il s'agit alors d'exposer réellement le représenter originaire 148
dans des concepts et de décomposer l'usage originaire de l'entendement, nous aurons toujours encore un grand avantage sur celui qui part du représenter originaire comme d'un postulat, puisque dans notre première proposition fondamentale est déjà exprimé le principe intérieur de tout représenter. « L'*unité objectivement-synthétique de la conscience*, dit M. *Beck*, est le plus haut sommet de *tout usage de l'entendement* ». Mais cette unité objectivement-synthétique de la conscience est là comme tombée du ciel et M. *Reinhold* a tout à fait raison de dire que « c'est une illusion qui est très habituelle aux *commentateurs* de la philosophie critique, mais dont on ne pourrait guère présenter d'exemple plus frappant que celui que M. Beck fournit avec son exposition des catégories. Ils se figurent que leurs lecteurs, qui doivent pourtant n'être initiés que par eux au sens de la Critique,
| pourraient et devraient trouver les expressions qu'ils ont *empruntées* à la 149
Critique : *unité synthétique*, *unité objective*, *catégories*, etc., sans connaître la Critique, aussi compréhensibles qu'à eux-mêmes, à qui pourtant ces expressions ne sont devenues familières que grâce à la Critique et grâce à l'*usage* qu'ils en ont fait dans leurs propres méditations »[1].

En tout cas, la doctrine du point de vue exige beaucoup trop quand elle contraint son lecteur à penser comme *originaire* une faculté idéale, secondaire et dérivée, à savoir *l'entendement*. Certes nous savons très bien que l'entendement n'est pas autre chose que la faculté des concepts et qu'à leur tour les concepts ne sont pas autre chose que des *abstractions* de notre *mode d'intuition* originaire, que donc les décompositions de l'entendement pur, que l'on appelle catégories, n'expriment vraiment rien d'autre que le mode d'action originaire et nécessaire de l'esprit dans l'intuition ou, puisque l'*objet* ne diffère nullement de ce mode d'action, la *synthèse* originaire par laquelle d'abord tout objet *naît* et *devient*.

fournit pas le *medium* grâce auquel le *spirituel* en nous (la raison pure, ainsi qu'il s'exprime) s'adresse au *sensible* (à l'*empirique*), et, si toute notre essence ne doit finalement pas être dissoute en vains concepts, il doit en fin de compte en arriver à une *intuition purement intellectuelle* et supérieure à toute représentation et à toute abstraction.

1. M. Beck a dû au moins *y* avoir fortement recours et, à en juger d'après la pauvreté de son langage, cet usage est chez lui devenu *courant* au sens propre du terme. Qui a eu la patience de le suivre, serait-ce seulement des yeux, dans tous les lieux où il faisait étalage de sa philosophie, qu'il disait *la seule possible*, se rappellera la répétition fatigante et continuelle de ces expressions, qu'il n'a jamais su expliquer et avec lesquelles il a cru pouvoir faire taire à jamais, comme avec des formules magiques, toute autre philosophie.

Mais si l'objet n'est originairement rien d'autre qu'un mode d'action déterminé (une construction) de notre esprit, nous devons pourtant nous *opposer* ce mode d'action puisque sans cela jamais la représentation d'un *objet* ne naîtrait en nous (la doctrine du point de vue elle-même affirme qu'il n'y a aucun représenter originaire d'un *objet*, mais simplement un *représenter originaire* puisque, lorsque nous avons une représentation d'un *objet*, celle-ci est chaque fois déjà un *concept*). Cela nous ne le pouvons pas sans *faire abstraction* de ce mode d'action *déterminé*. C'est l'affaire de l'*entendement* et, alors qu'il la mène à bien, naît en lui le *concept*, c'est-à-dire la représentation universelle du mode d'action de l'esprit en général. Tandis qu'il oppose cette représentation universelle de la manière de procéder de l'esprit dans l'intuition *en général* à la manière de procéder *déterminée* dans l'intuition *présente*, le *concept*, dans sa
150 conscience, se sépare de l'*objet*, | bien que les deux soient *originairement* une seule et même chose. Du point de vue de la *conscience*, l'*entendement* et la *sensibilité* sont donc deux *facultés* totalement *différentes* et l'*intuition* et le *concept* deux *actions totalement différentes*. Or nous savons bien qu'*originairement*, c'est-à-dire *au-delà* de la conscience, on ne peut absolument pas les distinguer, car ce n'est que par cette distinction que naît la conscience même. Mais la doctrine du point de vue n'a nullement le droit de renvoyer à une action qui se trouve *au-delà* de la conscience ; elle peut certes *postuler* que nous *formons originairement des représentations* : mais cela ne signifie ni plus ni moins qu'exiger que l'on *forme avec conscience des représentations au-delà de la conscience*, ce qui est absurde. C'est pourquoi il ne lui reste plus qu'à exiger que nous nous *représentions le représenter originaire*, c'est-à-dire que nous nous formions un concept du représenter originaire. Tout le système, mort et inanimé, comme il l'est réellement, ne tient donc finalement qu'à un *concept*, dont cette philosophie ne sait absolument pas rendre concevable la possibilité.

Nous devons donc également approuver pleinement M. *Reinhold* quand il rappelle, contre la doctrine du point de vue, qu'elle fait entièrement disparaître l'ensemble de l'esthétique transcendantale et la différence si souvent recommandée par Kant entre la sensibilité transcendantale et l'entendement transcendantal, qu'en outre elle s'efforce en vain d'expliquer le réel, c'est-à-dire la sensation dans nos représentations, parce qu'elle ne sait en effet rendre représentable aucune autre action que les actions idéales, et doit affirmer en toute clarté que la sensation est une action de l'*entendement* originaire, ce à quoi on peut sans doute attribuer un sens, mais non sans interpréter les mots *entendement*, etc. à l'encontre de tout usage de la langue (1)[1].

| Nous savons très bien que toutes les choses, même les actions origi- 151
naires de l'esprit, apparaissent, lorsque nous y *réfléchissons* du point de vue de la conscience, comme purement *idéales*. Mais il nous faut également *en* indiquer à nouveau le fondement, d'autant plus que l'idéal ne peut absolument pas être pensé si ce n'est en opposition au réel. Cependant idéal et réel (représentation et objet, concept et intuition) ne se séparent eux-mêmes que dans la conscience; ainsi, au-delà de la conscience, ne doit dès lors exister absolument aucune distinction entre l'agir idéal et l'agir réel.

C'est aussi ce que pense la doctrine du point de vue lorsqu'elle dit par exemple qu'indiquer, comme signe de la distinction entre ce qui doit s'appeler *a priori* et ce qui doit s'appeler *a posteriori*, la *sensation*, et nommer ce concept *a priori* celui qui est *libre* vis-à-vis de la sensation, mais tenir pour un concept empirique celui qui est lié à la sensation, cela *n'a absolument aucun sens*. Mais cette doctrine peut seulement *postuler* qu'il n'existe originairement aucune distinction entre ce qui est *a priori* et ce qui est *a posteriori*, entre ce qui est idéal et ce qui est réel, et que le sens de son postulat, qui est de se transporter dans le représenter originaire, n'est en effet rien d'autre que de se représenter l'agir *originaire* de l'esprit dans lequel n'existe, entre ce qui est *a priori* et ce qui est *a posteriori*, absolument aucune distinction, ou autrement dit, dans lequel l'idéal n'est encore nullement distingué du réel (le conçu de l'intuitionné). Mais elle ne peut aussi rien *postuler* d'autre que la représentation d'un tel agir originaire; que la présupposition d'un tel agir originaire soit *nécessaire*, et pour quelle raison elle l'est, cette doctrine est incapable de le prouver.

Or ce construire originaire n'est absolument rien d'autre qu'une *synthèse*, et la doctrine du point de vue se *vante* de ce privilège (à savoir qu'elle ne va absolument pas au-delà de la synthèse originaire); mais qu'on ne *peut* pas aller au-delà, *lorsqu'il est question de l'établissement de principes philosophiques* (car que nous n'en sortions jamais dans la réalité effective, dans le représenter même, nous le savons tous très bien), voire

1. M. *Beck* peut bien exterminer la *chose en soi*, il ne sait rien mettre d'autre à sa place. Toutefois on ne doit pas être contraint de renoncer à la réalité de nos représentations malgré l'absence d'un fondement *suprasensible*, car pourquoi Kant aurait-il sinon utilisé une expression si insensée aux yeux de son commentateur pour désigner ce fondement? – M. Beck peut certes *démontrer* le caractère absurde de la chose en soi, mais il ne peut *expliquer* comment un homme raisonnable pouvait pourtant y attacher un sens.

qu'il est *insensé* de vouloir aller au-delà, elle l'affirme certes, mais ne l'a nullement prouvé.

Elle se protège en revanche, suivant l'inertie de sa nature, avec le large bouclier de l'*autorité*, sous couvert de laquelle, hélas, elle a fait, depuis
152 bientôt dix ans, | un usage abusif du nom du grand philosophe, sur les *conseils* duquel (quelle idée !) cette doctrine est censée avoir vu le jour.

Or il ne reste ici aucun autre moyen que d'opposer l'autorité à l'autorité; celui qui attaque avec des armes non-philosophiques ne peut se plaindre d'être frappé avec des armes du même acabit.

Le théoricien du point de vue semble à dire vrai s'être peu soucié du fondement de la *trichotomie* dans toutes les divisions de la philosophie transcendantale. Mais Kant en a tenu compte. « Si, dit-il (*Critique de la faculté de juger*, Introduction, p. LVII (1)), une division doit être *synthétique*, et si elle doit être menée à partir de concepts *a priori*, il *faut*, d'après ce qu'*exige en général l'unité synthétique*, à savoir 1) une condition, 2) un conditionné, 3) le concept qui résulte de l'union du conditionné avec sa condition, que la division soit *nécessairement* une trichotomie ». Or une unité synthétique est pourtant bien exprimée dans la synthèse originaire. Elle présupposera donc pour être possible une *condition* et un *conditionné*. Cela est rendu intuitionnable par l'esquisse de la forme originaire de l'entendement (la table des catégories). Puisque, en effet, la troisième catégorie de chaque classe procède, comme Kant le remarque lui-même, à chaque fois de l'union des deux premières.

Or ce qui suit est évident : une condition n'est absolument pas représentable réellement sans un conditionné, et inversement, un conditionné sans une condition, c'est-à-dire que l'un et l'autre ne sont représentables que *dans un tiers* qui procède de leur *union*. Ainsi, parmi les catégories de la *qualité*, ni la réalité ni la négation ne sont représentables *absolument*. [Si nous pensons l'espace comme uniquement rempli par une force *répulsive* (sans force s'y opposant), la matière serait alors infiniment étendue (rien qu'un pore), c'est-à-dire que l'espace serait *vide*. Si, à l'inverse, nous pensons la force attractive comme absolue, toute la matière serait alors rassemblée en un point (mathématique) (absolument dense), c'est-à-dire que dans ce cas aussi l'espace serait *vide*.] Il est donc manifeste que non seulement la réalité mais encore la négation, les deux pensées *absolument*, nous conduisent au *néant*. Les deux ne sont *représentables*
153 que dans leur union, | c'est-à-dire que nous ne pouvons les séparer sans les unir, ni les unir sans les séparer.

Mais pourquoi Kant a-t-il néanmoins choisi *cet* ordre des catégories? Pourquoi n'est-il pas parti, dans son esquisse des catégories, de la *troisième* catégorie de chaque classe? Et pourquoi a-t-il par exemple placé les catégories de la réalité et de la négation avant la troisième, grâce à laquelle pourtant elles obtiennent seulement une signification? La réponse est: parce que cette troisième catégorie n'est placée *là* nullement comme une *forme vide a priori*, ou n'est pas du tout *innée*, mais parce que ce n'est que de *manière active* qu'elle *est engendrée*, par un *faire* dans lequel, pour cette raison, réalité et négation doivent être originairement et absolument unies. Kant fait *naître* sous nos yeux cette troisième catégorie (la synthèse). Cela, M. Beck ne le fait pas, mais il pose *purement et simplement* sa synthèse originaire, et procède dans cette mesure exactement comme les philosophes avec les concepts *innés*. En effet, que dans tout notre *représenter* (ou construire) *originaire* soient unis des opposés absolus, nous ne pouvons nous l'expliquer – parce que le *représenter*, le *construire*, etc., indiquent un *agir*, un *faire* –, autrement que par une *dualité* ORIGINAIRE *dans notre faire et notre agir*. Que la condition ne soit pas représentable sans le conditionné, le conditionné sans la condition, mais que *les deux* ensemble ne soient toujours représentables que dans un tiers, nous ne pouvons nous l'expliquer – parce que ce *tiers* est toujours un construire actif –, autrement que par une *union originaire du conditionner et de l'être-conditionné dans le mode d'action d'un être représentant.*

Mais cette dualité dans notre faire et notre agir, cette union nécessaire d'opposés dans notre construire, nous ne pouvons absolument pas nous les représenter comme *originaires*, comme pourtant il le faut nécessairement d'après ce qui précède, sans présupposer qu'*en nous* originairement le *conditionnant* et le *conditionné*, le *déterminant* et le *déterminé*, celui qui *agit* et celui qui *pâtit* soient ABSOLUMENT-IDENTIQUES, ou, en d'autres termes, qu'il doit nous être impossible, en vertu de la nature de notre esprit, d'*agir* sans être en même temps l'*objet* de l'agir, ou, inversement, de *pâtir* sans être en même temps le *sujet* de l'agir.

Cette identité originaire du pur et de l'empirique en nous est, à proprement parler, le principe de tout *idéalisme transcendantal*. | Ce n'est **154**
qu'à partir de ce principe que s'explique la raison pour laquelle il ne se trouve en nous *originairement* nulle distinction entre le réel et l'idéal, entre ce qui est *senti* et ce qui est *agi*, entre ce que nous appelons (à partir du point de vue de la conscience) *a priori* et ce que nous appelons *a posteriori*, enfin entre la sensibilité transcendantale et l'entendement transcendantal, entre l'intuition et le concept.

Cette dualité originaire dans tout notre faire et tout notre agir est donc un principe *supérieur* duquel seulement procède la synthèse *originaire* (dans laquelle il ne doit y avoir aucune distinction entre l'intuition et le concept, la sensibilité et l'entendement), précisément à la manière dont la troisième catégorie de chaque classe procède, dans l'usage de l'entendement, des deux premières.

Du même coup s'éclaire le fait que le *représenter* originaire ne peut absolument pas être principe de la philosophie *dans son ensemble*, puisqu'il n'est lui-même qu'*un mode*, qu'une modification de cet *agir originaire*, dans lequel l'*agissant* et l'*objet* de l'agir sont une seule et même chose.

Car si à présent 2) nous considérons le *pratique*, alors un principe *purement théorique*, identique au représenter originaire, laisse la philosophie pratique totalement sans fondement ; une philosophie ainsi fondée, ou plutôt non-fondée, se voit contrainte, comme *Reinhold* le remarque, d'admettre l'objet de la philosophie *pratique*, qui ne peut pas être créé à partir de ce principe fondamental, comme *donné* – Dieu seul sait *d'où* (1).

Car, dans la mesure où la *synthèse* est ce qu'il y a *de plus haut* dans l'esprit humain[1], on ne comprend pas alors comment il peut jamais sortir de cette synthèse, c'est-à-dire comment il peut jamais abandonner la connexion nécessaire de ses représentations et le mécanisme de sa pensée. Mais si cette synthèse elle-même n'est rien d'autre que le produit d'un agir
155 originaire | de notre esprit *sur lui-même*, nous ne pouvons pas alors nous expliquer également l'aspect théorique en nous sans présupposer comme *premier principe de toute* la philosophie que l'esprit de l'homme est *absolument libre*. Et que cet esprit soit conscient de ses *représentations*, de son *être-limité* par elles, qu'il fasse de ces représentations mêmes à nouveau son objet, comme il le fait en philosophie, cela ne peut absolument pas être compris sans présupposer que l'esprit *ne cesse jamais* d'être *son propre* objet, c'est-à-dire qu'il est à l'infini *absolument libre*[2], et qu'il peut passer de l'état du représenter à l'état de l'*agir libre*.

1. Kant fait *naître* toute synthèse par union d'éléments opposés. Son prétendu interprète *postule* la synthèse comme quelque chose dont il ne sait rendre compte plus avant ; Kant l'établit *synthétiquement*, son exégète *analytiquement*.

2. Si nous ne pouvons pas sortir de la synthèse originaire, nous ne pouvons alors jamais connaître l'*expérience* que comme un *produit*, nous ne pouvons en aucun cas parler de l'expérience comme d'un *acte*, bref la philosophie ne possède rien qui précèderait la conscience commune.

Mais l'esprit ne peut abandonner l'état du représenter par sa propre activité sans supprimer en même temps pour soi par cette action toute *matière* du représenter. Mais parce qu'il est impossible que l'esprit agisse sans une matière de l'agir, cette action devient par elle-même le *vouloir*, c'est-à-dire la *détermination par sa propre activité* de la matière de son agir.

Or le caractère de la nature spirituelle est précisément qu'à travers son agir *pur* et *libre* est déterminée en même temps la matière de son agir, ou *que le pur détermine en elle immédiatement l'empirique*. – Que dans l'agir théorique de l'esprit (dans le représenter) naît pour lui, par l'agir, en même temps la matière de l'agir, l'objet, que par conséquent l'empirique est déterminé en lui par le transcendantal, nous venons précisément de le prouver.

Or l'esprit doit, dans le *vouloir*, être *immédiatement* conscient *de soi-même*, c'est-à-dire de son activité absolue. – Mais il ne peut être conscient de son activité absolue sans qu'elle lui devienne *objet*. Ainsi l'objet de son vouloir, ce doit être *lui-même* dans son *activité pure*, il doit *se* vouloir *lui-même*; mais il *est lui-même* seulement dans la mesure où le | pur devient en 156
lui empirique. La *matière* de son vouloir doit donc être immédiatement déterminée par la *forme*; en d'autres termes, la forme de son vouloir doit devenir la matière de son agir, l'empirique en lui doit être déterminé par le pur, et *dans cette mesure* il ne doit y avoir en lui AUCUNE dualité (morale). Il s'agit là du véritable sens de l'impératif catégorique, ou de la loi morale.

Mais la *matière* de la loi morale, comme nous l'avons précisément montré, est le *pur* en nous. L'esprit n'est cependant pas conscient de son *pur faire*, si ce n'est *par* le *vouloir* (dans lequel il *supprime* toute *matière* de l'agir dans la mesure où elle lui est DONNÉE, pour la *déterminer par sa propre activité*). Il ne prend donc pas non plus conscience de la *matière de la loi morale*, ou *de ce qui* est exigé par elle, autrement que par le *vouloir*, et dans cette mesure la *source de la loi morale*, c'est *la volonté*.

La *forme* de tout vouloir consiste en ceci que la matière de la volonté est déterminée par un agir absolu, c'est-à-dire que le vouloir ne peut être expliqué à l'infini que par le vouloir et à partir du vouloir. Le vouloir, considéré selon la simple forme, s'appelle le *vouloir pur*. Mais l'empirique doit être déterminé par le pur. La loi morale exige donc comme objet du vouloir la *volonté pure* elle-même.

Mais l'objet du vouloir doit toujours n'être explicable qu'à partir du vouloir. Si je ne veux donc rien d'autre que le bien absolu, c'est-à-dire la volonté pure elle-même, celle-ci doit alors, EN TANT QUE *matière* de ma volonté, toujours n'être explicable qu'*à partir* d'un vouloir, c'est-à-dire à partir d'une action *positive* par laquelle elle est devenue l'objet de la volonté.

Mais de cette action positive, je dois devenir *conscient*, car c'est la *conscience de soi* que nous cherchons. Mais d'un *positif*, nous ne devenons jamais conscients autrement que par un positif qui lui est opposé (qui dans cette mesure est le *négatif* du premier). On présuppose que cette proposition a été prouvée dans la philosophie théorique[1].

Nous ne pouvons donc pas non plus devenir *conscients* d'une action
157 dans laquelle la matière du vouloir est déterminée par la volonté pure | sans que l'action opposée, dans laquelle, à l'inverse, la volonté est déterminée par la matière (la volonté *pure* étant donc entièrement *supprimée*), soit opposée *positivement* et *réellement*, c'est-à-dire que nous ne pouvons pas nous représenter une action positivement morale sans lui opposer une action positivement non-morale.

Cette opposition doit être *réelle*, c'est-à-dire que les deux actions doivent se présenter dans la conscience comme également POSSIBLES. Que l'une ou l'autre soit *exclue*, cela doit être expliqué à partir d'une action positive de la volonté.

Or cette conscience d'actions réellement opposées, c'est-à-dire d'actions *également possibles* est ce qui fait de la volonté l'*arbitre*[2], et nous nous voyons ainsi en mesure, grâce à notre philosophie, d'aplanir le conflit, qui réside, semble-t-il, dans les affirmations de deux célèbres philosophes touchant à cet objet.

1) *Kant* affirme, dans la *Critique de la raison pratique*, que la volonté et la *raison* pratique, c'est-à-dire législatrice, sont une seule et même chose (1). Il répète à nouveau cette affirmation dans sa doctrine philosophique du droit. *Reinhold* affirme que « la moralité et l'imputabilité des actions ne se laissent penser que selon la présupposition d'une *liberté de la volonté* distincte autant de l'autonomie de la *raison* que de l'effort du *désir* » (2).

Voilà ce qu'il en est : originairement la *raison* désigne simplement la faculté des *Idées* et a dans cette mesure une signification purement *théorique*. La *raison pratique* serait par conséquent quelque chose qui se contredit immédiatement soi-même. – Mais il n'y aurait en nous aucune

1. L'écrit de *Kant*, *Essai pour introduire le concept de grandeurs négatives en philosophie*, contient, au sujet de cette proposition, des remarques tout à fait excellentes et tirées des profondeurs de la nature humaine.

2. L'arbitre est *nécessaire à la possibilité du représenter de notre agir libre*, et dans cette mesure il appartient seulement au *phénomène* de notre volonté, non à la *volonté même*.

faculté des *Idées* sans *liberté;* nous ne pourrions pas non plus aspirer à aller au-delà de l'effectif avec nos pensées sans être *originairement* libres. Inversement, nous ne pourrions pas devenir conscients de notre liberté et de notre aspiration à aller au-delà de l'effectivité, si nous n'étions pas en mesure, là où nous ne trouvons plus aucun objet, de nous en créer nous-mêmes. Mais l'objet de la liberté est *infini*. Cet objet n'est à réaliser que dans un progrès infini, | c'est-à-dire empiriquement, et il *doit* donc assu- **158**
rément être réalisé *empiriquement*, c'est-à-dire dans l'expérience.

Or puisque ici le *concept* de l'objet *précède* l'*objet* lui-même (alors que dans la connaissance théorique le concept naît seulement *avec* l'objet), puisque en outre, tout ce sur quoi nous *réfléchissons* comme *objet* (tant du connaître que du réaliser) doit être *fini*, l'*imagination* vient alors ici en aide à la *liberté*, et crée les Idées de ce que la liberté doit réaliser, de telle sorte pourtant que ces Idées sont susceptibles d'un élargissement infini, puisque, dès lors que l'*objet* de ces Idées serait atteint à quelque moment que ce soit, nous devrions cesser d'être absolument actifs.

Par conséquent l'*imagination au service de la raison pratique* est la *faculté des Idées*, ou ce que l'on nomme raison *théorique* (l'exaltation se distingue de la raison en ce que celle-là est une fantaisie débridée, tandis que *celle-ci* est l'imagination dans les limites des postulats moraux, celle-là engendre des *chimères*, celle-ci des *Idées*). De même que la raison théorique ne pourrait pas engendrer des Idées si une infinité ne s'ouvrait à elle par la liberté en nous, de même cette infinité ne pourrait pas devenir objet pour la liberté si elle n'était pour elle limitée continuellement à l'infini par des *Idées*, c'est-à-dire par la raison.

Ainsi la liberté présuppose en nous la raison (comme une faculté des Idées), et inversement la raison présuppose en nous la liberté.

Puisque d'après cela on peut tout aussi peu penser la liberté sans la raison que la raison sans la liberté, on peut alors appeler cette dernière (la liberté) *raison pratique : raison*, parce que des *Idées* sont pour elle un objet *immédiat;* raison *pratique*, parce que ces Idées ne sont pas des objets du connaître, mais des objets de l'*agir*. De la même manière, à l'inverse, on peut appeler *raison pratique* la raison en tant que faculté des Idées, dans la mesure où ses Idées sont objets de la réalisation par la liberté, quoique sa fonction dans ce cas ne soit que théorique*: raison*, parce que sa fonction dans l'engendrement des Idées est purement théorique; raison *pratique*, parce que ces idées sont, non pas des chimères ou des spéculations vaines, mais des objets d'un agir nécessaire.

159 | La *raison pratique* ne fait donc qu'un avec la liberté, c'est-à-dire avec la *volonté* (d'après *Kant*); c'est de la raison pratique prise en *ce* sens que *procèdent* toutes les lois, et l'autonomie originaire de la volonté est exprimée dans la loi morale. Mais la loi morale n'est en aucun cas une proposition morte qui *repose a priori* en nous, ni une proposition pouvant naître *théoriquement;* elle n'existe en nous que dans la mesure où elle EXPRIME (empiriquement) la volonté en nous. Elle devient manifeste à travers l'*acte* et l'*action;* et c'est seulement dans cette mesure que nous en avons *connaissance*; sans quoi elle repose dans votre mémoire ou se trouve noir sur blanc sur vos papiers. Mais sa *source* est la volonté. Car elle nous présente un état dont nous ne pouvons absolument pas être conscients si ce n'est *dans l'acte du vouloir même*.

Or dans la mesure où la raison théorique peut *saisir* et *énoncer avec des mots* cette loi qui provient de la volonté et qui ne devient originairement manifeste que dans l'acte et l'action, sa fonction est en effet une fonction purement théorique et analogue à celle de l'entendement lorsqu'il fait abstraction du mode d'action originaire de l'esprit dans l'intuition et le représente sous forme de concepts. De même que nous exposons le *représenter originaire* dans des concepts sans pour cela tenir ces concepts pour le représenter originaire lui-même, de même pouvons-nous saisir le devoir *originaire* (dont le fondement doit se trouver dans la volonté même) dans des concepts sans que nous confondions pour autant ce devoir *dérivé* avec le devoir *originaire*, c'est-à-dire sans que nous confondions le simple *organe* par lequel la loi nous parle avec la *source* de la loi elle-même.

L'un et l'autre (Kant et Reinhold) ont donc raison; la *volonté donne* des lois (selon Kant), lesquelles sont énoncées par la *raison* (d'après Reinhold). Mais quand le premier dit que la volonté n'est pas autre chose que la raison pratique elle-même, il est alors plus naturel d'affirmer le contraire, à savoir que la raison pratique (ce qui est législateur en nous) est la volonté même, car chacun a immédiatement conscience d'une raison pratique qui nous commande par le biais de la loi, plutôt que de la volonté originaire, dont la voix ne nous parvient que par le médium de la raison. – Quand, à l'inverse, Reinhold dit que les lois en général ne PROCÈDENT que de la *raison* et que la loi morale est l'exigence de la *simple* raison à l'égard
160 de la volonté (1), | il a fondamentalement tort, et c'est une affirmation qui enlève toute autonomie à la volonté. Car la *raison* (qui est originairement un pouvoir simplement théorique) ne devient raison *pratique* que dans la mesure où elle énonce la matière d'une volonté supérieure. En elle-même elle n'a aucune autorité et aucun pouvoir moral sur nous; ce qu'elle énonce comme loi vaut seulement dans la mesure où elle est sanctionnée par la

volonté absolue. Si d'après cela (selon Reinhold), il n'y a aucune volonté absolue (1) au nom de laquelle la raison nous parle et de laquelle à vrai dire *procèdent* toutes les lois, alors la raison, en nous donnant des lois, constitue un pouvoir purement théorique [ce que même Reinhold semble admettre quand il dit à la page 383 que les prescriptions (de la raison) sont en *soi* simplement *théoriques* (2)] ; car elle n'est pas pratique *par soi*-même, mais seulement par une autorité supérieure au nom de laquelle elle parle. Il s'agit donc d'un pouvoir *théorique* qui, au lieu d'être déterminé par la volonté, la détermine lui-même, et qui en ce sens ne laisse subsister toute autonomie en nous qu'en apparence et en paroles. Mais cela Reinhold ne le veut pas. Comment il pouvait malgré cela être conduit à l'affirmation « toutes les lois *procèdent* de la raison », cela deviendra clair d'après ce qui suit.

2) *Kant* affirme : « De la *volonté* procèdent les *lois* et de l'*arbitre* les *maximes*. Ce dernier est chez l'homme un arbitre *libre; la volonté*, qui ne s'applique à rien d'autre qu'à la loi, *ne peut être dite ni libre ni non libre*, parce qu'elle ne porte pas sur des *actions*, mais elle porte immédiatement sur la *législation* pour les maximes des actions. *Par conséquent, elle est aussi absolument nécessaire et n'est elle-même susceptible d'aucune contrainte*. [...] Toutefois la liberté de l'arbitre ne peut pas être *définie* par le *pouvoir de choisir pour ou contre la loi*, comme certains ont bien tenté de le faire, bien que l'arbitre comme *phénomène* [Phänomen] en fournisse des exemples fréquents dans l'expérience. [...] Tout ce que nous pouvons fort bien voir, c'est que, bien que l'homme, *en tant qu'être sensible,* montre *suivant l'expérience* un pouvoir de choisir non pas seulement en accord avec la loi, mais encore contre elle, ce n'est pourtant point par là que sa liberté en tant qu'*être intelligible* peut être définie. Car des *phénomènes* [*Erscheinung*] ne peuvent rendre compréhensible aucun *objet supra-sensible*, quoique de tels phénomènes constituent pourtant la liberté de l'arbitre. Et la liberté | ne peut plus jamais être posée dans le fait que le sujet **161**
rationnel peut aussi faire un choix contraire à sa raison législatrice, quoique l'expérience prouve assez souvent que cela a lieu, ce dont nous ne pouvons toutefois concevoir la possibilité » (1).

Contre cela *Reinhold* affirme que l'arbitre humain est un pouvoir *spécifique* à la volonté, et au lieu que la loi procède de la volonté, c'est la volonté qui au contraire porte *sur* la loi, mais c'est seulement alors et c'est seulement *dans cette mesure* et pour autant qu'elle l'admet (pour le dire avec Kant) dans sa maxime. La volonté ne le peut que dans la mesure où et pour autant que la loi n'est nullement *en et pour soi* sa *maxime*, *par conséquent* pour autant que cette loi *ne procède pas* d'elle. La volonté ne cesse pas d'être volonté quand elle *ne* porte *pas* sur la loi, mais c'est justement par là qu'elle s'atteste aussi comme volonté (2). « Il n'y a pas de volonté si elle ne peut être libre, c'est-à-dire si elle ne peut être tout autant *mauvaise* que *bonne* » (3).

Il y a ici, dans ces affirmations, une contradiction telle que l'on devrait à peine la tenir pour possible dans un pareil domaine. Le fondement de cette contradiction réside donc bien dans l'*objet* même. Lorsque *Kant* affirme que la volonté n'est en soi ni libre ni non libre, donc ni bonne ni mauvaise, et lorsque Reinhold dit, au contraire, que la volonté *en tant que telle* ne peut faire autrement qu'être *libre* et qu'elle n'est volonté que pour autant qu'elle peut être mauvaise ou bonne, il est pourtant manifeste qu'il s'agit ici de deux volontés entièrement différentes. La question se pose de savoir si l'*objet* même (la volonté) ne rend pas possible cette double façon de voir.

Quand A dit que la volonté en tant que telle n'est ni libre ni non libre, et quand B se réclame au contraire de la conscience commune, dans laquelle l'arbitre (c'est-à-dire la *liberté* de choisir) se présente comme un pouvoir *spécifique* à la volonté, alors celui-là parle manifestement de la volonté *pour autant qu'elle n'est absolument pas objet de la conscience*, tandis que celui-ci parle de la volonté *pour autant qu'elle se présente dans la conscience*. Celui-là s'élève au-dessus du point de vue de la conscience commune, celui-ci en reste à ce point de vue. *Le premier* possède l'avantage sur l'autre qu'il peut lui prouver par des *principes* que la volonté, dans la mesure où elle *apparaît*, c'est-à-dire où elle est considérée du point de
162 vue de la conscience, *doit* | apparaître en tant que libre arbitre, quoique ce pouvoir ne soit absolument pas pensable dans la volonté *absolue* (qui seule est législatrice) ; à *celui-ci* il ne reste d'autre recours que de s'appuyer sur le jugement de l'entendement pratique commun, que lui-même ne peut pas expliquer plus avant. Mais comment il se fait que celui-là (un si grand philosophe) affirme quelque chose qui semble contredire la conscience commune, il ne peut pas le rendre concevable, et il ne peut pas pour cette raison se rassurer en réfutant lui-même ces affirmations si absurdes à ses yeux.

L'exemple est curieux, car il montre combien il est difficile, même dans des questions qui touchent à l'intérêt le plus universel, à savoir à celui de la moralité, de juger de manière unanime, dans la mesure où l'on ne s'accorde pas sur un point de vue commun. Il ne peut cependant pas s'agir d'un point de vue subordonné, mais nécessairement du point de vue suprême.

La volonté donc, *quand elle apparaît*, doit apparaître nécessairement comme *arbitre*. B peut prouver cela et pas davantage, et cela justement A l'affirme aussi. Or tel est le caractère de l'esprit fini qu'il *s'apparaisse soi-même* à l'infini, qu'il soit son *propre objet*, qu'il *devienne pour soi-*

même empirique. Cette nécessité (de devenir son propre objet) est la seule chose qui en quelque sorte s'interpose entre *nous* et l'*infinité*. Ce qui donc se trouve *au-delà* de cette *nécessité*, nous l'avons en commun avec l'infini lui-même, cela se trouve pour nous, pour autant que nous sommes empiriques, dans l'infinité. Or *notre volonté* est un acte qui *en soi* n'est absolument rien d'*empirique*. Cela les deux, A et B, l'affirment. Notre volonté se trouve donc pour nous dans l'infinité, elle échappe à toute explication empirique. Le vouloir ne peut être expliqué à l'infini qu'à partir du vouloir.

Or la volonté *doit* pourtant devenir phénomène, puisque la tâche de la loi morale est que le *Moi* se présente à l'infini dans le monde extérieur. Toutefois cette tâche ne saurait être menée à bien sans que le Moi ne soit conscient de lui-même, et plus précisément conscient de lui-même dans le vouloir.

Mais le Moi doit devenir conscient de son vouloir comme d'un vouloir *absolu*. Cela n'est possible que *négativement*, c'est-à-dire qu'il doit être conscient de ce qu'il n'est *pas* déterminé par des impulsions sensibles. Comme il a été montré plus haut, | cela n'est pas possible sans une *oppo-* **163**
sition positive entre les impulsions sensibles et ce qu'ordonne la volonté en tant que volonté pure. C'est précisément parce que et seulement dans la mesure où cette opposition positive a lieu qu'il est possible d'être mû par la conscience même vers une *volonté absolue*. Puisque cette opposition est positive, les deux opposés devraient se supprimer, le résultat devrait donc être = 0. Or, comme pourtant s'ensuit une action dont nous sommes conscients, mais comme la raison de celle-ci ne peut être trouvée ni dans la *loi morale*, dans la mesure où cette dernière se présente dans la conscience, ni dans les *impulsions sensibles*, parce que tous deux sont posés *de la même façon* l'un par rapport à l'autre, nous ne pouvons nous expliquer plus avant la naissance d'une action du point de vue de la conscience *qu'à partir d'un choix libre* auquel nous donnons le nom d'*arbitre*. Mais c'est précisément cela qui devait être obtenu ; le problème consistait à rendre concevable (en quelque sorte à construire) la *conscience* de la liberté. Cela nous l'accomplissons par le concept de l'*arbitre* que l'on peut par conséquent à bon droit expliciter comme le *phénomène* (*Phänomen*) *de la volonté*.

Mais parce que la volonté en tant qu'arbitre n'est qu'un simple phénomène (*Erscheinung*), l'arbitre ne peut absolument pas être attribué à la volonté *dans la mesure où elle n'apparaît pas*, ou ne peut absolument pas être représenté comme une faculté spécifique de celle-ci comme le fait B, et A a tout à fait raison lorsqu'il affirme que la volonté comme telle n'est ni libre ni non-libre parce qu'elle porte purement et simplement sur la loi, qu'elle est absolument nécessaire et n'est même capable d'aucune contrainte (*Nöthigung*).

L'auteur de cet Aperçu a depuis longtemps déduit cette même affirmation de principes que M. R. lui-même professe depuis peu, et il espère par conséquent permettre d'autant plus ici de comparer son explication ancienne de cet objet avec l'explication kantienne, puisque son exposé gagnera par là sans aucun doute en clarté. « Le problème de la liberté transcendantale, ainsi s'expliquait-il autrefois, a depuis le début eu cette destinée tragique d'avoir toujours été mal compris et toujours à nouveau remis en discussion. Et même après que la *Critique de la raison pure* a jeté une telle lumière sur cette question, il semble pourtant que le véritable point du litige n'ait pas encore été déterminé de manière assez nette jusqu'ici. À proprement parler, le litige n'a jamais porté sur la possibilité de
164 la liberté *absolue*. En effet un | absolu exclut déjà, de par son *concept*, toute détermination par une causalité étrangère; la liberté *absolue* n'est rien d'autre que la détermination absolue de l'inconditionné par les seules *lois naturelles de son être* » (1). – [C'est exactement la même chose que dit Kant, à savoir que la volonté, *dans la mesure où elle n'est pas phénomène*, c'est-à-dire dans la mesure où elle n'*est* pas *transcendantale*, mais *absolument libre*, ne porte pas sur autre chose que la *loi*, et ne peut dans cette mesure être nommée *ni libre* ni *non-libre*, c'est-à-dire que la loi qui procède d'elle est pour la volonté absolue une simple *loi de la nature* par laquelle elle n'exprime absolument rien d'autre qu'*elle-même*. Kant a cependant oublié de remarquer que *dans cette mesure* même la loi de la volonté absolue n'est pas une *loi morale*. *Reinhold* demande : Kant n'aurait-il pas saisi le concept de la loi morale de manière trop *large* en lui *donnant*, avec la loi de la *raison pratique* – selon nos propres termes : avec la loi de la volonté absolue – *un domaine unique* (2)? Je réponds : sans doute, car ce que R. nomme loi de la raison pratique et que nous appelons loi de la volonté absolue ne *devient* loi morale que *dans la conscience*, dans l'opposition positive envers les impulsions sensibles, comme objet du libre choix de l'*arbitre*, c'est-à-dire de la volonté dans le phénomène[1]. La liberté absolue de la volonté peut donc être caractérisée comme] : « indépendance par rapport à toutes les lois [déjà *données*] qui ne sont pas déterminées par son *essence* elle-même, par rapport à toutes les lois qui *poseraient en lui*

1. *Dans cette mesure*, il est par la suite également vrai que la loi (en tant que loi morale) provient de la *raison;* car elle ne parvient certes à la *conscience* que par le medium de la raison, et *au-delà* de la conscience il n'y a pas de loi morale, mais une loi naturelle de la volonté.

quelque chose qui ne serait pas d'emblée posé par *son seul être, par son être-posé en général* » (3). De telles lois sont des *lois morales*. Car celles-ci *sont adressées à* une volonté pour laquelle il n'a pas déjà par avance été convenu qu'elle obéisse à ces lois. Au contraire, cette loi originaire (qui ne *devient* loi morale que *dans la conscience*) n'est pas adressée à une volonté mais *procède* d'une volonté qui *est à elle-même loi*, et qui *dans cette mesure* n'est ni *libre ni non-libre* (au sens *moral*), mais *absolument* libre.

| De là suit dès lors immédiatement ce qui avait aussi été affirmé autre- 165
fois, à savoir que l'on ne peut pas expliquer la liberté *transcendantale* par le seul absolu en nous. « Ce qui est inconcevable ce n'est pas comment un Moi absolu, mais comment un Moi *empirique*, doit posséder la liberté, non pas comment un Moi intellectuel peut être intellectuellement, c'est-à-dire absolument libre, mais comment il peut se faire qu'un Moi *empirique* soit en même temps *intellectuel*, c'est-à-dire possède une causalité par liberté » (1). Car si nous posons par exemple que l'empirique est totalement déterminé en nous par l'intellectuel, alors nous ne concevons pas comment un *arbitre* est encore possible en nous. Cela, *Kant* l'admet aussi lorsqu'il dit que la liberté ne peut au grand jamais être posée de telle sorte que le sujet rationnel puisse aussi rencontrer un choix en conflit avec sa raison législatrice, bien que l'expérience montre suffisamment souvent que se produit ce *dont nous ne pouvons pourtant pas concevoir la possibilité*. – Ou bien si nous posons à l'inverse que l'empirique n'est *absolument pas* déterminé en nous par l'intellectuel, alors nous ne concevons pas comment la *liberté* de l'arbitre est possible en nous.

Ainsi nous avons besoin, pour l'explication du libre arbitre (en tant que fait (*Thatsache*) de la conscience commune), de l'idée d'une liberté absolue; *sans* celle-ci, nous ne concevons aucune *liberté* de choix; *avec* elle seule, nous ne concevons pas comment un *choix en général* est *encore* possible en nous et pourquoi la loi originaire n'est pas parvenue en nous à la nécessité.

Or nous devons ici nous souvenir que l'arbitre, soit la liberté de nous déterminer pour ou contre la loi, relève seulement et uniquement du *phénomène* et que par conséquent nous ne devons pas avoir besoin du concept du phénomène pour déterminer ou définir le suprasensible en nous. Il faut démontrer que nous ne pouvons devenir *conscients* du suprasensible en nous, c'est-à-dire de la liberté, que par l'*arbitre*, qui dans cette mesure, bien qu'il ne relève pas du suprasensible en nous, relève pourtant nécessairement de notre finité, c'est-à-dire de la *conscience* du suprasensible.

Aussi nécessaire est-il que nous devenions finis pour nous-mêmes, aussi nécessaire est-il également que la liberté absolue devienne en nous arbitre. C'est du fait que ce dernier relève simplement de notre finité et que dans cette mesure il est *phénomène* qu'il ne devient pas aussitôt une simple
166 *apparence*[1]; | car il appartient aux limites nécessaires de notre nature que nous tentons de dépasser à l'infini sans pourtant pouvoir jamais les supprimer complètement; et c'est ainsi que sur un point autrefois si obscur de la philosophie pratique, tombe un nouveau rayon de lumière sur notre idéalisme théorique dont la signification devient maintenant pour la première fois tout à fait claire. Nous pouvons désormais déterminer en quelque sorte le *lieu* transcendantal à partir duquel l'intellectuel passe en nous dans l'empirique. Avec l'*unique* agir par lequel l'absolu devient en nous objet à lui-même (la liberté devient arbitre), se déploient également tout un système de représentations finies et du même coup le sentiment reposant si profondément en nous de notre finité morale par lequel le monde extérieur nous devient *familier* comme la *sphère* de notre finité. Nous comprenons la tendance vers l'infini qui maintient notre esprit dans une inquiétude constante, car la finité n'est pas notre état *originaire*, et toute cette finité n'est rien de ce qui subsisterait *par soi-même*. Nous sommes *devenus* finis, et comment pourrions-nous espérer surmonter *moralement* cette finité si elle n'était pas *née* moralement? C'est notre propre finité qui nous rend le monde fini; mais maintenant nous pressentons déjà qu'il devient par nous-mêmes *infini* pour nous, qu'à l'organe élargi s'ouvre aussi un monde élargi, et que des astres toujours nouveaux nous traceront le chemin vers l'infinité.

* * *

1. Aussi peu que toute l'histoire de notre espèce, qui ne relève elle aussi que de la finité. | – Elle commence avec le péché originel, c'est-à-dire avec le premier acte relevant de l'arbitre et s'achève avec le règne de la raison, c'est-à-dire lorsque tout arbitre disparaît de la terre.

Si nous résumons à présent tout ce sur quoi nous nous sommes accordés, nous trouvons les propositions suivantes :

1. La loi provient du vouloir absolu. La volonté, dans la mesure où elle est législatrice, c'est-à-dire absolue, ne peut être appelée ni libre ni non-libre, car elle n'exprime dans la loi qu'elle-même.

| 2. Sans une volonté absolue, législatrice, la liberté serait une chimère. **167**
Mais nous ne prenons *conscience* de la liberté que par l'*arbitre*, c'est-à-dire par le libre choix entre des maximes opposées qui s'excluent réciproquement et ne peuvent subsister ensemble dans un seul et même vouloir.

3. La loi de la volonté absolue, dans la mesure où elle doit devenir maxime, parvient, par le biais de la raison, à l'arbitre. La raison n'est pas elle-même le suprasensible en nous, mais bien ce qu'*exprime* le suprasensible en nous.

4. L'arbitre, en tant que phénomène de la volonté absolue, n'est pas différent de *celle-ci* selon le *principe*, mais seulement selon ses *limites*, du fait qu'une volonté qui lui est positivement opposée lui résiste. On peut ainsi définir l'arbitre comme *la volonté absolue dans les limites de la finité*.

5. Si la volonté (pure) *absolue* n'était pas *limitée* par une volonté opposée, elle ne pourrait pas devenir *consciente* d'elle-même, c'est-à-dire de sa liberté; et inversement : si la volonté *empirique* (dont nous sommes conscients) était différente de la volonté absolue, non pas simplement selon ses *limites*, mais selon le *principe*, il n'y aurait jamais aucune conscience de la liberté dans notre vouloir empirique.

6. Considérée du point de vue de la conscience, la liberté de la volonté consiste dans l'arbitre par lequel nous recevons dans notre maxime tantôt la loi, tantôt le principe opposé, et c'est précisément cette impossibilité de nous représenter autrement la volonté absolue qui constitue le fondement de toute finité.

7. Mais on ne peut pas définir le suprasensible en nous par ce concept d'arbitre, en tant que ce qui ressortit simplement au mode et à la manière de nous représenter nous-mêmes.

* * *

Reinhold récuse la première proposition car il en reste au point de vue de la conscience et ne s'élève pas à la volonté absolue. *Il* approuve la deuxième proposition comme *Kant* l'avait fait longtemps avant lui. Dans la
168 | *Doctrine philosophique de la religion* (p. 10), il déclare expressément que la loi morale est un mobile de l'*arbitre*, donc un terme positif = a, et que l'on ne peut par conséquent expliquer l'absence d'accord entre l'arbitre et la loi (= 0) que comme une conséquence d'une détermination *réellement opposée* de l'arbitre = – a, c'est-à-dire qu'elle s'explique par un *arbitre mauvais* (1). Kant et Reinhold sont en désaccord au sujet de la troisième proposition, parce qu'ils réunissent des concepts différents sous le nom de *raison*. J'ai formulé par ailleurs la quatrième proposition ainsi : « le fait que la causalité du moi empirique soit une causalité *par liberté*, elle le doit à son *identité* avec la *liberté absolue ;* le fait d'être liberté *transcendantale*, elle ne le doit qu'à sa *finité* (mieux encore : le transcendantal est ce qui médiatise l'empirique en nous avec l'absolu, le sensible avec le supra-sensible) ; elle est donc dans le principe d'où elle procède liberté *absolue*, et ne devient seulement *transcendantale*, c'est-à-dire liberté d'un Moi empirique qu'en se heurtant aux limites qui sont les siennes » (2). – *Kant* ne prend nulle part position au sujet de cette médiation du sensible et du supra-sensible par l'élément transcendantal du vouloir et *Reinhold* affirme expressément la même chose : « je ne songe pas, dit-il, à définir la liberté de l'homme en tant qu'être intelligible (par l'arbitre ?). Je n'ai affaire qu'à la liberté de la volonté *humaine*. L'*homme* n'est selon moi ni un être *intelligible* ni un *être sensible*, mais *l'un et l'autre à la fois, et aussi je ne le tiens pour libre que dans la mesure exacte où il est les deux à la fois* tandis que Kant ne *semble* le tenir pour libre que dans la mesure où il est un être intelligible » (3) (il ne *semble* pas seulement, mais Kant le *tient* réellement pour libre et cela à juste titre si l'on se place de *son* point de vue). La volonté n'est libre que dans la mesure où l'homme est *intellectuel*, mais cette liberté ne devient *transcendantale* (et Reinhold ne semble pas connaître de liberté plus élevée) que dans la mesure où il est en même temps un être sensible. « Le *sujet* du pouvoir transcendantal est en même temps le sujet du pouvoir empirique si tant est que ce pouvoir ne doive pas être *transcendant* mais *transcendantal*, c'est-à-dire qui se rapporte *a priori* à l'empirique » (4). – Cette explication dit précisément la même chose que ce que la cinquième proposition affirme ci-dessus. L'un et l'autre philosophes s'accordent, conformément à ce qui précède, sur les deux propositions suivantes.

*
* *

| Je passe sous silence toutes les conséquences découlant de la disso- 169
lution de cette contradiction apparente dans des domaines qui concernent l'humanité au plus près et qui touchent à la nécessité d'un principe philosophique se trouvant *au-delà de la conscience*. Ces conséquences s'imposent d'elles-mêmes à tout un chacun. J'ajoute seulement ceci : une philosophie dont le premier principe consiste à faire accéder à la *conscience* le *spirituel* en l'homme (autrement dit tout ce qui se situe *au-delà* de la conscience) doit nécessairement être une chose parfaitement inintelligible pour ceux qui n'ont pas exercé et fortifié cette conscience spirituelle ou pour des hommes à qui cela même qu'ils portent en eux de plus sublime n'apparaît habituellement que par le biais de *concepts* sans vie et dénués d'intuition. Nul ne peut comprendre par des mots qui s'imposent à lui de l'extérieur ce qu'il y a d'immédiat en chacun de nous et à l'intuitionner originaire de quoi est suspendue toute la certitude de notre connaissance (cet intuitionner se trouve également en chacun de nous, mais ne parvient pas en chacun à la conscience). Le medium par lequel les *esprits* se comprennent n'est pas l'air environnant, mais la liberté commune, dont les secousses se propagent jusqu'au plus profond de l'âme. Là où l'esprit d'un homme n'est pas *rempli* de la conscience de la liberté, toute liaison spirituelle est interrompue, non seulement avec les autres, mais également avec *lui-même ;* rien d'étonnant alors à ce qu'il demeure aussi incompréhensible à lui-même qu'aux autres et qu'il s'obstine dans son épouvantable solitude avec pour tout secours des *mots* vains auxquels ne répond aucun écho amical (venant de lui ou d'un autre) (1).

Rester incompréhensible à un tel être, voilà qui fait gloire et honneur devant Dieu et les hommes.

Barbarus huic ego sum, nec tali *intelligar ulli* (2).

C'est un souhait et une prière dont on ne saurait se défendre. –

L'histoire de la philosophie ne manque pas d'exemples de systèmes
restés énigmatiques durant plusieurs siècles. Un philosophe, | dont les 170
principes vont résoudre toutes ces énigmes, affirme encore récemment au sujet de *Leibniz* qu'il est vraisemblablement l'unique homme convaincu dans l'histoire de la philosophie, le seul donc qui *au fond* ait eu raison (1). Cette remarque est digne d'attention car elle laisse entrevoir que le temps est venu de comprendre Leibniz. Car l'on ne peut le comprendre tel qu'il a été compris *jusqu'ici*, si tant est qu'*au fond* il doive avoir raison. Ce problème mérite une recherche préalable.

APPENDICE À LA P. 143 DU TRAITÉ PRÉCÉDENT SUR LES POSTULATS EN PHILOSOPHIE

J'ai longtemps cherché l'occasion de m'exprimer à ce propos : je peux fournir ici un certain nombre d'observations à ce sujet, le reste aura sa place ailleurs.

L'expression *postulat* est empruntée à la mathématique. En géométrie, la construction *la plus originaire* n'est pas *démontrée* mais *postulée*. Cette *construction la plus originaire* (la plus simple) dans l'espace est le *point en mouvement* ou la *ligne*. – Par là n'est pas encore déterminé si le point est mû dans une seule et même direction ou si celle-ci se modifie continuellement. La *ligne originaire* est la ligne *illimitée* ou *l'espace infini lui-même* à l'intérieur duquel, pour autant qu'il est illimité, on ne saurait penser la moindre direction. Si la *direction* du point est *déterminée*, elle l'est *soit* par un point *en dehors de lui* et alors naît la ligne *droite* (laquelle n'*enferme* aucun *espace*), ou bien la direction du point *n'*est *pas* déterminée par un point en dehors de lui et alors il doit refluer *en lui-même* de sorte qu'il naît une *ligne circulaire* (qui, elle, *enferme* un espace). Admettons que la ligne droite soit le *positif:* alors la ligne circulaire est la *négation* de la ligne *droite*, c'est-à-dire une | ligne qui ne tend en aucun point vers la ligne 171
droite, mais qui modifie continuellement sa direction. Mais si l'on admet que la ligne *originaire* est la ligne *illimitée*, qui *limite purement et simplement* la ligne *droite*, alors la ligne circulaire sera le *troisième terme issu des deux autres*, elle est *à la fois* illimitée et limitée, *illimitée* par un point en dehors d'elle, *limitée* par elle-même.

La mathématique offre donc à la philosophie l'exemple d'une *intuition originaire*, intuition dont toute science qui veut revendiquer l'évidence se doit de partir. Elle ne part pas d'un *principe fondamental* démontrable, mais de *ce qui est indémontrable*, de *ce qui est à intuitionner originairement*. Mais ici aussitôt se fait jour une importante différence: la philosophie a affaire à des objets du *sens interne* et ne peut pas, comme le fait la mathématique, ajouter à chaque construction une intuition extérieure qui lui corresponde. Or, si la philosophie doit devenir évidente, il faut qu'elle parte de la construction la plus originaire; la question se pose dès lors de savoir ce qu'est la construction la plus originaire *pour le sens interne*.

La réponse à cette question dépend de la direction que l'on donne au sens interne. Mais, en philosophie, cette *direction* ne peut en aucun cas être déterminée par un objet *extérieur*. Quant à construire la ligne *originairement*, je peux y être *contraint* par la ligne que l'on trace sur le papier, dans le sable ou sur un tableau. Ce trait que l'on tire n'est certes pas la *ligne elle-même* mais uniquement son *image*, ce n'est pas par ce biais que nous apprenons à connaître la ligne, mais à l'inverse nous rattachons cette ligne tracée sur le tableau à la ligne originaire (dans l'imagination), sans quoi nous ne ferions pas abstraction en elle de toute largeur, de toute épaisseur, etc. Mais cette ligne n'en est pas moins l'image sensible de la ligne originaire, et un moyen d'éveiller en chacun de nous cette intuition originaire.

La question se pose alors de savoir s'il existe en philosophie un moyen quelconque de déterminer la direction du sens interne de la même façon qu'on peut la déterminer en mathématique au moyen d'une présentation extérieure. Pour une grande part, la direction du sens interne n'est déterminée que par la liberté. La conscience de l'un s'étend seulement aux
172 | sensations agréables ou désagréables que des impressions extérieures causent en lui. Un autre élargit son sens interne jusqu'à la conscience de l'intuition, un troisième prend conscience, outre de l'intuition, également du concept, un quatrième possède encore le concept du concept et l'on peut ainsi affirmer à bon droit que l'un possède plus ou moins de sens interne que l'autre. Qu'il en possède plus ou moins laisse déjà entrevoir que la philosophie doit avoir dans ses premiers principes un versant pratique. Il n'y a pas en mathématique un tel plus ou moins. Socrate (au dire de Platon) montre que l'on peut même conduire un esclave à des démonstrations géométriques compliquées. Socrate dessine sous ses yeux des figures dans le sable (1). Les kantiens pourraient certes aussi, comme l'ont fait quelques cartésiens, faire graver sur cuivre l'origine des représentations d'après leur système, aucun ne s'y est pourtant essayé et cela n'aiderait en rien (2). Toute notre philosophie la plus populaire devrait aussi être entièrement inintelligible à un Esquimau ou à un habitant de la Terre de feu. Ces derniers n'ont pas même de sens *pour cela*. À beaucoup de ceux qui parmi nous se croient philosophes fait ainsi entièrement défaut

l'organe philosophique; la philosophie est pour eux un édifice construit dans les airs, de même que la plus parfaite théorie de la musique devrait paraître un jeu vain avec des concepts qui peut certes avoir en soi-même une cohérence, mais n'a *au fond* absolument aucune réalité, à celui qui, sourd de naissance, ne sait pas ou ne croit pas que d'autres hommes ont un sens de plus que lui (3).

Il y aura donc en philosophie exactement le même nombre de principes qu'il y a de degrés de la force intérieure d'intuition; l'un fera de la représentation, l'autre de la synthèse originaire dans les catégories, et enfin le troisième – un génie doté de sentiment et de vertu – du souverain Bien le principe de la philosophie. Mais tout cela ne mène à rien. Il doit y avoir pour le sens interne quelque chose de purement et simplement contraignant. Mais il n'y a absolument rien de contraignant pour le sens interne si ce n'est le *devoir*. Le postulat duquel part la philosophie devrait donc avoir un objet dont chacun *devrait* au moins être conscient même s'il ne l'*est* pas. Il faudrait pouvoir prouver à un tel homme que, s'il ne peut pas devenir conscient de cet objet, le *devoir* originaire doit lui être entièrement incompréhensible.

| On retrouve donc ici ce qui fut démontré d'une autre manière dans le 173
traité précédent (ainsi que dans celui imprimé dans les troisième et sixième cahiers de ce journal), à savoir qu'il faut que le premier principe de la philosophie soit *à la fois théorique et pratique*, c'est-à-dire qu'il faut qu'il soit un *postulat*.

Car si nous posons

OU BIEN que le principe de la philosophie est un principe fondamental uniquement théorique, en un mot un *théorème* (une proposition qui énonce une EXISTENCE (*DASEIN*)), un tel principe est alors la voie qui mène directement au dogmatisme. Mais une science qui est par nature *transcendantale* doit exclure déjà dans son premier principe tout *empirisme*. C'est ce que fait par exemple la géométrie, dans la mesure où elle POSTULE la construction la plus originaire, et où elle rappelle par là dès le commencement au novice *qu'il n'a affaire dans toute la science qu'à ses propres constructions*. La ligne, l'objet de cette construction originaire, n'*existe* nulle part *en dehors* de cette construction, elle n'est que cette *construction même*. C'est précisément ainsi qu'il doit en aller en philosophie; le novice doit dès le commencement être pour ainsi dire *placé* dans le mode transcendantal de penser. Il faut donc que le premier principe soit *sa propre construction*, construction qu'on EXIGE de lui (dont on lui laisse la charge) afin qu'il apprenne dès le commencement que ce qui pour lui naît par construction *n'est rien en dehors* de cette construction, et n'*est* en général

que dans la mesure où il construit. C'est donc par la révolution que la philosophie a connue de nos jours grâce à l'introduction de principes transcendantaux qu'elle a été d'abord rapprochée de la mathématique; la méthode qu'elle observe désormais n'est autre que celle qui a depuis longtemps été suivie en mathématique avec tant de bonheur, à savoir de ne s'occuper que de constructions originaires, de ne traiter aucune proposition réelle de manière analytique, mais de manière synthétique (en tant que *née* par synthèse); la nouvelle façon de voir les choses, en tant que simples phénomènes, est la véritable façon de voir *mathématique*, et l'on peut à présent montrer en effet que et dans quelle mesure la philosophie est capable de l'évidence mathématique; elle est évidente pour celui qui a l'organe pour cela (auquel ne fait pas défaut le pouvoir interne de construire), précisément comme la mathématique qui, elle aussi, n'est pas compréhensible
174 par les figures | gravées sur le cuivre, ou par la vision seule, mais par un organe interne (l'imagination).

OU BIEN si nous posons que le principe de la philosophie est un principe *uniquement pratique*, il n'est alors plus un *postulat*, mais un *impératif*. Un postulat pratique est une *contradictio in adjecto*. En morale, il n'y a, pour autant qu'elle est *formelle*, que des *commandements* : ils deviennent, appliqués à l'expérience, des *tâches*, mais des tâches *nécessaires*, dont chacun doit s'acquitter du mieux qu'il *peut*.

Si donc le principe de la philosophie ne peut être ni simplement théorique ni simplement pratique, il doit être *les deux* à la fois. Mais *l'un et l'autre* sont unifiés dans le concept de *postulat*, celui-ci est *théorique* parce qu'il exige une construction originaire, il est *pratique* parce qu'il ne peut (en tant que postulat de la philosophie) emprunter sa force contraignante (pour le sens interne) que de la philosophie pratique. Le principe de la philosophie est donc nécessairement un *postulat*.

La question se pose de savoir ce que sera son objet. La réponse est: *la construction la plus originaire pour le sens interne*. Or l'objet du sens interne en général, c'est le *Moi* dans sa pensée, son représenter, son vouloir, etc. La construction la plus originaire pour le sens interne devrait donc être celle par laquelle *naît* d'abord le *Moi lui-même*. (Kant dit que l'unité *analytique* de la conscience doit être précédée par une unité *synthétique*. C'est de *celle-ci* dont il est précisément question ici. Cette proposition reste encore obscure et incomprise, bien qu'elle contienne le *noyau* de la philosophie kantienne (1)). Le postulat de la philosophie n'est autre que celui-ci : s'intuitionner ORIGINAIREMENT – non pas dans la pensée, non pas dans le vouloir, mais *originairement – dans sa première naissance*, et M. *Beck* ne peut vouloir autre chose, lui dont le postulat de représenter originairement, s'il ne doit pas être entièrement vide ne peut pourtant signifier rien d'autre que : deviens conscient de toi-même dans ton activité originaire !

C'est donc par cette construction originaire que naît en effet pour le philosophe un produit (le Moi); mais ce produit n'est présent nulle part *en dehors* de cette construction, de même qu'en géométrie la ligne postulée, qui n'*est* elle aussi que dans la mesure où elle est originairement construite, et n'est *rien en dehors* de la construction. C'est seulement ici qu'une plus grande distinction apparaît, à savoir que le Moi dans l'agir originaire n'est pas seulement *ce qui est construit*, mais aussi *ce qui construit*; c'est cependant par là qu'il devient | le *Moi*, c'est-à-dire un principe supérieur à 175
tout ce qui est objectif. – Nous avons déduit ici l'unité *analytique* de la conscience de soi (Moi = Moi) à partir de l'unité *synthétique* qui la précède, et qui en réalité ne signifie rien d'autre que le fait que le *Moi est originairement la construction de soi-même*. La proposition Moi = Moi, au sens où elle est habituellement prise, n'est donc pas même le *principe* de la philosophie.

Or dans la mesure où c'est par cette construction originaire qu'un *produit* (le Moi) naît, on peut aussi exprimer l'*être-né de ce produit* dans un *principe fondamental* (par exemple : Je suis !), et même la philosophie la plus récente a parlé d'un *principe fondamental suprême de la philosophie* (1), bien que ce soit absolument et diamétralement opposé à son esprit d'établir en tant que principe de la philosophie un principe fondamental qui énonce une *existence*. Cela n'a guère aidé de faire la distinction entre l'*être absolu* et l'*existence*, dans la mesure où la plupart des gens ont cru qu'il était question dans cette expression d'une *chose en soi*, quoiqu'on ait voulu s'en prémunir.

Parler d'un principe fondamental suprême de la philosophie convenait aussi longtemps que cela n'occasionnait aucun malentendu. Mais lorsque les *soi-disant* juges de cette philosophie ont pris cette proposition pour une proposition *analytique*, qui se comprenait d'elle-même, et qui n'avait en elle absolument rien de synthétique (aucun contenu), alors il était temps de leur dire que *pour eux* ce principe fondamental est un *postulat*, dont le sens et le contenu ne peuvent absolument pas être compris si ce n'est par la *construction* originaire elle-même (la synthèse) exprimée en lui. – Mais il en était ainsi. Tous les jugements publics assuraient presque unanimement que cette proposition qu'on voulait mettre au sommet de la philosophie est complètement *dépourvue de contenu*. Ceux avec lesquels la sagesse philosophique disparaîtra un jour croyaient affaiblir cette philosophie en posant cette question *naïve* : ce qu'est donc ce *Moi* dont elle parle, elle

devrait d'abord l'expliquer, etc. – Ô vous gens pleins de sagesse, aurait-on voulu leur répondre, lorsque la géométrie postule la ligne, vous dit-elle, par hasard, ce qu'est la ligne? – À quoi bon dans ce cas postuler? C'est précisément ce qu'elle veut; vous devez expérimenter ce qu'est la ligne *par le fait* de la *construire*. Il en va de même avec notre philosophie. Nous
176 *postulons* le Moi. À la question : qu'est-il?, nous voulons | que vous vous répondiez à *vous-mêmes*. La réponse est *le Moi lui-même*, qui doit naître en *vous*, qui doit être construit *par vous*. Il ne se trouve pas dans un lieu quelconque en dehors de vous, un lieu qu'on pourrait montrer du doigt. Construisez-le et vous saurez ce qu'il *est*, car il n'est absolument rien d'autre que ce que vous construisez. – Ce n'est pas avec ces mots, mais en utilisant des mots semblables que j'ai répondu à un critique (1) qui considérait lui aussi ce principe fondamental comme la pelote dont on voulait dérouler la philosophie, ou comme l'araignée à partir de laquelle les fils devaient produire de manière analytique ce nouveau tissu. Cela n'avait rien d'étonnant au vu des concepts qui ont été répandus universellement à propos de l'essence d'un premier principe fondamental en philosophie. Il expliquait aussi sincèrement que pour lui le Moi n'est rien du tout; ce que je lui accordais volontiers. Je n'avais en outre aucune raison de me faire violence, et je dis alors tout simplement qu'il n'est pas question du principe fondamental reinholdien, la philosophie ne doit en général partir d'*aucun* principe fondamental, ce principe est aussi par rapport à vous, et donc par rapport à toi, – flegme des recenseurs ! – un postulat que tu n'apprends pas à comprendre par le fait que, sans te donner la moindre peine, tu le vois écrit noir sur blanc. Ce n'est pas par le trait sur le tableau que tu apprends à comprendre la ligne, mais à l'inverse c'est par la ligne que tu apprends à comprendre le trait. Ainsi expérimentes-tu ce qu'est le *Moi*, non par le principe fondamental, mais à l'inverse, ce que signifie le principe fondamental, il faut que le *Moi* te le dise en toi, etc. Pour votre curiosité, il me faut pourtant raconter quel sort a connu cette explication insignifiante (une chose qui à vrai dire va de soi). On peut voir à partir de là à quels hommes on a affaire aujourd'hui en philosophie. Certains de mes bons amis m'ont félicité d'avoir abandonné les terres arides de la spéculation pour aborder sans hésiter maintenant les gras pâturages de *leur* philosophie morale. Mais depuis peu quelqu'un d'autre[1] s'est étonné au plus haut point de cette
177 entreprise (d'établir un postulat en tant que | principe de la philosophie),

1. L'auteur, qui m'est inconnu, de l'*Apologie* etc., qu'on peut lire dans le septième cahier de ce journal.

non comme si c'était quelque chose qui *en soi* serait étonnant, mais – parce que l'auteur est un *ami de la Doctrine de la science*[1]!! N'est-ce pas alors ici que commence déjà le caractère littéral de l'imitation servile ? En outre, ce témoin digne de foi pourrait sans aucun doute entendre dire par l'auteur de la Doctrine de la science lui-même que s'il a parlé d'un principe fondamental suprême de la philosophie, il ne voulait rien en savoir, si ce n'est qu'il faut le considérer comme un *postulat* (1). – Je le sais parce qu'il *faut* qu'il en aille ainsi, et il ne *peut* pas en aller autrement. –

Que faut-il supposer quant à l'origine du malentendu ? – Ces bons amis ont lu chez Kant l'expression de postulats *de la raison pratique*. Il n'y en a pas d'autres pour eux. Espérons qu'il ne leur vienne jamais à l'idée d'étudier Euclide, sinon ils voudraient prouver que déjà celui-ci a fondé même la géométrie *sur le primat de la raison pratique*. – En ce qui concerne du reste ces postulats de la raison pratique elle-même, ils auront, je pense, joué en philosophie leur rôle jusqu'au bout. *Postulat* signifie l'exigence d'une construction *originaire* (transcendantale). Mais Dieu et l'immortalité ne sont pas des *objets* d'une construction *originaire*. Dans la philosophie pratique, il n'y a que des *commandements*. Ceux-ci, dans la mesure où leur objet est infini, et doit être réalisé dans une infinité *empirique*, sous des conditions *empiriques*, deviennent des *tâches*, et précisément des *tâches infinies*. C'est pourquoi les appeler *postulats* n'est guère mieux que si l'on voulait de la même façon les appeler des tâches infinies en mathématiques. – Tout nombre irrationnel en mathématique ne signifie à proprement parler rien d'autre que la tâche de s'approcher de ce nombre *continuellement à l'infini*. Mais c'est pourquoi nier par exemple que $\sqrt{3}$ soit un nombre effectif est absurde, c'est seulement un nombre qui se trouve dans l'*infinité*. | Ainsi Dieu et l'immor- 178
talité sont en philosophie des tâches infinies. Mais parce que leur objet ne peut être atteint en *aucun* temps (ne peut être mesuré par aucune unité ou partie d'une unité), leur contester *toute* réalité est absurde, puisque cet objet se trouve en effet dans le *temps*, seulement dans un temps *infini*, mais tout présent possible doit lui-même être considéré comme appartenant à cette infinité. Ce qui est *rationnel* dans ces grandeurs infinies, c'est-à-dire ce que nous pouvons en comprendre (en mesurer) se trouve en chaque présent,

1. | Puisque, pour moi, *postulat* signifie la même chose que ce que l'apologiste conçoit 177
comme un principe À LA FOIS *théorique et pratique* (voir ce que j'en ai dit p. 123, suiv.), il ne peut y avoir qu'une seule cause à sa surprise, à savoir qu'il n'a pas lu le MOT postulat dans la *Doctrine de la Science*.

mais ce qui en elles est *irrationnel* (ce qui n'appartient pas à l'usage présent de la raison pratique) se trouve dans l'infinité.

Dans la série des traités qui ont paru au fur et à mesure sous ce titre, j'ai cherché *si une philosophie de l'expérience en général est possible* (1). Je descendrai à présent de l'universel au particulier, et, afin d'ajouter peu à peu aux déterminations universelles les déterminations particulières, j'entreprendrai cette recherche par rapport aux différentes parties constitutives de l'expérience. Ce sont les résultats de cette recherche que ces pages contiendront. Je pense utile de faire précéder cela encore par quelques considérations générales.

179 | I

Ce que l'on *sait*, on doit le savoir complètement et intégralement, il n'y a pas de demi-savoir, ou plutôt un demi-savoir n'est pas un savoir du tout. On doit s'être persuadé de cette proposition, s'en être pour ainsi dire imprégné, afin de pouvoir travailler avec succès à un élargissement réel des sciences ou même pour pouvoir seulement comprendre et juger ce que les autres entreprennent ou ont entrepris à cet égard.

Quiconque a seulement envisagé cette proposition avec fermeté admettra aussi, sans hésiter, les conséquences qui s'ensuivent, c'est-à-dire que nous ne pouvons rien savoir complètement et intégralement si ce n'est ce qui n'advient qu'à travers ce savoir même, autrement dit ce qui a une existence purement idéale. S'il y en a un à qui cela n'est pas clair, qu'il pense à la mathématique et se demande à quelle propriété elle est redevable de la certitude et de l'évidence qui ont de tout temps fait sa gloire, et il trouvera par lui-même que c'est uniquement l'idéalité de ses objets qui lui a accordé le premier rang parmi toutes les autres sciences. Au contraire, qu'il contemple le chaos barbare des disputes métaphysiques, qui toujours ont eu lieu sans jamais atteindre de fin, et que ceux qui ont été vaincus d'innombrables fois reviennent toujours à la vie, telle une hydre à plusieurs têtes. Qu'il médite sur ce qu'il devrait bien tenter tout d'abord de faire, s'il s'agissait pour lui de mettre fin pour toujours à ces disputes et il répondra alors sans hésiter : *faire de la méthode de la mathématique une méthode universelle*[1].

1. Je n'ai pas vraiment besoin de rappeler qu'il n'est pas question ici d'une *méthode mathématique* au sens où on en parle d'habitude, c'est-à-dire d'une méthode qui ne fait que

Or, une telle tentative n'est rien d'autre que ce qu'on a récemment entrepris en philosophie. Une telle tentative n'est pas seulement possible, elle est déjà mise en œuvre. Comment les choses se présentaient en philosophie *avant* celle-ci, on le sait ; – (ce syncrétisme de philosophies idéaliste et réaliste | était le scepticisme le plus mal dissimulé, il ne fallait qu'un 180
Énésidème pour le présenter dans toute sa simplicité (1)) ; – comment elles seront *après*, l'histoire de la philosophie (qu'il faut à partir de cet instant envisager comme close) le dira à l'avenir.

Le mérite négatif de cette tentative (avoir fermé le temple de Janus de la philosophie) est encore le moindre. En ne voulant gagner que la paix métaphysique, on a, comme c'est toujours le cas quand on soutient le combat de manière hardie et courageuse, conquis plus que cela. On a frayé le chemin universel menant aux plus grandes découvertes dans les sciences supérieures, chemin universel qui n'était jusqu'ici qu'un sentier, on a donné à toutes les sciences une sphère plus élevée et même à l'esprit humain les moyens d'un nouvel envol.

II

Si l'on se demande, en effet, ce qu'il adviendra sur ce chemin à partir de nos sciences, et dans quelle science universelle elles se résoudront finalement, la réponse est alors : *en une mathématique universelle*. On objectera, comme il est facile de le prévoir, que tous les objets ne peuvent être des ob-jets d'une construction mathématique, ce en quoi on aura entièrement raison, si l'on comprend par là une construction géométrique. Mais *Leibniz* l'affirme déjà, il n'est rien qui ne soit susceptible de recevoir un *nombre* (2), et dans ce peu de mots résidait déjà le germe de sa découverte de l'analyse supérieure. Car ce qui a été établi par cette découverte n'est autre chose que la reconduction de toute construction à la *construction au moyen du nombre* – reconduction de toute intuition externe à une intuition interne, bref, généralisation de l'idéalisme de l'analyse. (La méthode géométrique des Anciens, et des Modernes qui leur sont fidèles, est en mathématique ce qu'est le réalisme en philosophie ; la méthode analytique est ce qu'est l'idéalisme ; il pourrait bien y avoir une *troisième méthode issue des deux premières*, qui deviendra en dernière instance la méthode

singer la simple *forme extérieure* de la méthode de la mathématique. Celle-ci est, par rapport à la *chose*, inessentielle, et si l'évidence ne dépendait que d'elle, les systèmes de Spinoza et de Wolf ne laisseraient rien à désirer.

dominante). Mais si toute la mathématique est élevée jusqu'à l'analyse, il est alors évident que rien de ce qui est seulement objet du *savoir* (au sens
181 le plus rigoureux) ne peut tomber hors de son cercle. Car si l'espace | est seulement la forme de l'intuition *externe*, le temps est alors, au contraire, la forme *de l'intuition en général : tout ce qui est est une fonction du temps*, et même les qualités (que l'on envisageait jusqu'ici comme non susceptibles de calcul) se laissent construire comme des vitesses. Et on ne connaîtra bientôt d'autre savoir que le savoir mathématique, une fois que l'analyse elle-même aura reçu un élargissement inéluctable, et l'esprit transcendantal, qui a trouvé son origine d'abord dans la mathématique, retournera ainsi à sa source.

III

Que dès lors, quand cette méthode deviendra universelle, tout empirisme dans les sciences doive disparaître (non pas comme si l'on cessait alors de procéder à des expériences, mais parce que ce qui est encore objet de l'expérimentation n'est pas objet de *savoir*, et ce qui est objet de *savoir* a cessé d'être objet de l'expérimentation), c'est tout aussi clair que le fait que la mathématique puisse se dispenser de toute expérience pour rendre évidentes ses propositions. Afin toutefois de comprendre par avance combien loin s'étend la sphère de la connaissance transcendantale, et afin qu'on ne trouve pas matière à reproche contre notre conception dans quelques exemples inappropriés, examinons avant tout si le domaine entier de l'expérience ou si seulement une partie, et quelle partie, entre dans le cercle de la science *kat'exoken*. – (La *science kat'exoken* est la science universelle, dans laquelle toute connaissance transcendantale doit finalement se résoudre).

Remarque :

La clique nombreuse des demi-esprits, à laquelle se joint l'arrière-garde, encore plus grande, des ignorants, répète encore et toujours que « philosophie et expérience vivent dans la discorde ; celle-ci a peur de sa parenté avec celle-là, celle-là enseigne comment on peut se dispenser de celle-ci ». Ce dernier point ne mérite pas qu'on en dise quoi que ce soit,
182 | quant à l'opposition entre philosophie et expérience en général, restons-en là !

Quel concept de la philosophie ces gens peuvent-ils bien présupposer ? Sans aucun doute le leur, et dans cette mesure ils ont raison de dire que – je ne dirai pas l'expérience, mais l'entendement le plus commun – ne se reconnaît plus en elle. Philosophie et expérience étaient (comme le nom de métaphysique l'indique déjà) opposés eu égard à leur *objet. Cette* opposition-là a disparu. L'objet de la philosophie est le *monde effectif*.– [Ce qui se situe au-delà du monde effectif est *idée*, c'est-à-dire non pas objet de la spéculation, mais de l'*agir*, et dans cette mesure alors objet d'une expérience *future* (mais pourtant toujours objet d'*expérience*), quelque chose qui doit être réalisé dans l'effectivité.] –

Que la philosophie n'ait alors aucun autre objet que l'expérience, la plupart l'accepteront *utiliter*, si l'on veut dire par là que la philosophie devient *expérience.* Mais l'inverse pourrait être vrai, c'est-à-dire que l'expérience devienne philosophie, et certes cela ne les arrangerait pas.

La philosophie et l'expérience pourraient en effet se différencier par leur point de vue complètement opposé sans tenir compte de l'identité de leur objet; l'expérience par exemple pourrait bien considérer l'objet dans son *être*, la philosophie dans son *devenir originaire*, et cette opposition serait alors à nouveau rétablie.

Que dès lors les plus communes de toutes les natures communes se révoltent contre l'élévation de l'empirisme à la philosophie, c'est dans l'ordre des choses; ce n'est pas d'elles dont il est question ici (à quoi bon exhiber également leurs tares au grand jour, dont se gaussent tout au plus le John Bull littéraire ou le corps des invalides de la littérature ?) – nous nous référons ici à ceux qui nourrissent des doutes philosophiques à l'égard de la possibilité d'une telle élévation, doutes qui peuvent être levés au prix d'une enquête préalable portant sur cette possibilité et les limites de celle-ci.

| IV 183

Le domaine de l'expérience comprend d'un côté la *nature*, et de l'autre l'*histoire*. On a déjà remarqué par ailleurs que cette division correspond à la division en philosophie théorique et philosophie pratique (1). Il devrait alors y avoir une *philosophie de la nature* et une *philosophie de l'histoire*. Comme troisième terme issu des deux on devrait ajouter la *philosophie de l'art* (dans laquelle la nature et la liberté coïncident). Qu'il y ait alors une philosophie de la nature, de l'histoire et de l'art, doit faire ici l'objet d'une recherche détaillée. Je commence avec la *philosophie de l'histoire*, pour la simple raison que je n'ai eu encore sous les yeux aucune critique plus profonde de la *possibilité* d'une telle philosophie.

A

Une philosophie de l'histoire est-elle possible ?
Thèse : AUCUNE philosophie de l'histoire n'est possible.

Cette thèse est démontrable à la condition d'indiquer que se présente dans le concept d'histoire une caractéristique qui contredise cette association de termes ; il est donc nécessaire de se poser la question suivante : que pense-t-on en général par le concept d'histoire ?

Selon l'étymologie, l'histoire (*Geschichte*) est la connaissance de ce qui s'est produit (*Kenntnis des Geschehenen*). Elle n'a donc pas pour objet le permanent, ce qui demeure, mais ce qui change, ce qui progresse dans le temps. Mais la sphère que nous décrivons par cette définition est encore infiniment trop large pour le concept commun d'histoire, c'est pourquoi nous devrons chercher, à travers quelques exemples, une délimitation plus étroite du concept d'histoire.

La *nature* est l'ensemble de tout ce qui se produit et elle se présente par là comme objet de l'histoire. Pourtant, tout événement dans la nature n'appartient pas *au genre historique*. Certes nous trouvons décrits dans les annales de l'histoire des événements naturels : on y parle du déluge universel, de tremblements de terre etc. Cependant, il est aisé d'apercevoir

1) que tous ces événements ne sont pas pris en compte dans l'histoire en tant que *phénomènes* naturels, mais en tant que *conséquences* naturelles
184 qui ont affecté les *hommes* en tant qu'êtres naturels. | De cette manière, l'apparition d'une comète peut bien, certes, figurer dans une *chronique* de l'époque barbare, elle n'appartient à une *histoire* que dans la mesure où elle a eu une influence sur les actions des hommes vivant autrefois ; dans cette mesure, l'historien peut bien parler des météores que l'on a considérés comme des présages de la mort de César (1), ou de l'éclipse de lune que Colomb prophétisa à Hispaniola.

2) que des événements naturels peuvent n'être redevables de leur prise en considération dans l'histoire que de l'*ignorance* des hommes. Car s'ils avaient su expliquer par exemple des météores spectaculaires et autres phénomènes du même genre, ils n'auraient pas cru qu'ils fussent des présages de destinées futures ; sinon, pourquoi ne mentionne-t-on pas les événements naturels quotidiens dans l'histoire ? Si le premier homme avait narré l'histoire du premier jour vécu sur la terre, certainement aurait-il ouvert cette histoire par le magnifique spectacle du lever du soleil (comme nous le faisons par l'émergence du monde à partir du chaos). Ou si l'un de ces insectes éphémères qui naissent le matin et meurent le soir laissait

derrière lui l'histoire de sa vie, ne raconterait-il pas de manière historique la révolution de cet astre? – Donc : *des événements que nous voyons revenir périodiquement et avec régularité n'appartiennent pas à l'histoire*, même si l'on ne *comprend* pas la règle de ce retour (car on la présuppose); combien moins alors lorsque nous la comprenons! – (par là apparaît par avance que l'histoire ne peut pas se dérouler selon des *cycles périodiques*, comme le croyait *Mendelssohn*, mais qu'elle doit être *progressive*).

La révolution des astres, leur apparition périodique etc. ne sont pour l'homme de l'*histoire* que tant qu'il ne *remarque* pas leur caractère régulier. Peut-il le *déterminer* complètement, alors il n'y a plus d'histoire du ciel. Depuis que l'on a appris à prévoir les éclipses de soleil, elles ont cessé d'être objets de l'histoire. On consigne les éruptions volcaniques; si l'on pouvait seulement constater une règle de leur retour, et finalement l'établir fermement, on pourrait se passer de les consigner. Si les calculs du retour d'une comète étaient plus fiables, nous ne devrions pas même
| attendre leur confirmation par l'histoire. Donc: *ce qui est prévisible* 185
a priori, *ce qui se produit selon des lois nécessaires n'est pas objet de l'histoire;* et inversement: *ce qui est objet de l'histoire ne doit pas être prévisible* a priori.

La description de la nature s'est appelée jusqu'ici *histoire naturelle*, et cela pas tout à fait à tort. Car comme elle ne peut se permettre d'établir son système comme une copie fidèle de la nature elle-même, toute découverte nouvelle est pour celui-ci un accroissement *historique*, c'est-à-dire imprévu; et comme l'on peut trouver maintes espèces animales et végétales pour lesquelles il n'y a, dans le système tel qu'il a existé jusqu'à présent, aucun concept de genre, une telle découverte ne peut pas être relatée autrement que *de manière historique*.

Cependant, même si l'on devait parvenir à élever jamais l'*histoire* de la nature à un *système* de la nature, il resterait pourtant la place pour une *histoire de la nature* au sens strict. Et nous nous trouvons ici à un point à partir duquel la lumière doit se répandre sur toute notre recherche.

Il s'agit certes d'une hypothèse très osée (d'un point de vue physique) et que beaucoup peuvent sembler même pousser jusqu'à l'extravagance, selon laquelle toutes les organisations singulières ne décrivent que des degrés différents du développement d'une seule et même organisation; auquel cas, le modèle originaire pour elles toutes devrait se trouver au centre de notre système actuel de la nature. Néanmoins, même si l'on s'écarte de cette idée, il reste toujours encore une autre hypothèse moins osée, en l'occurrence celle-ci : que l'état actuel de la nature organique est extrêmement différent de son état originaire; hypothèse à laquelle non

seulement les reliquats des créatures disparues (en quelque sorte comme si la nature avait ébauché sa situation originaire par rapport à la distance avec le soleil de manière trop grande ou trop imparfaite… de quoi on pourrait conclure que ses originaux perdurent sur d'autres planètes…) confèrent une preuve historique, mais vers laquelle on se sent également poussé par l'intérêt de la raison qui réclame la plus grande unité dans la plus grande diversité, d'un côté, et la considération de caractéristiques concordantes de formations différentes recueillies parmi des espèces différentes; puisque
186 | l'on pourrait en effet, si l'on supposait une mutabilité originaire de la nature organique, diminuer de manière extraordinaire les genres originaires selon le nombre, et – (ce dont *Kant* a déjà donné un exemple chez l'espèce [*Species*] humaine) – reconduire une foule d'espèces [*Arten*] apparemment différentes à des variations du même genre.

Même si l'une de ces deux idées s'avérait réalisable, l'exécution de l'une d'entre elles nous conduirait pourtant à une histoire de la nature au sens strict du terme. Selon la première, nous penserions la nature dans sa liberté, comment elle développe une organisation originaire (qui pourrait, précisément pour cette raison, ne plus exister nulle part aujourd'hui) selon toutes les directions possibles, comment elle réprime ici une force au profit des autres, comment elle atteint un équilibre des forces organiques les unes avec les autres, là par une intensité plus faible, ici par une intensité plus élevée de ces forces; – par quoi nous aurions en outre l'avantage de pouvoir reconduire les différences extérieures des créatures de la terre selon le nombre, la taille, la structure et la fonction des organes, à une différence originairement intérieure du rapport des forces organiques (dont celles-là ne seraient que le phénomène extérieur). – Dans l'autre cas, nous ne devrions certes pas poser au fondement un archétype originaire commun pour toutes les organisations, mais bien des archétypes communs pour de nombreuses espèces aujourd'hui séparées, qui sont redevables de leur surgissement à une *déviation* progressive vis-à-vis de l'original produite par des influences particulières de la nature.

Mais qu'une telle exposition de la nature devienne une *histoire de la nature* ne pourrait sinon provenir d'autre chose que de ce que nous considérons la nature en quelque sorte dans la *liberté*, mais pour cette raison non pas dans une *absence de légalité*, parce que tous ses produits sont nés certes d'une *déviation*, mais cependant seulement d'une déviation par rapport à un *idéal* dont elle n'outrepasse nulle part les limites.

Et de cette manière nous serions donc arrivés à la proposition dont l'importance n'éclatera au grand jour pour notre recherche que dans la suite, à savoir: *que l'histoire en général n'existe que là* où se trouve un

idéal et *des déviations infiniment diverses vis-à-vis de celui-ci dans le SINGULIER*, et pourtant dans | une *congruence* totale *avec lui dans le TOUT*; 187
une proposition à partir de laquelle il apparaît donc aussi par avance qu'il n'y a en général d'histoire possible que d'êtres qui expriment le caractère d'un *genre*; par conséquent aussi nous pourrons déduire, seulement à partir de cette proposition, le droit de représenter le genre humain dans l'histoire comme *un tout*.

Revenons maintenant à notre objet propre. Dans la nature, pour autant que nous l'appréhendons dans ses productions comme conduite par un archétype qu'elle a devant elle, il y a une *apparence* de liberté, mais aussi seulement une *apparence*. – (D'où cette apparence vient originairement à la nature, cela, c'est à une philosophie de la nature de le déduire). – Il n'y a donc aussi qu'une apparence *d'histoire de la nature*. Cependant, cette analogie nous facilite la compréhension : qu'il n'y a histoire, au sens exclusif et le plus authentique, que là où il *est absolument impossible*, c'est-à-dire à tout niveau de connaissance, *de déterminer* a priori *les directions d'une activité libre*. (En effet, comprendre *a priori* comme nécessaires les directions de l'activité libre de la nature dans ses formations peut bien être relativement impossible, par rapport à nous, mais ne pas l'être *absolument*).

Mais, en résumant tout ce qui précède, nous obtenons comme résultat les propositions suivantes :

1. *Ce qui n'est pas progressif n'est pas objet de l'histoire.*

Mais le concept de *ce qui est progressif* doit être déterminé avec plus d'exactitude. Le mécanisme par exemple, bien qu'une suite d'actions ait lieu en lui, n'est pas *progressif* parce que ces actions se meuvent dans un cercle où par suite tout cycle semblable d'actions ne peut être pris en considération de la même façon que comme cycle d'une seule action (toujours répétée). – Il n'y a donc aussi, pour les mêmes raisons, d'*histoire des animaux* qu'au sens le plus impropre. *Premièrement*, aucune histoire de l'animal singulier (*en tant que* tel). Car il est enfermé dans un cercle d'actions duquel il ne sort jamais; ce qu'il est, il l'est pour toujours (1); ce qu'il sera lui est tracé par les lois d'un mécanisme supérieur certes, mais pourtant inexorable. À l'homme au contraire, son histoire n'est pas tracée; il peut et doit se faire à lui-même son histoire | car c'est précisément cela 188
qui est le caractère de l'homme, à savoir que son histoire, bien qu'elle *doive* être conforme à un plan du point de vue pratique, peut pourtant (précisément pour cette raison) ne pas l'être du point de vue théorique. – Ce n'est que par analogie que l'on parle d'une histoire des animaux en lesquels existe une *pulsion créatrice* [*Kunsttrieb*], par exemple d'une histoire du

castor, des abeilles etc., parce que l'on croit percevoir dans leur activité laborieuse et productive un analogon de la liberté, bien qu'il y ait là aussi illusion, car, si nous pouvions comprendre le mécanisme interne des forces organiques d'un tel animal, toute contingence disparaîtrait de ces produits. – (De la poésie qui est née d'une manière authentiquement poétique, il ne doit y avoir aucune histoire possible.)

Pour la même raison, il n'y a pas non plus d'histoire de l'*animalité*, ou du genre animal en général, parce que l'*espèce* ne *progresse* pas, parce que chaque individu *singulier* exprime *de manière achevée* le concept de l'espèce, parce que chaque *être singulier* réalise l'idéal de son espèce, parce que, partant, dans cette succession, aucune réalisation n'est pensable dans une infinité de générations se succédant les unes aux autres, parce que, partant, aucune transmission de génération en génération n'est non plus pensable, aucune construction sur la base de ce qui est antérieur, aucun accroissement de ce qui a été obtenu par ceux qui ont précédé, aucun dépassement de la limite à laquelle ceux-ci en sont restés.

2. *Là où il y a mécanisme, il n'y a pas histoire*; et inversement, *là où il y a histoire, il n'y a pas mécanisme.*

Pourrions-nous par exemple penser l'histoire d'une horloge qui se meut toujours avec régularité (conformément à l'unité de son principe)? Non, pour une double raison : d'une part parce qu'en elle il n'y a aucune liberté du principe, et d'autre part, parce que (1) en elle il n'y a aucune diversité de l'action, car c'est un seul et même événement, toujours répété, que nous voyons en elle. Par conséquent, l'homme conçu comme une horloge, lui non plus – qui est devenu lui-même machine (il mangea, but, prit femme et mourut) – n'est pas même objet de récit.

Ces deux propositions, portées à l'expression la plus générale, donnent la proposition suivante :

3. *De ce dont une théorie* a priori *est possible, aucune histoire n'est possible,* et inversement, *seul ce qui n'a pas de théorie* a priori *a une histoire.*

189 | Si donc l'homme a une histoire (*a posteriori*), il n'en a que pour cela qu'il n'en a pas (*a priori*); bref, parce qu'il ne porte pas son histoire avec lui, mais la produit seulement lui-même.

Avant que nous poursuivions à partir de cette proposition, que l'on nous permette quelques explications.

Devient pour nous histoire, c'est le sens de notre affirmation, tout ce que nous ne pouvons pas déterminer *a priori*. Il ne s'agit donc pas non plus de savoir si quelque chose a un mécanisme déterminé ou se produit d'après des lois déterminées, mais si nous pouvons *comprendre* ce mécanisme, et *indiquer* ses lois. Par conséquent, le poète peut par exemple, *intentionnellement*, rendre histoire ce qui n'est pas histoire, un événement nécessaire qu'il présente comme contingent (qu'il ne rapporte pas au mécanisme naturel universel). C'est pourquoi on tolère chez l'historien (qui est toujours en même temps *poète*) une forme de *superstition*; car, s'il comprend son art, il ne prendra en compte aisément dans l'histoire aucun événement naturel sans suggérer en lui plus qu'une simple nature (une main supérieure, bien que cachée). – Dans toutes les sciences, l'*histoire* est précédée – par la *théorie*. Ainsi la mythologie grecque (quel que puisse être son lieu de naissance) ne fut originairement rien d'autre qu'un schématisme historique de la *nature* (que l'on n'a pas encore commencé d'expliquer (1)). – Ainsi toute doctrine des choses d'un monde suprasensible (parce que nous n'avons pour ce monde aucune loi de la nature) deviendra histoire; et toute religion qui est théorique passe dans la mythologie, et devient et doit toujours être mythologie, et ne jamais devenir autre chose (car elle peut en général n'avoir qu'une vérité poétique, et ce n'est qu'en tant que mythologie qu'elle est vraie).

Par suite, plus les limites de notre *savoir* s'élargissent, plus les limites de l'*histoire* se font étroites. (C'est pourquoi chez beaucoup, la sphère de leurs connaissances historiques est en rapport inverse avec la sphère de leur savoir propre; – car combien peu savent ce que savoir veut dire!) – Ainsi, d'un autre point de vue, le fait que nous ayons une histoire est l'œuvre de notre limitation. Car si nous avions jamais rempli toute notre tâche et réalisé l'absolu, alors il n'y aurait également pour tout individu et pour toute l'espèce aucune autre loi que la | loi de sa *nature* accomplie, toute **190**
histoire, par conséquent, cesserait; d'où le sentiment d'ennui, qui accompagne immanquablement toute représentation d'un état absolu de la raison – (comme à la représentation d'une pièce de théâtre dans laquelle n'interviennent que des êtres parfaits, ou à la lecture d'un roman – comme ceux de Richardson (1) – où apparaissent des figures idéales, ou à celle d'un poème héroïque chrétien dans lequel des anges – en général les plus ennuyeux de tous les êtres – jouent les rôles principaux). – – Si nous posons par conséquent un absolu *hors de nous*, il ne pourrait y avoir pour lui *aucune* histoire, notre propre histoire serait par suite une pure illusion, et la liberté, dont le rêve bienheureux de notre limitation nous renvoyait l'image, serait, par rapport à cet être (que nous ne connaissons pas), nécessité de fer. Par là,

il n'y a dans le dogmatisme aucune liberté, mais seulement fatalisme, et inversement, la philosophie qui part de la *liberté* supprime précisément par là tout absolu hors de nous.

Si donc l'homme ne peut avoir d'histoire que dans la mesure où elle n'est pas déterminée *a priori*, alors il suit aussi de là qu'une histoire *a priori* est contradictoire en elle-même; et, si une *philosophie de l'histoire* n'est pour autant que comme science de l'histoire *a priori*, – *qu'une philosophie de l'histoire est impossible*. C.Q.F.D.

SUPPLÉMENTS

| ANTI-CRITIQUE 191
(10 DÉCEMBRE 1796)

Quelques remarques à l'occasion de la recension de mon écrit, *Du Moi comme principe de la philosophie*, etc., parue dans l'A.L.Z., n° 319 (1).

Le recenseur s'y entend pour prendre d'entrée de jeu la posture de celui qui s'oppose à son auteur. « *Quel malheur*, dit-il, que son *propre* Moi lui soit inconcevable en tant qu'objet du savoir et qu'il le demeure, et qu'ainsi il comprenne moins encore ce que d'autres ont *l'obligeance* de lui prouver relativement au leur ». *Autant* dire alors sous une autre forme que l'auteur entreprend de raconter et de prouver, dans tout un livre, Dieu sait quoi à propos de son Moi. Qui voudrait écouter une histoire si assommante? – Le recenseur était sur la bonne voie. S'il avait terminé ici son ouvrage, il aurait heureusement conclu. Mais *quel malheur* qu'il recopie encore certains passages du livre dans lequel l'auteur affirme expressément que «*pour lui* aussi (tout comme pour le recenseur), le Moi en général est inconcevable en tant qu'*objet du savoir*; qu'on ne peut absolument rien *prouver* à propos du Moi (et par là même que l'on ne peut rien en *savoir*); que l'inconditionné (le Moi) ne peut en aucun cas être cherché dans le monde objectif en général; que le Moi n'est effectivement que dans son *agir*; que son *essence* elle-même consiste en la *liberté*, et que l'on ne peut prendre conscience de cette dernière, car elle est la *condition* de toute conscience ».

Il devrait pourtant être évident, pour des hommes *qui pensent*, que ce qui doit être *principe* de tout savoir ne peut être lui-même *objet* du savoir. C'est sur ce point que le recenseur aurait dû le moins me reprendre, si par ailleurs il avait lu l'écrit en question (par exemple, Avant-propos, p. XVI, suiv., XXVII, suiv., p. 7, 16. Rem. 79, 80, etc. (2)). – « Mais à quoi bon tout cela? Le *titre* du livre n'indique-t-il pas avec tant de mots que l'auteur a fait du *Moi* l'objet de ses recherches? » – Le recenseur saura qu'entre l'objet d'un *livre* et un objet *du savoir en général*, | il y a une différence. On appelle 192
le premier objet objet *logique*, le second objet objet *réel*. Lorsque le recenseur dit que le Moi n'est pas un objet du savoir, il en fait précisément

par là l'objet de son *jugement*. Son objection est donc tout à fait dans l'esprit de ce qui est déjà bien connu : vous ne savez rien des choses en soi ; et donc pas même qu'elles ne sont pas représentables ! « Mais l'auteur cherche pourtant à déterminer le Moi par des prédicats dont on ne peut douter » – il n'est jamais venu à l'esprit de l'auteur de parler du Moi comme d'un objet du savoir (théorique). Tous ceux du moins qui veulent connaître les principes de la critique devraient également savoir que les prédicats de l'absolu ne peuvent jamais devenir prédicats d'un *objet*. – Mais, demandera le recenseur, quel est *alors* le but de toute cette entreprise ? D'après lui cette question mérite qu'on y réponde. Pourquoi ne pas saisir cette occasion d'être enfin *clair*, plus clair peut-être qu'on ne l'eût voulu ? Le but de l'auteur n'était autre que de libérer la philosophie de la torpeur dans laquelle il lui avait fallu inéluctablement tomber à cause de malheureuses recherches *sur un premier principe de la philosophie* – son but consistait à prouver que la vraie philosophie ne peut commencer qu'avec des actions libres, et que des principes abstraits placés à la pointe de cette science sont la *mort* de tout philosopher ; la question de savoir par quel *principe* il faut que la philosophie commence lui semble indigne d'un homme libre et conscient de lui-même. Tout au plus lui paraissait-elle amplement suffisante pour un homme qui, tel *Nicolai* pour toujours brouillé avec son Moi, dans cette impossibilité qu'il est de commencer quelque chose *avec lui-même*, doit avoir un écheveau à dévider, ou un oignon à éplucher (1). – Comme il tenait la philosophie pour un pur produit de l'*homme libre*, pour ainsi dire pour l'*unique* acte de la liberté, il croyait avoir d'elle des concepts supérieurs à ceux de maint philosophe pleurnichard qui avait déduit du désaccord entre ses collègues les horreurs de la Révolution
193 française et tout le | malheur de l'humanité, mais qui avait voulu remédier à ce malheur au moyen d'un principe vide – muet –, dans lequel, croyait-il, était en quelque sorte enclose la philosophie tout entière (1). Il croyait que l'homme était né pour *agir*, non pour *spéculer*, que donc même son premier pas en philosophie devait annoncer l'apparition d'un être libre. C'est précisément pour cette raison qu'il était très peu attaché à une philosophie *écrite*, et moins encore à une proposition *spéculative* placée *à la pointe* de cette science ; mais ce à quoi il était le moins attaché, c'était la philosophie *valant universellement* (2), dont ne devrait raisonnablement se vanter qu'un *sage* dont la philosophie, tel le moulin-à-vent de *Lessing*, vit en toute amitié avec les trente-deux vents (3). Mais parce que le public philosophique ne semblait avoir alors d'oreilles que pour des *premiers principes*, *son* premier principe – eu égard au lecteur – ne pouvait être qu'un *postulat* – l'exigence de ce même acte libre avec lequel seulement peut commencer

selon lui tout philosopher. Le premier résultat de toute philosophie, qui est d'agir librement sur soi-même, lui semblait aussi nécessaire que le premier postulat de la géométrie, qui est de tirer une ligne droite. Le philosophe devrait tout aussi peu avoir à prouver la liberté que le géomètre la ligne. – On voit également à partir de là que cette philosophie pourrait se passer aisément de la terminologie dont un *Professeur de Breslau* a assez curieusement prophétisé après coup qu'un *libraire berlinois* la trouverait ridicule (4). Elle existait précisément pour ceux qui ne conçoivent rien sans terminologie, | et qui la trouvent contrariante seulement parce qu'ils en ont déjà **194**
une autre en tête – pour tous les autres, elle était totalement inutile.

Cependant cette philosophie – qui pourtant n'est elle-même qu'une *Idée* dont le philosophe lui-même ne peut attendre la réalisation que de la raison *pratique* – restera et doit rester incompréhensible, voire ridicule aussi longtemps que, incapable que l'on est de s'élever à des Idées, on n'a pas même appris de *Kant* que les Idées en général ne doivent pas être des objets d'une spéculation oiseuse, mais les objets de l'agir libre, que le domaine entier des Idées n'a de réalité que pour l'activité morale de l'homme, et que l'homme ne peut plus *trouver* aucun *objet là* où il commence *lui-même* à *créer*, à réaliser. Rien d'étonnant à ce qu'entre les mains d'un homme qui veut déterminer théoriquement des Idées, tout ce qui outrepasse la table des catégories devienne une chimère, que l'Idée de l'absolu équivaille dans son esprit à l'histoire de personne, et qu'il ne voie face à lui, là où un autre se sent pour la première fois véritablement libre, rien sinon le grand Rien que lui ne sait comment remplir, et qui ne *lui* laisse aucune autre conscience que celle de sa propre absence de pensée. Ce qui prouve que son esprit n'a jamais appris à agir librement sur lui-même, et qu'il ne sait affirmer son rang dans le monde des esprits que par une pensée *mécanique*.

Quelle malheureuse philosophie ! dira-t-on. Voilà en effet un choix bien malheureux que de s'occuper à vouloir présenter *hors* de soi *ce* qu'est la propriété *la plus intime* de l'*homme*, et ce qui, arraché à son ancrage spirituel, ne laisse qu'un squelette inerte fait de mots. L'unique consolation que cela peut apporter est d'avoir néanmoins trouvé quelque chose, ce que les profanes reconnaîtront tôt ou tard pour leur *procul o procul este* ! (1), pour perfectionner peu à peu la science jusqu'à ce qu'elle cesse d'être *communicable* – cette unique consolation est que même les brocanteurs philosophiques remarquent que l'*homme* l'a | réclamée comme sa pro- **195**
priété, qu'elle n'est dès lors plus une marchandise qu'on peut vendre sur la place du marché. – *Tout* autre art ou *toute* autre science, dont les objets sont de libres produits de l'esprit, doit pourtant combattre,

précisément aussi bien que le fait la philosophie, cette *absence d'esprit*. Entre ses mains, les fragiles créatures de l'imagination, qui doivent être saisies justement avec l'esprit avec lequel elles ont été esquissées – allant de pair avec les concepts d'une vérité objective – deviennent des monstres. La langue métaphorique de la physique, par laquelle une imagination *schématisante* sensibilise la connexion des phénomènes naturels, devient à son contact une théorie facile à saisir, et ce qui s'affirmait dans des systèmes et des religions de l'ancien monde comme un libre jeu de l'imagination *idéalisante* ne devient qu'une réalité effective grossière, et bientôt un dogme (sino-indien (1)) extravaguant.

Je me suis acquitté de ce que je me devais *à moi-même*. Maintenant, plus un mot !

Leipzig, 26 octobre 1796
F. W. J. SCHELLING

| RÉPONSE À LA MISE EN DEMEURE DE M. TITTMANN 209
DANS LA SECTION DES COMPTES RENDUS DU
JOURNAL PHILOSOPHIQUE, N°III (*1797*) (1)

M. T. me met en demeure :

1) de prouver que son programme *doit* être dirigé contre les *Lettres sur la perfectibilité de la religion révélée* (1). Cette mise en demeure repose sur une ambiguïté qui s'attache au mot *devoir*. Car à quoi un programme tittmannien en ce sens du mot *doit* ou *a dû* servir à proprement parler (puisque « devoir » désigne une *intention*), j'avoue ne pas le savoir. On peut du reste s'étonner que Tittmann s'effraie d'avoir écrit contre ce livre (sans doute parce qu'il le tient pour un livre éclairé, et qu'il trouve bon de prendre l'apparence d'un théologien éclairé). Néanmoins il serait tout à fait juste de juger sévèrement ce livre, qui, déjà d'après son titre, est censé représenter le *nec plus ultra* de la littérature *semi-philosophique*. Il n'est absolument pas question de savoir *à propos de quoi*, ni *contre quoi* quelqu'un a écrit, mais à quel point il l'a *bien fait*.

2) de montrer où il a bien pu émettre des jérémiades immodérées à propos du déclin de la religion. Ce sont donc des jérémiades *modérées* qu'il a émises, et non des jérémiades *immodérées*. Mais je n'ai dit nulle part que ses jérémiades sont modérées ou immodérées, j'ai seulement dit qu'elles sont *ridicules*. Cela, il le concède cependant lui-même. Car pour des jérémiades *immodérées* on peut certes attendre encore un futur *combattant héroïque*, mais pour des jérémiades *modérées* seulement une *bigote*, qui, sur la chaire et dans le monde savant, joue bel et bien un rôle ridicule.

3) de mentionner l'endroit où il a dit que « Kant doit avoir étudié la théologie dans un lycée de piètre niveau, sans quoi il n'aurait pu accumuler un tel retard dans ce domaine; c'est pourquoi il aurait mieux fait d'apprendre à l'école d'un théologien moderne comment, entre-temps,

la théologie s'est grandement améliorée». – Cette exigence est quelque peu étrange, puisqu'il est fait mention aussitôt après d'un passage du programme avec lequel, hélas!, le papier doit être corrompu pour la troisième fois (ou, si on compte plus précisément, pour la sixième fois).
210 Kant y est appelé *vir* | *acutissimus*, « *qui quae ante hos quinquaginta annos et amplius in schola non bene constituta iuvenis forsan tradi audiuerat, ea usque ad hodiernum diem eodem modo tradi sibi persuasit, et* religioni vitio vertit» (1). – Ces mots renferment donc bien un *reproche* adressé à Kant. D'après ce reproche, le philosophe, au lieu de se consacrer à des doctrines de la religion corrompues, aurait pourtant bien fait, ou ferait bien encore maintenant, de lire plutôt des systèmes édifiants de nos théologiens modernes. Que veut donc M. T.? – S'il croit cependant vraiment que Kant aurait dû préférer au système conséquent de l'Église le rafistolage sans cohérence des théologiens, que *lui* (M. T.) tient pour éclairés, on ne peut que mettre cela au passif de la faiblesse de son entendement.

4) Enfin, le *ton* de ma recension brise le cœur de M. T. et sa mise en demeure se mue en sanglot bruyant. On peut certainement s'en étonner, puisqu'il prétend avoir pris connaissance, *six* semaines avant la parution du journal, de la *tempête* qui menaçait son programme. C'est là quelque chose d'entièrement *impossible*, et donc de *faux*. – Puisque certaines personnes, comme M. Tittmann, sont néanmoins encore *importantes* ici et là, il a bien pu y avoir quelques autres personnes qui, pour se mettre en valeur auprès de lui, racontaient *après-coup* qu'ils avaient su ce qui l'attendait déjà six semaines avant les faits. Ces personnes importantes, M. T. peut assurer qu'elles ont *menti* sans honte. – J'en déduis que M.T. croit connaître l'auteur. Puisqu'il n'est peut-être pas indifférent de savoir à qui il pense, il est libre de s'enquérir de mon nom auprès des éditeurs. Je n'ai aucune raison de le cacher.

Que, dans son *Anti-critique*, M. T. se répande en malhonnêtetés et en calomnies, etc., fait partie des *saintes* armes dont ce genre d'hommes s'est toujours servi.

Pour ce qui est du *ton* de la recension, – disons-le une fois pour toutes – il faut respecter les *arguments* – et combien! –, non pas par égard pour M. T., mais pour les autres et pour la postérité. Nous ne devons donc pas *a priori* des arguments à tout un chacun, ils n'appartiennent qu'à celui qui les *mérite*. Si c'est le cas de M. T., que les lecteurs en jugent à partir de ce qui suit.

Dans le torrent de ses déclamations, son programme se réduit au sophisme suivant, qui revient inlassablement :

Ce qui repose sur des lois éternelles et nécessaires de la raison est par nature immuable.

| Or la *religion* (il faut comprendre : *la religion naturelle*) repose sur des 211
lois éternelles de la raison.

Donc la religion (*la religion révélée, avec sa dimension entièrement positive*) est par nature immuable.

J'admets n'avoir aucune patience pour de telles infamies littéraires et qu'analyser de telles choses me demande beaucoup d'efforts. Néanmoins, puisque nous en sommes là, je veux essayer de clarifier l'affaire par le raisonnement suivant : aucune affirmation ne va plus loin que son *fondement*. Or tout le *fondement* du caractère immuable de la religion révélée vient de ce que la religion *en général* repose sur des *lois de la* raison, l'affirmation de l'immutabilité de la religion révélée ne vaut donc également que dans la mesure où elle repose *sur des lois de la raison*, c'est-à-dire *pour autant qu'elle est religion naturelle* (donc ce qu'elle a en elle de *positif* n'a rien d'immuable, mais est effectivement perfectible, si tant est que l'on puisse appeler perfectible *ce* qui, à la fin, doit être totalement abandonné). M. Tittmann serait-il alors un théologien rationnel ? – Il l'est certainement tant qu'il explicite les prémisses de son raisonnement. Mais quand il en arrive à sa conclusion, la page se tourne d'un coup et les pauvres théologiens rationnels ne sont face à lui que comme neige au soleil. Tout au long de son programme, il souffle ainsi d'une même bouche le chaud et le froid, il louvoie d'un côté et de l'autre et produit, dans son lâche embarras, des raisonnements fautifs. Ces derniers ne lui laissent que le triste choix ou bien de renoncer à la perspicacité la plus commune (car il n'en faut pas plus pour les élaborer), ou bien de reconnaître qu'il compte sur les lecteurs les moins sensés, qui acceptent qu'on leur jette de la poudre aux yeux. À cela vient s'ajouter le *ton triomphal* du programme, avec lequel il croit se mettre en valeur aux yeux de gens censés être encore plus stupides que lui, si cela est possible, comme un partisan *réjoui* de l'orthodoxie, mais qui, au fond, ne trahit (*remarquons bien* : pour autant que je comprenne comment la conviction s'exprime par des mots) que le fait qu'il n'en aille pour lui nullement de conviction ni d'arguments, mais seulement *de lui-même*.

Pour ce qui est de la *partialité* présumée de ma recension, j'ai toujours tenu l'*impartialité* vantée des recenseurs pour ridicule, car elle va au-delà de ce qu'un simple mortel peut s'attribuer. Je crois que les écrivains devraient savoir gré à leurs juges de ne pas parler (comme cela se fait sur tant de trépieds érudits) comme « la *raison personnifiée* », mais d'exprimer

212 leur *individualité* en chaque | mot, pour qu'on n'oublie jamais que c'est un *individu* qui parle. Je ne veux pas être autre chose qu'un être humain et suis *partial délibérément* et *en connaissance de cause* – partial contre tout ce que *je* considère comme étant faux, menant à la confusion et à moitié philosophique. Le *modeste dilettante* mérite qu'on le traite avec clémence, mais le *dilettante arrogant*, qui croit dissimuler sa tête creuse derrière un front d'airain, mérite qu'on le *rabaisse plus bas que terre* aux yeux du public.

J'ai montré que M. Tittmann avait perdu le droit aux *arguments*. Je dois dès lors considérer cette réponse comme un *opus supererogatum* (1). Mais ne devrais-je pas plutôt m'en vouloir d'avoir gâché du temps et du papier à des choses aussi médiocres que sont son programme et sa mise en demeure ?

L'auteur de l'Aperçu général

| RECENSION DE F.A. CARUS, *ANAXAGOREAE COSMOTHEOLOGIAE FONTES INDAGAVIT* (1797) (1) 221

Cet écrit est intéressant non seulement par son objet, mais surtout parce qu'il contient d'un bout à l'autre des recherches *personnelles* de l'auteur, et non pas menées, comme tant d'autres dans ce domaine, sur la foi d'écrivains récents, mais puisées à nouveaux frais dans des livres *anciens* comme en autant de sources. C'est pourquoi il s'écarte fréquemment des exposés antérieurs.

Demandons-nous d'abord *ce que* l'Ionien (2) a affirmé et enseigné. – Il faut être reconnaissant à l'auteur d'être ici strictement historique et de restituer les idées de son héros *dans leur pureté* et *sans rien leur ajouter*, comme le dit l'auteur, presque littéralement (pour cela il utilise de préférence le fragment qui se trouve chez Simplicius). C'est pourquoi aussi il était nécessaire de procéder à un certain nombre d'explications philologiques, à partir d'écrivains *pré-anaxagoréens*, pour déduire ainsi *historiquement* ce que les mots (qui ne sont pas, comme les ὁμοιομεριαι (3), des innovations de sa part) pouvaient signifier pour lui ou comment il modifie leur signification. Le recenseur attendait particulièrement de voir comment Anaxagore désigne le *passage* du Νοῦς aux homéomères; on trouve p. 8 : Παντα ἦν ὁμου, εἰτα Νοῦς *ελθων* αυτα διεκοσμησεν – et par ailleurs επελθων ou εισελθων (4). Que de temps a-t-on passé à se payer de *mots* à propos de ce passage !

Considérons ensuite l'étude des *sources* proprement dite d'où a été tirée la doctrine d'Anaxagore. L'auteur a un concept de *sources* beaucoup plus large que celui qui a cours d'ordinaire. Il distingue les sources *internes* (psychologiques et morales), qui se trouvent dans l'*esprit* de l'inventeur, des sources *externes*, qu'il faut chercher dans son éducation, les événements de sa vie, ses professeurs, sa patrie ou son lieu de séjour, son siècle et la culture de son époque (on ne peut pas à vrai dire toujours distinguer de

manière tranchée les sources internes et externes). D'où la remarque provisoire : *etiamsi certis ubique testimoniis probari nequeat, philosophum Clazomenium vel nonnulla sibi plane non aut ex parte tantum debuisse, vel omnibus istis adminiculis, quibus e nostro judicio uti* poterat, *vere etiam* usum esse, *tamen negari nequit, maximis quibusque ingenii humani inuentis, quamuis hoc ipsos eorum auctores illustres fugerit, et suae et superioris aetatis impressa esse vestigia, etc.* (5) – et, pour justifier son
222 entreprise, la remarque que | les contemporains du natif de Clazomènes s'interrogeaient déjà sur l'*originalité* de ses idées. Il eût été souhaitable que l'on prît toujours pareille liberté en cherchant l'origine des systèmes anciens et en particulier religieux (ayant encore autorité sur les hommes) et que l'on se fût toujours plié au principe herméneutique que l'auteur établit p. 3.

Puisque l'on cherchait les sources *internes* des idées d'Anaxagore, il fallait considérer avant toutes choses le *caractère* (aussi bien intellectuel que moral) du philosophe, lequel est ici mis en avant avec une chaleur manifeste (mais qui n'outrepasse pas la vérité historique). Il était judicieux, à cette fin, de voir le caractère de *Périclès* comme le reflet de celui de son professeur (en particulier si l'on se souvient du rôle qu'un philosophe pouvait avoir à cette époque comme professeur) (1). Il faut certes chercher la principale source de la cosmologie d'Anaxagore dans ses *idées concernant la physique*, à partir desquelles il est sans doute *progressivement* passé dans le domaine *métaphysique*. Les degrés par lesquels il s'est élevé jusqu'à l'idée du Νοῦς sont, d'après l'auteur, essentiellement les suivants : 1) une fois admis que la matière n'est pas *née*, mais éternelle, 2) que la matière est, pour soi-même et originairement, immobile, 3) que les éléments (στοιχεῖα) de toutes les choses, lesquelles sont en nombre infini, se trouvaient dans le chaos originaire, 4) que ces éléments (ou, comme il les désigne par l'expression qui lui est propre, les *homéomères*) étaient *inaltérables*, 5) qu'à partir d'eux les choses ne pouvaient donc pas, comme *Thalès* et d'autres philosophes antérieurs le pensaient, *être formées* par *altération*, mais seulement par *division et composition*, 6) puisque maintenant la matière était en soi-même *inerte*, alors la cause première de son mouvement devait se trouver en dehors d'elle, et n'être pas elle-même soumise à nouveau à des lois physiques (« *cujusmodi vim, quae tot rerum genera et complecti, et separationem eorum concipere atque experiri posset, in tota natura nusquam Clazomenius sibi visus est reperire, nisi in summo vitae flore in omnibus animantium generibus conspicuo, in illa* MENTIS infinita vi et ratione, *quam omnibus illis virtutibus instructam a divina natura non ita multum distare ipse videtur quodammodo suspicatus esse* » (2)).

Anaxagore aurait donc été le premier de tous les philosophes grecs à séparer l'ensemble de *ce qui est physique* de l'idée de la cause suprême et à la penser de manière purement intellectuelle. On sera peut-être d'autant plus désireux de savoir s'il avait pensé par ce Νοῦς simplement la légalité universelle | de la nature *personnifiée*, την περι τον όλον κοσμον ταξιν (1) 223
(auquel on dit qu'il a renvoyé comme à une consolation un homme las de l'existence), ou bien s'il s'était représenté sous celui-ci quelque *être* personnel, question qui sans aucun doute n'aurait eu aucun sens pour Anaxagore *lui-même*. Car l'on se trompe vraiment si l'on croit que les philosophes de cette époque ont connu de telles distinctions. On comprend qu'Anaxagore n'ait rendu son Νοῦς sensible par aucun schématisme, puisqu'il le pensait de manière totalement pure et comme élevé au-dessus de ce qui est matériel (αμιγης (2)), car, qu'il lui ait attribué une nature éthérée nous paraît entièrement réfuté par les remarques de l'auteur à la p. 14. Aussi, le Νοῦς d'Anaxagore ne reçoit-il les noms de δημιουργικος, de κοσμοποιων, etc. (3) que chez des auteurs plus tardifs etc. L'Ionien ne l'a pas appelé lui-même Θεός sans doute parce que les concepts qui à son époque se rattachaient à ce mot ne s'accordaient pas avec la pure idée du Νοῦς. – Nous aussi nous devons nous abstenir, comme la plupart des Anciens, de manipuler cette idée avec nos concepts, qui changent si aisément l'idéal en effectivité. C'est à partir de la manière de parler de cette époque que la signification du Νοῦς doit être développée, afin que notre usage de la langue ne soit pas corrompu. C'est peu de temps avant Anaxagore que la *prose* grecque commença à se former, et c'est seulement à son époque que l'usage de la lecture et de l'écriture apparut à Athènes. Anaxagore lui-même semble avoir contribué à la formation du discours libre, et s'il est vrai qu'il a été l'un des premiers à interpréter Homère *de manière allégorique* (p. 32) (4), il a lui-même aussi *pensé* sous une forme plus prosaïque que les philosophes qui l'ont précédé. Maints éléments amènent à conclure qu'il a lui-même opposé son Νοῦς au concept des dieux : qu'on l'ait par exemple accusé d'irréligiosité à la fin de sa vie, que son surnom (ὁ Νοῦς) ait probablement dû son origine à une *inuidiae populari* (l'auteur suppose que c'est un comique de son temps qui a été le premier à lui donner ce surnom; – que l'on se rappelle Socrate et Aristophane). Vouloir suivre l'auteur dans le développement historique de l'origine de ce concept (Νοῦς) nous mènerait trop loin. L'auteur montre sans contestation possible que tous les prédicats qu'Anaxagore a attribués

au Νοῦς se trouvaient déjà en germe dans l'usage linguistique qui avait cours auparavant.

Citons encore brièvement les sources *externes* des idées d'Anaxagore que l'auteur examine. Ce sont a) la philosophie des peuples étrangers,
224 | b) la nation d'Anaxagore elle-même et sa croyance nationale, c) ses prédécesseurs en philosophie, les philosophes nationaux qui l'ont *précédé*. Ici est introduite en même temps une explication plus précise – bien menée jusqu'à sa fin – sur le théisme ou monothéisme de *Thalès* si souvent loué.

Ce petit écrit peut encore de surcroît être loué comme un trésor de remarques excellemment critiques, philosophiques et historiques, fort importantes pour l'historien.

| DE LA RÉVÉLATION ET DE L'INSTRUCTION DU PEUPLE (1798) AA I, 4, 249

Les brèves remarques dont je fais part ici à propos des objets indiqués dans le titre ont été rédigées à l'occasion de la parution de l'ouvrage de *Niethammer :*

Doctrinae de revelatione modo rationis praeceptis consentaneo stabiliendae periculum. 1797 (1).

(un ouvrage, qui, en vertu de la rigoureuse conséquence avec laquelle il met à mal la pseudo-philosophie des plus récents théologiens (2), pourrait bien être, en particulier pour ces derniers, d'une lecture salutaire). Ce que j'ai dit dans ce qui suit à l'encontre de cette façon de philosopher est le plus souvent tiré de ce traité. – Le reste doit m'être seul imputé.

Il est temps enfin que l'on cesse de considérer le concept de révélation comme une *Idée de la raison*, ou même comme un *postulat de la raison pratique* (3). Car la prétendue nécessité pratique d'une révélation ou la possibilité de la supposer est dès à présent réduite à la nécessité d'un auxiliaire extérieur à la moralité ou à la possibilité de le supposer (la révélation doit être quelque chose de cette sorte). Par quoi sont alors présupposées deux choses : premièrement, que l'on a en général besoin d'un tel auxiliaire ; une proposition qui, incompatible qu'elle se trouve être avec la liberté et la pureté de la décision éthique, doit être en fin de compte bannie sans pitié de la vraie morale ; car il n'y a pas d'adjuvant purement *extérieur* de la moralité ; ce qui est un auxiliaire de l'éthique ne l'est pas en *soi-même*, mais parce que et dans la mesure où nous l'avons fait tel. Mais en *ce* sens, il n'y aura rien dans le monde qui ne pourrait devenir un adjuvant de la moralité. Si donc la révélation (et c'est là la deuxième chose qui est présupposée) est, avant toutes choses et *de manière insigne*, | un tel 250 auxiliaire, elle doit alors l'être d'après *sa nature*, elle doit l'être *en soi*, il ne doit donc pas dépendre de notre bon vouloir (de notre liberté) qu'elle le soit, elle doit être un *tel* auxiliaire purement et simplement parce qu'elle existe, elle doit stimuler notre moralité de manière aussi nécessaire que la respiration le fait par exemple pour nos fonctions vitales ; car si son usage, comme adjuvant, est rendu dépendant de notre libre décision, cet usage qui vise un but moral présuppose déjà la moralité elle-même ; par conséquent là où un tel moyen pourrait être efficace, il ne doit pas être appliqué, et là où il peut être appliqué, on n'a plus besoin de lui.

Ainsi donc le défenseur de la nécessité morale d'une révélation se voit-il lui-même poussé en définitive à démontrer avant toutes choses l'*existence* d'une révélation ; on peut le contraindre à jeter ce concept hors du repaire des postulats pratiques dans le champ libre et ouvert des concepts de la nature, et à soumettre sa réalité, comme la réalité de tout autre objet de la nature, à une preuve théorique.

Par là, ce concept se trouve dès lors lui aussi rétabli dans son antique dignité dans laquelle les théologiens conséquents de l'époque précédente, infiniment supérieurs à nos demi-philosophes, ont cherché à le maintenir avec constance. Car, bien qu'ils aient pensé eux aussi à des arguments moraux en faveur de l'existence d'une révélation, ils comprirent cependant que la réalité de ce concept reposerait sur des appuis par trop faibles s'ils ne pouvaient lui adjoindre ces confirmations théoriques.

À cela s'ajoute encore que cette même philosophie (si l'on doit ici aussi faire un mauvais usage de ce nom souvent si mal employé) qui érige la révélation en postulat pratique doit justement avoir de la nature et de l'essence des postulats pratiques des concepts entièrement faux. Car, puisqu'une grande partie de ces philosophes reconnaît sans détour qu'en ce qui concerne la réalité théorique de ce concept, les choses semblent très mal engagées, qu'il est inconstructible par la raison théorique, c'est-à-dire qu'il est purement et simplement non-rationnel, et puisque précisément pour ces raisons ils rêvent néanmoins d'une réalité pratique de ce concept, ils doivent alors demeurer dans l'illusion que ce qui, théoriquement, est au plus haut point non-rationnel peut pourtant, *pratiquement* – (que peuvent-ils bien penser par là ?) –, être au plus haut point rationnel. C'est en vain qu'on leur demanderait leurs véritables raisons ; ils ont pour unique raison de croire que l'essence du *kantisme* – (et pourtant ils ne veulent pas revenir à l'époque antérieure !) – consiste en ce que ce qui a été rejeté de la philosophie par la porte de devant est revenu par la porte de derrière (par les
251 postulats pratiques). | Or, aux yeux de ces philosophards, même le concept de révélation est un tel produit de contrebande, réintroduit en sous-main ;

et mettre un terme à ce commerce clandestin, à propos duquel les hommes qui pensent de manière virile et courageuse ne parlent que d'une seule voix, cela fut, ce me semble, le principal but du traité cité.

Il est évident que, puisque ce concept devient un postulat pratique, on ne peut faire l'économie d'en proposer une construction théorique. Il est à vrai dire très facile d'analyser ce concept et d'extraire à nouveau de lui les caractéristiques déterminées que l'on y a introduites; mais une telle manœuvre peut seulement empêcher celui qui a la vue la plus courte de demander quel est le fondement ultime de la réalité de ce concept composé arbitrairement. Or cet ultime fondement ne peut être rien d'autre qu'une construction synthétique de ce concept (ou une construction originaire en vue de son établissement). Dans cette mesure, ce concept énonce qu'une influence individuelle de Dieu se produit sur le monde sensible et sur l'esprit humain; on présuppose par là, comme il apparaît évidemment par soi-même, le concept de Dieu comme d'un être individuel, personnel – et à vrai dire d'un être qui agit dans le monde sensible, par quoi ces philosophes tombent ensuite dans la plus grande inconséquence, puisqu'ils ont auparavant établi l'idée de la *divinité* elle-même comme n'ayant qu'une réalité pratique, c'est-à-dire comme objet du faire et de l'agir, non comme objet d'un *savoir* catégorique (d'un savoir qui vise une *existence*).

Dans le même temps – qu'il me soit permis d'ajouter quelque chose de mon cru –, ils présupposent dans l'esprit humain une *réceptivité* contraire à sa nature tout entière. Car, puisque l'essence de l'esprit consiste dans l'activité, il n'est susceptible que d'un *pâtir* qui d'un autre côté est en même temps un *faire*, c'est-à-dire qu'il est impossible de penser dans l'esprit humain une *passivité absolue*, et tout concept qui présuppose une passivité absolue dans l'esprit humain est faux par nature. – (C'est la raison pour laquelle toute affirmation transcendante peut être éprouvée comme une pierre de touche universelle). – Mais dès lors, une révélation telle qu'elle est déterminée dans cette philosophie, c'est-à-dire comme une influence réelle de l'être suprême sur l'esprit humain, ne laisse rien à ce dernier si ce n'est une passivité absolue; car l'être suprême est | absolument actif, mais **252**
le corrélat nécessaire de l'activité absolue est la passivité absolue. Partant, ce concept de révélation, selon les principes propres de cette philosophie, est complètement faux; car du point de vue théorique, ils admettent eux-mêmes qu'il est précisément tout aussi peu constructible que, par exemple, le concept de sorcellerie; mais du point de vue pratique (par rapport à la liberté), il se détruit lui-même parce qu'il ne peut coexister avec la liberté.

Mais ces philosophes veulent qu'il coexiste avec la liberté, car ils décrètent qu'il y a un *usage de la raison* dans les *affaires de la révélation*. Qu'un tel usage soit impensable selon leurs concepts, ils auraient dû l'apprendre depuis bien longtemps grâce au livre du même auteur, *De la religion comme science*, s'ils étaient capables d'une pensée conséquente et persévérante (1). Il n'y a donc pas lieu de s'étonner si ceux qui étaient encore en état de penser un tant soit peu de manière conséquente durent à la fin en arriver au concept d'une *révélation médiate*. Mais ce concept ne contient plus aucune trace de ce que signifiait *originairement* le concept de *révélation*, et c'est une hypocrisie indigne de la philosophie que de vouloir conserver et rendre éternel le nom d'une chose dès lors que son concept a depuis longtemps disparu.

Ils cherchèrent, à dire vrai, à embellir ce procédé. Mais ici aussi, comme à l'accoutumée, l'embellissement se trouva être pire que la chose embellie. *Lessing* avait établi la révélation comme un moyen pour l'éducation du genre humain (2). Ce qu'il voulait dire par là, celui qui est familier de son esprit le sait. Cet esprit tout à fait *complet* et énergique se tenait bien sûr infiniment loin de cette demi-philosophie que l'on a déroulée à partir de cette idée. Dans sa biographie se trouvent maints passages de ses lettres qui devraient faire l'effet d'une épée plantée dans l'âme de ces hommes des Lumières, qui se vantent d'avoir vécu à l'époque de Lessing, et qui projettent, encore aujourd'hui, de temps en temps, sur nous, les successeurs, leurs faibles lueurs. « Je devrais donc envier au monde, écrit-il, le fait que l'on cherche à l'éclairer davantage ? Ne devrais-je pas souhaiter de tout cœur que chacun veuille penser de manière rationnelle sur la religion ? Je me détesterais si j'avais moi-même dans mes écrits un autre but que d'aider à promouvoir ce grand dessein. Mais qu'on me
253 laisse seulement faire comme bon me semble. | Et qu'y a-t-il de plus simple que cette façon de faire ? Ce n'est pas l'eau impure qu'on ne peut plus utiliser depuis longtemps que je veux pouvoir conserver. Je veux seulement qu'on ne la jette pas avant que l'on sache où prendre l'eau pure. – De l'orthodoxie, Dieu merci ! on en était presque venu à bout. On avait érigé entre elle et la philosophie une cloison derrière laquelle chacune pouvait aller son chemin sans être un obstacle pour l'autre. Mais que fait-on à présent ? On abat cette cloison et, sous prétexte de faire de nous des chrétiens rationnels, on fait de nous des philosophes au plus haut point irrationnels. Nous sommes d'accord sur le fait que notre vieux système religieux est faux ; mais je ne peux dire avec toi que c'est là un rapiéçage dû à des incapables et à des demi-philosophes. Je ne connais rien au monde qui n'ait permis à la sagacité humaine de s'exercer et de s'affermir plus que lui.

C'est le système religieux que l'on veut maintenant poser à la place de l'ancien qui se trouve être un rapiéçage dû à des incapables et *à des demi-philosophes*, et que l'on veut voir posséder beaucoup plus d'influence sur la raison et la philosophie que ne s'en arrogeait l'ancien système » (1).

On perçoit bien à quelle époque ce passage fut écrit. Il est certain que Lessing écrirait aujourd'hui autrement. Car pourquoi ne devrait-on pas à présent être satisfait qu'il en fût ainsi ? Si cette cloison était demeurée en l'état, les superstitieux auraient pu mener à jamais une existence tranquille. Maintenant qu'elle est détruite, elle *doit* le rester; et l'on doit faire en sorte que ce double chemin, qui courait d'un côté et de l'autre, devienne une *unique* grande route sur laquelle le monde entier cheminera à l'avenir. Pourquoi ne pas arracher leurs masques à ceux qui trompent le peuple? On ne doit pas se laisser duper par cette horde de demi-esprits, qui *maudissent* le *jour* qui point parce qu'il met un terme à leur office de moucheurs de chandelles[1]. Ou bien faut-il que le soleil ne se lève pas afin que les vers luisants continuent à briller, ou que n'importe quel bois vermoulu répande encore sa lumière ?

Il s'agissait d'une *tromperie*. Car ce sont précisément ceux | qui 254
suppriment la révélation selon son concept, qui, pourtant, sont précisément tous d'accord sur le fait qu'il faille l'utiliser avant comme après – si ce n'est comme un épouvantail – du moins comme une *autorité* pour le peuple. Mais c'est et cela reste une *tromperie*, – une tromperie dans l'affaire la plus sacrée – que d'utiliser une autorité dont on est convaincu de la nullité. Supposons aussi qu'un tel usage soit utile *au commencement* (bien que cela soit impossible, car il supprime la formation à l'autonomie), le moyen sanctifie-t-il la fin, et ce faux moyen ne deviendra-t-il pas par la suite lui-même destructeur pour la fin supérieure? – Ce concept du *peuple* est en outre un concept éminemment relatif. Il désignerait donc un public qui n'a pas le loisir ni la capacité de s'élever à des principes? – Mais alors à quels principes ? Aux vôtres ? Mais vous avouez, par exemple, et vous n'en faites aucun mystère, que vous ne pouvez pas, vous non plus, de votre côté, vous élever aux principes que d'autres, et ce avec le droit le plus complet qui est le leur, tiennent pour les principes suprêmes. Par conséquent, c'est avec le même droit qu'ils vous compteraient, eu égard à leurs principes, parmi le

1. Dans la grande salle de concert de Leipzig, décorée avec des tableaux de M. Oeser, particulièrement doué dans les allégories, est représenté parmi d'autres l'*élan vers les Lumières* sous les traits d'un *jeune garçon gaillard* qui nettoie la flamme aux ciseaux : « grâce à cela, dit l'éclaireur, la lumière de la connaissance éclaire plus vivement tous les regards ». Voir *Leipzig, un manuel pour voyageurs* de Claudius (2).

peuple auquel d'autres appartiennent selon vous eu égard à *vos* principes. Vous vous en indignez – vous qui êtes encore infiniment plus aveugles que les aveugles (1) que vous entreprenez de guider ! Qu'est-ce qui vous donne le droit de vous élever au-dessus de vos frères (2) ? – Est-ce parce qu'ils ne sont pas allés dans des écoles savantes, ou parce qu'ils n'ont pas appris par cœur des langues orientales, ou n'importe quel compendium philosophique ? – Qu'est-ce qui vous donne le droit de les maintenir sous tutelle alors que vous n'avez guère assez de force pour vous conduire vous-mêmes ? –

Toute société, en son intention religieuse, est une société *de part en part égalitaire*. Il n'y a ici à proprement parler, – soit dit pour faire plier l'orgueil des prêtres –, aucun *professeur* ni aucun *élève* (3). Seules les vérités dont on présuppose que tous y croient doivent être rendues vivantes par une profession de foi commune (où un seul parle au nom de tous), seuls les sentiments dont on admet que tous sont pénétrés doivent être plus vigoureusement suscités[1]. L'État ne peut interdire aux citoyens de consentir à une telle union. Mais il peut empêcher que naissent dans cette
255 société une scission, un conflit et par là un scandale. | Ce n'est pas toutefois *parce qu*'on vous croit plus intelligents que ce que vous appelez *peuple* qu'il ne peut être question en une telle société de *rechercher*, de remonter jusqu'à des principes. Ce qu'on enseigne dans ces principes, on le présuppose comme reconnu. Mais toute instruction qui n'advient pas à partir de *principes* est selon sa nature *historique*. Les idées, par lesquelles l'assemblée religieuse s'anime en vue de la force morale, sont présupposées comme *présentes* (depuis l'époque la plus ancienne) parmi l'humanité ; et c'est une chance particulière même pour le peuple le plus cultivé lorsqu'on dispose d'un document religieux issu de l'ancien monde dans lequel ces idées sont déposées *de manière historique*. L'histoire de la religion est alors une révélation continue, ou une présentation symbolique de ces Idées, comme en général l'histoire tout entière de notre race n'est rien d'autre que le développement continu du plan moral du monde que nous devons admettre comme prédestiné par la raison (dans la mesure où elle est absolue).

Car – afin de dire ici ce qui sert également à rendre claires d'autres affirmations – la raison peut en général être considérée en une double fonction. Ou bien on la considère comme *absolue ;* dans cette mesure, elle n'est rien

1. Je renvoie sur ce point à la doctrine éthique de *Fichte* (p. 475), où il est dit et prouvé la même chose (4).

d'autre que la synthèse primitive à partir de laquelle tout être singulier évolue en des séries infinies; et ainsi tous les phénomènes du monde extérieur, et tous les événements de l'histoire, ne sont rien d'autre que différentes séries dans lesquelles cette synthèse primitive se développe *de manière successive*. Dans la mesure où la raison, à l'inverse, *s'élève* des *évolutions singulières* à l'*involution la plus originaire*, sa fonction est *empirique*. – Le produit de la raison en sa fonction *absolue* est le monde *effectif*, en sa fonction *empirique*, le monde *idéal*.

Ainsi, puisque tout ce qui se présente dans l'effectivité n'est que le *développement d'une raison absolue*, nous devons également trouver partout dans l'histoire, et en particulier dans l'histoire de l'esprit humain, la trace de cette *raison absolue* qui nous apparaîtra du point de vue empirique (uniquement *pratique*) comme la *Providence*, qui a pour ainsi dire tout ordonné à l'avance tel que nous le trouvons dans l'effectivité.

C'est pourquoi nous trouverons aussi dans les philosophies et les religions de l'ancien monde, développé pour ainsi dire de manière encore inconsciente et incomplète, ce qui s'est développé chez nous complètement et avec conscience, et il | sera aisé de reconnaître dans ces monu- **256**
ments (lorsqu'ils sont des documents de la religion populaire) *nos Idées* (c'est-à-dire la raison universelle).

Je ne comprends pas non plus autrement ce qui est dit à la fin du traité cité (comme résultat de la recherche) à propos de l'usage rationnel de la révélation.

Dès que l'on a montré que les conditions de la construction d'un concept sont fausses ou impossibles, il doit disparaître du système des concepts. – Le concept de révélation ne peut pas affirmer plus longtemps sa dignité *scientifique*. L'auteur cité l'avait déjà prouvé naguère irréfutablement dans l'écrit *De la religion en tant que science* en montrant que ce concept, élevé au rang de *principe*, détruit tout usage de la raison. Mais c'est précisément la preuve qu'un concept a une réalité scientifique; car tout concept (ainsi que toute maxime légitime en vue de la loi universelle de l'agir) doit pouvoir sans danger être élargi jusqu'au principe universel du savoir, s'il s'agit d'un concept vrai et réel.

Mais le concept de révélation doit-il pour autant disparaître complètement du monde? À cette question, l'auteur a maintenant répondu dans l'écrit cité ci-dessus, et montré que si ce concept de révélation ne trouve plus de place dans un système du savoir, il trouvera en revanche une place assurée dans la doctrine de la méthode pour l'instruction du peuple.

C'est pourquoi il reviendra toujours à un pasteur du peuple d'empêcher que celui-ci ne soit induit en erreur par un affaiblissement imprudent de la doctrine positive également en ce qui concerne les idées religieuses dont elle était le véhicule. En revanche, il ne poussera pas si loin son zèle (*ne quid detrimenti* etc. (1)) en voulant entraver, à cause des non-savants, la recherche savante, bien plutôt se tiendra-t-il humblement à l'intérieur de ses limites ; car, dit Lessing, *l'un est bibliothécaire, l'autre pasteur* (2)[1].

1. Combien souvent on a tenté, et aujourd'hui encore, de parodier ces mots ! – Lorsque *celui* dont il a été question maintes fois dans ce traité a été initié, sur le conseil d'amis, à la franc-maçonnerie, quelqu'un le consola en lui disant qu'il n'avait pourtant rien trouvé ici qui allât contre l'État et l'Église. « Si Dieu avait voulu que ce fût le cas », rétorqua cet homme illustre, « alors j'eusse au moins trouvé *quelque chose* » (3). – D'autres voient les choses différemment. Par exemple, M. le Premier Prédicateur Reinhard à la Cour de Dresde (4), qui se plaint amèrement d'avoir trouvé dans la nouvelle philosophie beaucoup de choses contre l'État et l'Église. C'est tout à fait naturel. *L'un est*, etc.

| RECENSION DE DEUX ÉCRITS DE SCHLOSSER 281
ET DE L'*HOMMAGE À SCHLOSSER* (OCTOBRE 1798)

1) J. G. Schlosser, *Écrits à un jeune homme qui voudrait étudier la philosophie critique*, Lübeck u. Leipzig, Bohn, 1797; 2) *Second écrit à un jeune homme*, etc., à l'occasion de l'opuscule de M. le Professeur Kant sur la paix en philosophie, 1798; 3) *Hommage à M. Schlosser* à Eutin.

| Au lieu d'inspirer la pitié pour son auteur, le premier écrit de 283
M. *Schlosser* (1) a provoqué l'indignation générale, sans doute parce qu'on a cru reconnaître dans cet ouvrage non tant le produit d'un maigre talent que l'œuvre d'une âme portée par les passions médiocres de la soif de revanche et de la vanité. Assurément, on ne pouvait plus mal répondre à l'opuscule sur le ton *supérieur* pris en philosophie (ce modèle de subtile ironie) que par un écrit dont le ton est presque de bout en bout *mesquin, plat* et *vulgaire*. Dans quelques passages du livre (comme à la page 79), on aurait pu croire l'auteur capable d'adopter un ton noble; tous les autres n'en ressortaient dès lors que plus crûment. Les lecteurs peuvent estimer avec quelle *noblesse* M. Schlosser argumentait contre Kant en se reportant à la p. 27, où l'on conclut, suivant le principe moral de Kant: « avec une constitution comme la mienne, on est universellement en droit de *forniquer* (sic); avec un amour d'une *telle* intensité on est universellement en droit d'*enlever femme et enfant*; avec une telle irritabilité on est universellement en droit d'*assassiner* ! » (2). Croirait-on qu'un homme si sûr de son fait serait obligé de mettre en rapport une philosophie qu'il entend réfuter avec la Révolution française et un déisme par trop répandu, moyen dont on connaît la signification et dont ne s'emparent que les gens de la pire espèce et qui vient de surcroît beaucoup trop tard pour paraître autre chose que ridicule, et même purement et simplement – méprisable ? Qui est donc *ce* Schlosser, se demande-t-on malgré soi, pour qu'il puisse traiter quelqu'un

comme Kant d'abord comme un directeur d'école, ensuite comme un lâche
284 hypocrite qui n'ose pas dire tout haut ce qu'il pense ? | Ou bien est-ce que sa connaissance de soi est effectivement à ce point limitée qu'*il* se permet de parler des découvertes de l'époque – *lui* qui ne les comprend même pas et ne connaît les moindres d'entre elles que par ouï-dire – avec un ton comme celui employé à la page 7 : « *quelques* heureux progrès dans les arts et les sciences, – les victoires faciles sur quelques superstitions aveugles et sur quelques erreurs grossières (mais quelle superstition ne serait pas suffisamment aveugle, quelle erreur suffisamment grossière pour ne pouvoir être défendue dans l'esprit de la philosophie de Schlosser ?), tout cela a inspiré aux hommes de notre époque une telle confiance en eux que la *sagesse* (!!) leur met vainement sous les yeux la balance des forces humaines (ces mots ont-ils un sens ?) » ? En effet, l'obstination de l'époque et de la nation allemande était si universelle que celle-ci ne croyait percevoir qu'un aigre croassement dans la voix de mauvaise augure du sage « orphique » (1), qui, sa vie durant, n'a cessé de suivre du regard la naissance, l'épanouissement et le déclin de nations entières et de peuples particuliers.

Outre cela, il arrivait encore que se trouvent dans ce premier écrit des malentendus et des déformations des propositions kantiennes, que l'on croyait pouvoir attribuer seulement à un entendement altéré par la passion et par une rage impuissante, par exemple p. 11. « Qui voudrait approcher les amphithéâtres critiques devrait laisser sur le seuil le sain entendement humain », ainsi qu'il est prouvé à partir d'un passage de M. *Schulz*, qui interdit que l'on fasse appel à l'entendement humain commun, remarquez-le bien, *en matière de spéculation* (2). Pourquoi donc M. Schlosser étend-il cette recommandation au-delà de ses limites ? Ou croit-il effectivement que même en matière de spéculation l'entendement commun est *l'instance suprême* ? S'il en est ainsi, nous n'avons qu'à rejeter la partie la plus noble de nos connaissances, par exemple nos systèmes du monde coperniciens qui s'opposaient eux aussi autrefois à l'entendement commun et qu'il faut aujourd'hui encore lui imposer d'emblée. Cet entendement commun, – ce premier préjugé, originaire et indépassable de l'entendement humain (comme l'appelle *Jacobi* (3)), la spéculation doit, non pas l'*extirper* (car ce serait en vain), mais l'*expliquer*. Comment par conséquent l'entendement
285 commun humain peut-il être le | *juge suprême* en matière de spéculation, puisqu'il est lui-même *objet* de spéculation ? Le système copernicien n'abandonne-t-il pas l'apparence même de l'expérience sensible pour l'expliquer ensuite elle-même et s'harmoniser ainsi avec l'entendement commun. L'entendement humain commun est pour le philosophe en

général non pas *terminus a quo*, mais *terminus ad quem*. – Un autre exemple. Kant dit que, pour prouver une maxime, on devrait rechercher si, en tant que *loi de la nature*, c'est-à-dire en tant qu'elle est suivie de manière aussi universelle, nécessaire et conséquente que toute loi de la nature, elle ne se supprimerait pas elle-même (1). M. Schlosser en conclut : qui voudrait juger de l'éthicité de ses maximes devrait, d'après Kant, connaître toute la nature, alors que nos yeux ne peuvent guère apercevoir que la millième partie de la *surface de la terre* (laquelle serait *à peu près* de 9280 lieues carrées. Il serait intéressant de savoir comment M. Schlosser entend cela (2)). Or il soulève quelques questions tirées de la *doctrine de la prudence* et prouve qu'on ne peut y répondre au moyen du *principe moral* kantien (3). Mais, sur ce point, M. Schlosser est entièrement d'accord avec Kant, qui ne dit rien d'autre que ceci : la question de savoir ce qui *est prudent* et celle de savoir ce qui *est juste* sont deux questions entièrement différentes; en matière de prudence la morale n'a qu'une voix *négative* (que rien n'advienne qui soit injuste, aussi prudent que cela soit) (4). – On trouve par ailleurs les récriminations suivantes à l'égard de Kant et de sa philosophie. « Qui veut devenir kantien doit *renoncer* au génie de l'art poétique ». *Idem* : « l'on devrait rejeter alors tout *pressentiment* du suprasensible » (5) (à supposer que cela soit ainsi, que prouverait alors une telle conséquence ? Quand une proposition est *vraie*, peu importe ce qui s'ensuit), « Kant considère toutes les conclusions tirées de la vraisemblance négligemment » (6) (il s'agit notamment de la preuve de l'existence de Dieu. Montrer que le fait de parler de Dieu comme d'une vraisemblance est un vrai blasphème nous mènerait trop loin; c'est pourquoi le recenseur se réfère à l'*Hommage* en question), et aussi : « l'Idée de *Dieu* est chez Kant d'un usage simplement moral » (M. Schlosser en a-t-il donc besoin pour expliquer par exemple les lois de la chute des corps, le processus de combustion ou la chylification animale ? (7)). « Kant rejette toute représentation anthropomorphique de Dieu » (Toute ? On pourrait croire que l'on en aurait pourtant plus qu'assez de l'anthropomorphisme symbolique
de Kant (8). | Mais M. Schlosser ne veut précisément aucun *fétiche*, il veut **286**
pourtant par ailleurs (p. 75) un *Dieu* qui *voie*, qui *entende*, qui *ressente* (qui flaire et qui goûte ?) *de la même manière que nous*, mais *pas autant que nous* (et combien alors ?), seulement *de manière plus fine*, un Dieu si *fort qu'il puisse soulever non seulement une pierre d'un demi-quintal, mais une montagne entière* !!). Le reste est une défense de son mysticisme. Celui-ci est, d'après la p. 67, une intuition propre du suprasensible (1), mais M. Schlosser entend par là des *visions* comme celles *où l'on voit Jésus Christ assis à la droite de Dieu* (2).

Assez parlé du *premier* écrit de M. Schlosser. Tournons-nous maintenant vers le *second*, mais reconnaissons d'emblée qu'il n'est pour nous susceptible d'aucune critique. Il s'occupe principalement de donner une nouvelle classification des philosophes en dogmatologues, sceptiques, critiques et dogmatiques. La caractéristique des dogmatiques (qui sont les « philosophes préférés » de M. Schlosser) est la suivante : « eux-mêmes n'ont vu de la vérité que son *empreinte ;* mais ils ont aperçu au-dessus d'eux une *lumière conductrice*, senti une émanation d'un *parfum céleste*, quand seuls le brouillard et les brumes de la terre flottent sur les traces de l'erreur. Ils suivent alors cette lumière et là où ils hument ce parfum céleste, ils se disent que la vérité a cheminé. Ils espèrent alors voir un jour prochain la vérité au-delà de la tombe et être déjà ici-bas regardés par elle avec bienveillance. Le sens interne par lequel ils aperçoivent cette lumière ou ressentent ce parfum céleste, c'est pour eux ce qui est sacré avant tout ». On ne demandera pas au recenseur de soumettre à une critique sérieuse un auteur qui écrit dans *ce* style-là sur des objets philosophiques. M. Schlosser lui-même ne pourra apprendre que de la comparaison de sa manière d'écrire avec celle de Kant qu'il n'est pas un homme né pour comprendre Kant ; en outre, il ne tiendra pas rigueur au philosophe de Königsberg que sa *Critique de la raison pure* ne puisse être lue comme une missive schlosserienne avec toutes ses pauvres pensées ; il comprendra que l'inventeur d'un grand système n'avait pas le temps de regrouper pêle-mêle des citations d'auteurs anciens extraites d'un florilège *in futuros usus*, ni de tourner autour du pot jusqu'à ce qu'il soit en mesure de les présenter tant bien que mal – il se penchera sur l'*Hommage* mentionné plus haut (à qui il nous faut, en raison de ses réponses excellentes, décerner l'éloge qu'il mérite) ; et, enfin, plus riche de connaissance de soi, il se retirera dans sa sphère, ce qu'il peut d'autant plus facilement faire qu'il a complètement
287 justifié son caractère par le deuxième écrit. Car | il ne pouvait mieux et plus clairement à la fois faire preuve de sa *bonne volonté* à juger correctement le criticisme et montrer son absolue *impotence* à rendre un jugement compétent qu'il ne l'avait fait dans l'avant-propos du deuxième écrit et dans l'écrit lui-même, non seulement en ce qui concerne le criticisme, mais en ce qui concerne la philosophie en général, et si l'on complimentait jusqu'à présent sa tête au détriment de son cœur, on louera à l'inverse désormais ses bonnes intentions et l'on compatira à son impuissance.

NOTES ET COMMENTAIRES

APERÇU GÉNÉRAL DE LA LITTÉRATURE LA PLUS RÉCENTE

P. [58]

(1) Cet avant-propos a été rédigé au moment de la parution, en 1809, d'un recueil de textes composé de : 1) *Du Moi comme principe de la philosophie* (1795), 2) *Les lettres sur le dogmatisme et le criticisme* (1795/96), 3) *Dissertations pour éclaircir l'idéalisme de la Doctrine de la science* (1796/97) – qui rassemble la plupart des textes parus sous le titre *Aperçu général de la littérature philosophique la plus récente*, 4) *Sur le rapport des arts plastiques à la nature* (1807), 5) *Recherches philosophiques sur l'essence de la liberté humaine et les sujets qui s'y rattachent* (1809).

(2) C'est principalement sur cette preuve morale de l'existence de Dieu que les premiers kantiens et les théologiens du *Stift* de Tübingen auprès desquels Schelling s'était formé (Gottlob Christian Storr (1746-1805), Johann Friedrich Flatt (1759-1821) et Friedrich Gottlieb Süskind (1767-1829)), appuyaient leur philosophie. Les critiques de Schelling visent avant tout vraisemblablement les *Lettres sur le fondement moral de la connaissance de la religion en général, et spécialement en rapport avec la philosophie kantienne* de Flatt (*Briefe über den moralischen Erkenntnisgrund der Religion überhaupt, und besonders in Beziehung auf die Kantische Philosophie*, Tübingen, Cotta, 1789). Cf. *Lettres philosophiques sur le dogmatisme et le criticisme*, « Avant-propos », SW I, p. 283 ; AA, I 3, p. 49 ; *Premiers écrits* (*1794-1795*), trad. fr. J.F. Courtine, Paris, P.U.F., 1987, p. 151 : « à moins que l'auteur ne s'égare, on est en train d'édifier avec les trophées du criticisme un nouveau système de dogmatisme – substitution qui pourrait bien amener tout penseur de bonne foi à souhaiter le retour de l'ancien édifice ». *Cf.* également la lettre de Schelling à Hegel datée du 6 janvier 1795, AA, III 1, p. 15 : « tous les dogmatismes possibles portent déjà l'estampille de postulats de la raison pratique, et là où les preuves théoriques et historiques ne suffisent plus la raison pratique (de Tübingen) tranche le nœud gordien ».

(3) Cf. *Lettres philosophiques sur le dogmatisme et le criticisme*, SW I, p. 327; AA, I 3, p. 96-97; trad. p. 199 : « de telles conclusions paraîtront inévitables dès lors que l'on présuppose que ces deux systèmes tendent à la suppression de cette contradiction entre sujet et objet, – à l'*identité* absolue ».

(4) Cf. *Aperçu*, SW I, 375-403; AA, I 4, p. 102-130.

P. [60]

(1) *Unlauterkeit*. Ce terme apparaît dans la *Religion dans les limites de la simple raison*, AK VI, 30; trad. fr. A. Philonenko, *Œuvres philosophiques*, t. III, « Bibliothèque de la Pléiade », Paris, Gallimard, 1986, p. 42 : « l'impureté (*impuritas, improbitas*) du cœur humain consiste en ce que la maxime, d'après l'objet (accomplissement intentionnel de la loi), est sans doute bonne et peut-être sans doute assez énergique pour l'exécution, mais en revanche elle n'est pas purement morale ».

P. [62]

(1) Schelling répond à cette remarque des éditeurs Niethammer et Fichte dans une note de bas de page de sa contribution au troisième cahier du *Journal philosophique*, voir plus loin p. 93 de la présente édition. *Cf.* la lettre à Niethammer du 16 janvier 1797, AA, III 1, p. 109 : « je suis pleinement satisfait des efforts que vous avez consacrés à mon essai, et vous en remercie, ainsi que Fichte. – Je ne sais pas si j'ai attribué à un parti déterminé une *impureté* de la *disposition morale*. Du moins, je ne crois pas l'avoir fait, pour autant déjà qu'il ne peut y avoir aucun caractère qui distinguerait un *parti*, mais seulement *certains hommes*. J'entendais par là le fait de camoufler le mauvais usage que l'on fait de la philosophie au détriment du savoir et de la conscience, eu égard à des choses que l'on ne peut plus désormais camoufler, – et c'est ainsi que vous est effectivement apparue cette impureté dans maints efforts de nos politiciens, théologiens, etc. épris de philosophie ».

P. [63]

(1) Schelling soumet ici à la critique un texte publié par Karl Heinrich Heydenreich (1764-1801), professeur à Leipzig et adversaire de Schiller et de Goethe, les *Briefe über den Atheismus* (*Lettres sur l'athéisme*), parues en 1796. Ces lettres mettent en scène deux correspondants, R., porte-parole de l'athéisme, et M. La démarche de l'auteur, comme l'indique Schelling, est de présenter l'athéisme comme un discours fondé sur les découvertes philosophiques les plus récentes. Pour lui, le seul athéisme qui n'a pu être réfuté est non pas l'athéisme de la raison spéculative, qui entend démontrer l'impossibilité de Dieu à partir de concepts et de faits de la nature (cet athéisme a été parfaitement réfuté par le criticisme), mais l'athéisme moral qui se fonde sur la conscience de la loi morale et la reconnaissance de la dignité de la nature rationnelle de l'homme. C'est de cette manière que l'athéisme peut revêtir l'apparence du sublime et de la noblesse. Ce sentiment du sublime du point de vue de l'athée vient aussi de la possibilité offerte à l'homme de contempler l'ordre de la nature et de la sympathie naturelle qu'il éprouve pour ses semblables et qui le conduit à agir selon le bien. La véritable

pureté de la disposition morale n'est possible que pour l'athée : la religion fait des biens moraux un simple rêve. La réponse de M. à l'athée consiste à dire que la satisfaction éprouvée par l'athée à l'occasion de la contemplation de la nature et des sentiments moraux humains n'est qu'une satisfaction superficielle. Le fait de ne pas ressentir intimement l'appel de la croyance est le signe du caractère incomplet et chimérique de la conviction de la conscience morale et de l'unité avec soi-même auxquels prétend l'athée. L'athée réplique en soutenant que si le besoin de croyance religieuse était un besoin essentiel à l'humanité et à la raison, comme l'affirme M., alors sans lui, la raison devrait se contredire; en outre, la croyance dans les vérités de la religion comme fondement nécessaire de la considération de la dignité de la loi morale conduit en fait à rendre celle-ci impure : pour l'assurer de sa pureté et de son autonomie parfaites, il faut au contraire la fonder sur la seule considération de la dignité de la nature éthique de l'homme. C'est de cette manière que l'on aboutit à l'idée, mentionnée par Schelling ici, selon laquelle Dieu, s'il existe, doit vouloir l'athéisme. La parade de M. est d'affirmer que le fondement de la croyance en Dieu ne peut consister en un raisonnement logique. Selon lui, les postulats de la raison morale sont originairement des postulats théoriques, mais dont on ne peut produire de démonstration. À ce titre, il ne convient pas de séparer la pensabilité formelle, à savoir la non-contradiction, de principes relevant de la philosophie pratique, comme la loi morale par exemple, de leurs conditions proprement pratiques, en l'occurrence la supposition de Dieu et de l'immortalité (c'est-à-dire que cela n'a pas de sens de dire que l'on peut penser théoriquement de manière non-contradictoire la loi morale sans avoir à poser pour cela l'existence de Dieu et l'immortalité de l'âme). Ainsi, l'existence de la loi morale, et sa nécessaire force de contrainte, conduisent à accepter comme des vérités théoriques les postulats de la raison pratique, ayant le même statut que les autres vérités théoriques bien qu'elles ne puissent faire l'objet, contrairement à celles-ci, d'une démonstration. On retrouve ici chez Heydenreich une démarche comparable à celle des théologiens du *Stift*.

Dans une lettre publiée dans le troisième cahier du *Philosophisches Journal* de l'année 1797, Schelling revient sur sa polémique avec Heydenreich, après que ce dernier a qualifié de « plate foutaise » sa réplique aux *Lettres sur l'athéisme*. Nous traduisons ici le contenu de cette lettre, qui se trouve en AA, I 4, p. 199 :

« Au Professeur Heydenreich. Que vos *Lettres sur l'athéisme* soient entre les mains d'un grand nombre de lecteurs ne prouve rien sinon qu'il y a encore beaucoup de gens qui lisent de mauvais livres. Que je sois, comme vous dites, un auteur bouffi d'orgueil n'arrange en rien *votre* affaire. Que ma critique, comme vous dites, soit une plate foutaise [même expression dans la lettre de Reinhold à Kant du 19 janvier 1788, fin 6e §] prouve d'avantage de choses contre *vous* que contre *moi*. Que vous appeliez *perspicaces* des hommes qui désirent que votre œuvre ait une suite a précisément autant de sens que le fait que vous *m'*appeliez *plat*. Mais que vous promettiez effectivement une suite me réjouit, car si tant est que je ne sois pas encore *en dehors de tout temps* quand paraîtra cette œuvre, j'espère vous prouver que je vous voulais du *bien, beaucoup de bien*. L'auteur de l'*Aperçu général* ».

P. [64]

(1) Heydenreich relate dans une note de ses *Lettres sur l'athéisme* la protestation émise par un auditeur lors de ses cours à l'encontre d'une thèse qui lui fut attribuée, à savoir qu'il regardait l'existence de Dieu comme une hypothèse. Heydenreich précise que l'existence de Dieu est pour lui une hypothèse *pour la raison théorique*, et qui plus est une mauvaise hypothèse, c'est-à-dire en définitive, pas une hypothèse du tout. Les *Lettres* ont pour but de montrer que l'existence de Dieu en tant que proposition théorique ne peut être confirmée et attestée que par les postulats de la raison pratique.

(2) *Weltweisen* est le terme qu'Heydenreich emploie, comme toute son époque, pour désigner les philosophes, et Kant en particulier. Niethammer avait recensé dans le *Philosphisches Journal* (IV, 4) son *Philosophisches Taschenbuch für denkende Gottesverehrer*.

P. [66]

(1) Pour cette idée d'une durée infinie sans temps, voir le célèbre passage de la *Fin de toutes choses* où Kant cite Haller : « une formule courante, surtout dans le langage de la piété, fait dire à l'homme qui meurt qu'il *quitte le temps pour l'éternité*. Or cette formule n'aurait aucun sens s'il fallait y entendre par *éternité* un temps qui se prolongerait à l'infini ; car alors cet homme ne sortirait jamais du temps, il ne ferait que passer d'un temps à un autre. Elle doit donc concilier l'idée d'une *fin de tout temps* avec celle d'une durée ininterrompue de l'homme, tout en faisant de cette durée (l'existence humaine en tant que grandeur) une grandeur absolument incommensurable avec le temps (*duratio noumenon*), dont nous ne pouvons à la vérité nous forger aucun concept (si ce n'est un concept négatif). Cette pensée a de quoi donner le frisson, car elle conduit pour ainsi dire au bord d'un abîme qui exclut, pour qui y descend toute possibilité de retour : “en ce lieu austère, qui ne laisse rien revenir chez nous, l'éternité le retient de son bras puissant” (Haller) » (*La fin de toutes choses*, AK VIII, p. 327 ; trad. fr. H. Wismann, *Œuvres philosophiques*, t. III, *op. cit.*, p. 309).

P. [67]

(1) Dans la mesure où le souverain Bien consiste dans l'identification de la vertu et du bonheur, il faut supposer la permanence de certaines caractéristiques de la vie terrestre, d'où l'idée d'une durée infinie sans temps. Le bonheur est en effet la jouissance complète de la pulsion vers la satisfaction, pulsion qui est contenue dans la nature physique de l'être éthique. Pour penser le bonheur de l'être éthique dans un autre monde, il faut donc lui conserver cette caractéristique propre à son existence naturelle et terrestre, qui concerne en l'occurrence l'élément animal de l'existence humaine, d'où le terme de « zoomorphisme » forgé par Heydenreich sur le modèle d'anthropomorphisme. L'auteur établit alors une distinction à laquelle Schelling fait allusion plus loin : celle entre zoomorphisme dogmatique et

zoomorphisme symbolique. Cette distinction a pour but de maintenir l'idée d'une permanence de la sensibilité après la mort du corps, puisque la sensibilité est intrinsèquement liée au caractère éthique de l'homme, tout en posant une différence entre deux types de sensibilité, l'une qui est celle de l'homme vivant dans la nature, l'autre, celle de l'homme après la mort et que l'on ne peut qu'interpréter symboliquement. Concrètement, le zoomorphisme symbolique tente de se passer de la temporalité, contrairement au zoomorphisme dogmatique qui maintient les caractéristiques de l'existence temporelle, pour penser la sensibilité après la mort, d'où l'idée d'une durée infinie sans temps.

(2) *Cf.* I. Kant, *Prolégomènes à toute métaphysique future*, AK IV, p. 357; trad. fr. L. Guillermit, Paris, Vrin, 2012, p. 171 : « nous n'attribuons à l'Être suprême aucune des propriétés en *elles-mêmes* qui nous permettent de penser les objets de l'expérience, et de ce fait, nous évitons l'anthropomorphisme *dogmatique;* mais nous attribuons cependant ces propriétés au rapport de l'Être suprême au monde et nous nous permettons un anthropomorphisme *symbolique* qui concerne en fait uniquement le langage et non l'objet lui-même ».

(3) Johann Kaspar Lavater (1741-1801), *Aussichten in die Ewigkeit in Briefen an Herrn Joh. Georg Zimmermann* (*Perspectives sur l'éternité dans les lettres à M. J. Georg Zimmermann*), Zürich, Orell, 1768-1778. De tous les livres du poète et savant suisse, les quatre tomes de cette correspondance à mi-chemin entre poésie et édification religieuse constituent, avec le *Pontius Pilatus*, un des meilleurs témoignages de cette religiosité piétiste et sentimentale qui influença profondément le cercle de Münster et tout particulièrement Jacobi. L'ouvrage trouvera en Goethe son lecteur le plus attentif et son plus sévère critique. Une grande partie de l'ouvrage est effectivement consacrée à la vie future de l'âme et aux manifestations des morts, dans une spéculation inspirée de Saint-Martin et de Bonnet.

P. [68]

(1) En 1646, le pasteur et lexicographe Johannes Micraelius (1597-1658) avait fait paraître une *Arithmetica et manuductio ad globi coelestis et terrestris* (Stettin, Rhete).

(2) Schelling fait référence ici à un supplément rédigé par Krug à ses propres *Lettres sur la perfectibilité de la religion révélée* en réaction à un écrit publié à Leipzig en 1796 par un certain Alethophilus, dont la véritable identité reste hypothétique (il pourrait s'agir de J.G. Rosenmüller, professeur de théologie, superintendant et pasteur de Saint Thomas à Leipzig depuis 1785).

(3) J.A.H. Tittmann, *Num religio revelata omnibus omnium temporum hominibus accommodata esse possit?* (*La religion révélée peut-elle convenir à tous les hommes de toutes les époques?*), Leipzig, Sommer, 1796. Tittmann (1773-1831) fut, comme Flatt et Süskind, un des partisans du supranaturalisme. Il fera ainsi paraître un *Über Supranaturalismus, Rationalismus und Atheismus* (*Sur le supranaturalisme, le rationalisme et l'athéisme*), Leipzig, Fleischer, 1816. Sa principale contribution aux débats qui opposèrent les kantiens du vivant de Kant se trouve dans ses *Resultate der kritischen Philosophie vornämlich in Hinsicht auf Religion und Offenbarung* (*Résultats de la philosophie critique, principalement en*

ce qui concerne la religion et la révélation), Leipzig, Tauchnitz, 1799. À Tübingen, Schelling avait étudié les travaux théologiques de son père, Karl Christian, sous la direction de Schnurrer (AA, II 3, p. 22, 27, 29).

(4) J.G.I. Berger, *Briefe über die allerneueste prophetische Guckkasten-philosophie des ewigen Juden* (*Lettres sur la philosophie kaléidoscopique prophétique la plus récente du Juif éternel*), Leipzig, Brockhaus, 1797. *Cf.* la lettre à Niethammer du 16 décembre 1796, AA, III 1, p. 107. Cet ouvrage est une réplique à la *Beschreibung einer Reise durch Deutschland und die Schweiz, im Jahre 1781* (*Description d'un voyage à travers l'Allemagne et la Suisse en 1781*) de F. Nicolai, Berlin, 1796.

(5) *Iliade*, II, v. 210 *sq.* (trad. fr. R. Flacelière, « Bibliothèque de la Pléiade », Paris, Gallimard, 1955, p. 115) : « tous enfin sont assis et demeurent en place. Seul reste à croasser l'inlassable bavard qui se nomme Thersite. Son esprit est fertile en propos malséants ».

P. [69]

(1) Schelling fait notamment référence ici à Ludwig Heinrich Jakob et à son *Abrégé de logique générale et premiers principes critiques en vue d'une métaphysique générale* (*Grundriss der allgemeine Logik und kritische Anfangsgründe zu einer allgemeinen Metaphysik*, Halle, Francke), publié en 1788, à la publication à quatre mains dans le *Nouveau magasine philosophique*, paru à Leipzig en 1789, par Johann Heinrich Abicht et Friedrich Gottlob Born, à l'avant-propos rédigé par Reinhold pour son *Essai d'une nouvelle théorie de la faculté humaine de représentation* de 1789, consacré au « destin qu'a connu jusqu'à présent la philosophie kantienne », ou encore à Georg Gustav Fülleborn et à son article « Sur l'intérêt pris à la philosophie kantienne » paru en 1793 dans ses *Contributions à l'histoire de la philosophie* (*Beyträge zur Geschichte der Philosophie*, Jena, Frommann, 1791-1799). L'argument général de ces cinq auteurs consiste à défendre Kant contre les reproches d'obscurité et d'inintelligibilité qui lui ont été faits lors de la réception immédiate de la *Critique de la raison pure*, en justifiant la technicité du vocabulaire employé par Kant comme une nécessité provisoire qui pourra être dépassée par les continuateurs de la philosophie critique.

P. [70]

(1) *Pandektenweisheit.* Les Pandectes, ou *Digeste*, est le nom d'un recueil de jurisprudences auquel Justinien, en 533, donna force de loi. Redécouvert au Xe siècle, il fut à l'origine de la renaissance du droit en Europe.

(2) Schelling fait référence à la *Méthode de nomenclature chimique, proposée par MM. de Morveau, Lavoisier, Berthollet, et de Fourcroy*, présentée à l'Académie en 1787 (Paris, Cuchet). Cette nouvelle nomenclature des éléments chimiques, caractérisée notamment par l'abandon du terme de phlogistique et une classification en corps simples et composés, est la base de tous les systèmes de classification chimique modernes.

(3) En effet, le texte des chimistes français a fait l'objet, entre 1790 et 1793, de plusieurs traductions en allemand par Johann Friedrich August Göttling, Christoph Girtanner, Johann Andreas Scherer et Johann Christian Wilhelm Remler.

P. [71]

(1) Schelling se réfère probablement à des critiques formulées par Nicolai contre la philosophie critique dans le onzième tome de la *Description d'un voyage à travers l'Allemagne et la Suisse en 1781* (voir n. p. (3)). Dans ce volume figure également la première recension du *Vom Ich* (p. 120 *sq.*), tellement défavorable et ironique que Schelling ne pouvait manquer un an après de l'avoir encore en mémoire (le texte faisait d'ailleurs suite à un portrait assez dédaigneux du propre père de Schelling, « Maître Schelling premier du nom »). Friedrich Nicolai (1733-1811) a représenté pendant près de cinquante ans l'incarnation du rationalisme berlinois, qui, refusant de s'enrichir des conquêtes du criticisme, restait appuyé sur le bon sens. Sa *Neue allgemeine deutsche Bibliothek* commença à paraître en 1765.

Le traitement que Schelling réserve au libraire berlinois dans l'*Allgemeine Übersicht* est caractéristique de sa manière de faire et de l'ambiguïté de sa position à l'égard des petits-maîtres auxquels il s'en prend. Contrairement à ce que laisse croire la virulence de ses analyses, Schelling aurait pu s'entendre sur un certain nombre de points avec les adversaires de la philosophie nouvelle, notamment avec ceux qui venaient de la philosophie des Lumières. Il aurait pu par exemple s'accorder avec celui qui, dans ses pamphlets et ses romans, tournait en dérision les règles de vie et les valeurs traditionnelles imposées par les institutions religieuses, puisque lui-même venait de quitter le séminaire, qui lui avait fait horreur. Nicolai engageait de surcroît la jeunesse à se tourner vers les sciences positives et les disciplines utiles à la vie en société, ce qui ne pouvait que convenir à notre philosophe au moment où il se formait aux sciences. On peut mesurer sa déception lorsqu'il se vit accusé par le Berlinois d'être un *Schwärmer* plein d'obscurité, au même titre que les théologiens de Tübingen, et l'on comprend qu'il ait pu chercher à entrer en contact personnel avec l'*Aufklärer* pour modifier le jugement porté sur lui (lettre du 2 mai 1796 à ses parents, AA, III 1, p. 70). Nicolai s'étant étonné que le précepteur de jeunes aristocrates pût se réclamer à la fois d'un hérétique, auquel il avait consacré une étude historico-critique, et d'une philosophie du Moi. Schelling avait dû ironiquement prendre acte de l'incongruité qu'il y aurait à faire de ses premiers objets d'étude, « le Moi absolu et l'hérétique Marcion, des étapes en vue de l'éducation de jeunes personnes déterminées à vivre plus tard dans le monde » (lettre du 29 avril 1796 à ses parents, AA, III 1, p. 70). Et, comme Nicolai s'en prenait au passage à son père érudit, Schelling finit par lui promettre la cravache.

Schelling confessera pourtant une certaine estime pour le libraire érudit, le seul de ses adversaires qui ait « véritablement travaillé, encore qu'il n'ait jamais pensé » (lettre du 28 mai 1797 à ses parents, AA, III 1, p. 130). Mais, s'il reprendra occasionnellement à son compte son jugement sur le *Musenalmanach* de Schiller et s'il reconnaîtra, tant bien que mal, dans ce cas précis, les droits du bon sens dont le Berlinois se réclame (Lettre du 2 février 1797 à Niethammer, AA, III 1, p. 114 : « dans cet écrit tout finit par se confondre : la vulgarité de Schiller et la philosophie formelle, la philosophie de Fichte et l'aristocratisme moral, esthétique et politique de Goethe. Puisque Nicolai a parfaitement raison de montrer combien cet aristocratisme est insupportable et puisqu'il ne fait pas de doute que non seulement le vulgaire mais la classe moyenne éduquée et modérée lui donneraient raison contre Schiller, il serait souhaitable que nous nous imposions un *votum patientiae* durant quelques semaines (….) afin de rendre, autant que faire se peut, sa nature la plus intime accessible au bon sens populaire. On ne pourra jamais le faire taire si nous ne descendons pas à son niveau d'écriture et de démonstration »), celui-ci lui servira désormais constamment de repoussoir, notamment quand, plus tard, il rabattra la philosophie de la religion de Fichte sur son déisme rationaliste et posera que Fichte et Nicolai « ne font qu'un au plus intime de leur constitution, représentant ensemble les deux éléments combustibles de l'air, Nicolai l'hydrogène, M. Fichte l'oxygène, produisant dans la compénétration et dépotentation réciproque la pure indifférence, l'eau véritable de l'époque » (*Darlegung des wahren Verhältnisses der Naturphilosophie zu der verbesserten Fichteschen Lehre* (*Présentation du véritable rapport de la philosophie de la nature à la doctrine fichtéenne améliorée* (1806)), SW VII, 106).

P. [72]

(1) F. Nicolai, *Description, op. cit.*, p. 281-284. À partir de 1783, Nicolai fait paraître en douze tomes le récit d'un voyage entrepris avec son fils aîné de Berlin à la Souabe. Les quatre derniers tomes paraissent en 1795 et 1796 et contiennent de nombreux textes polémiques contre la philosophie critique et Schiller notamment.

(2) Horace, *Odes*, III, 1, 1 : « je hais le vulgaire profane et je l'écarte » (trad. fr. F. Villeneuve, Paris, Les Belles Lettres, 1954, p. 94)

P. [73]

(1) Schelling évoque ici la recension du 28 novembre 1796 dans l'*Allgemeine Literatur-Zeitung* (n°371, p. 505-512) rédigée par Johann Benjamin Erhard (1766-1826), l'auteur du *Droit des peuples à faire la révolution*. Erhard exerçait comme médecin à Ansbach et compta parmi les premiers collaborateurs du *Philosophisches Journal*, dans lequel il publia en 1795 trois articles et deux recensions. On prête à Kant cet éloge d'Erhard : « parmi toutes les personnes que jusqu'ici, j'ai appris à connaître de près, vous êtes celle dont j'ai le plus souhaité le commerce journalier » (K.A. Varnhagen, *Denkwürdigkeiten*, Leipzig, Brockhaus, 1843, Bd. 4, 1, p. 580).

P. [74]

(1) *Cf.* Platon, *Philèbe*, trad. fr. A. Diès, Paris, Les Belles Lettres, 1993, 23c *sq.*, p. 19 *sq.*

P. [76]

(1) Voir Gottfried Wilhelm Leibniz (1646-1716), *Principes de la nature et de la grâce fondés en raison*, *Philosophische Schriften*, C.I. Gerhardt (Hrsg.), Hildesheim-New York, Olms, 1978, Bd. VI, p. 599; Paris, P.U.F., 1986, p. 31 : « Et comme à cause de la plénitude du monde tout est lié, et chaque corps agit sur

chaque autre corps, plus ou moins, selon la distance, et en est affecté par réaction; il s'ensuit que chaque *monade* est un miroir vivant, ou doué d'action interne, représentatif de l'univers, suivant son point de vue, et aussi réglé que l'univers même ».

(2) Voir K. L. Reinhold, *Versuch einer neuen Darstellung des menschlichen Vorstellungsvermögens*, Prag-Jena, Widtmann-Mauke, 1790, §XVII, p. 244-255 (*Essai d'une nouvelle théorie de la faculté humaine de représentation*, trad. fr. F.-X. Chenet, *Philosophie élémentaire*, Paris, Vrin, 1989, p. 56-62): « aucune chose en soi n'est représentable », p. 552 : « le leibnizien ne connaît pas d'autres substances que celles dotées de représentation et il est par là un vrai et authentique idéaliste. Pour lui, la représentation de la substance est représentation de la *chose en soi*, qu'il tient pour représentable et connaissable par le simple entendement » et p. 555 : « les idéalistes ont parfaitement raison de *ne pas* chercher le fondement de la représentation de la substance *en dehors* de ce qui représente; mais ils ont tout à fait tort de le chercher en dehors du pouvoir de représentation et de ses formes, à l'intérieur desquels il ne peut y avoir de *chose en soi* représentables ». Schelling adresse la même critique à Reinhold dans les *Idées pour une philosophie de la nature : cf.* SW II, p. 33, AA, I 5, p. 87.

(3) « Une doctrine passée par tant de mains finit par s'éventer ». *Cf.* Thomas Burnet, *Archaeologiae Philosophicae, sive Doctrina Antiqua de Rerum Originibus* (*Archéologies philosophiques, ou Doctrine antique sur les origines des choses*), London, Kettilby, 1692, chap. VII, p. 70.

(4) Dans les *Idées pour une philosophie de la nature*, Schelling dénonce également les interprétations erronées faites à l'époque récente de la pensée Leibniz et affirme que « l'époque est venue où l'on peut établir à nouveau sa philosophie » (SW II, 21 ; AA, I 5, p. 77).

P. [77]

(1) *Cf.* I. Kant, *Critique de la raison pure*, AK III, p. 134; trad. fr. A. Renaut, *op. cit.*, p. 224.

(2) L'expression de « point lumineux » (*Lichtpunkt*) ne se trouve pas telle quelle chez Kant. Pour la thèse à laquelle fait référence Schelling ici, *cf.* notamment *ibid.*, A155-156/B194-195, AK III, p. 144; trad. p. 234-235, A235/B288, AK III, p. 198; trad. p. 290, A258/B314, AK III, p. 213; trad. p. 308.

(3) Ernst Platner, *Philosophische Aphorismen nebst einigen Anleitungen zur philosophischen Geschichte* (*Aphorismes philosophiques*), Leipzig, Schwickert, 1793, p. 336. Depuis 1780, Platner (1744-1818) enseignait la médecine, la logique, la métaphysique, mais surtout la physiologie à Leipzig et se disait disciple de Leibniz. On sait quelle importance ses *Aphorismes*, parus en deux livraisons en 1776 et 1782, eurent pour Fichte, qui leur consacra des leçons à partir de 1793 (*Gesamtausgabe*, *op. cit.*, Bd. II, 4 et 1977, Bd. II, 5). Dès son arrivée à Leipzig, Schelling essaya de se rapprocher du fameux médecin et philosophe, mais fut rapidement déçu par ses cours à la tonalité plutôt anti-kantienne. Schelling avoua vite à ses parents qu'il tirait davantage bénéfice de ses relations sociales que de sa philosophie (29 avril 1796). Le §697 des *Aphorismes* reprend de Maimon l'idée que le criticisme n'établirait pas de manière satisfaisante la médiation entre sensibilité et

entendement, au point de faire de la notion de formes de la sensibilité et de l'entendement de « simples métaphores » : *cf.* S. Maimon, *Versuch über die Transcendantalphilosophie*, Berlin, Voss, 1790, p. 62-63; *Essai sur la philosophie transcendantale*, trad. fr. J.-B. Scherer, Paris, Vrin, 1989, p. 65-66.

P. [78]

(1) Cette définition de la philosophie est également défendue par Schelling dans l'introduction aux *Idées pour une philosophie de la nature*, contemporaine de l'*Aperçu*, et où se trouve critiquée la tendance à faire de la spéculation comprise comme instrument de séparation une fin et non un simple moyen : cf. *Idées pour une philosophie de la nature*, SW II, p. 13-14; AA, I 5, p. 71.

(2) *Cf.* Kant, *Critique de la raison pure*, AK III, p. 126-127; trad. A. Renaut, *op. cit.*, p. 217.

(3) *Cf.* notre n. (1) de la p. [69].

P. [79]

(1) D. Hume, *Enquête sur l'entendement humain*, trad. fr. M. Malherbe, Paris, Vrin, 2008, p. 101-103, 135-141, 205-207. Dans les *Idées*, Schelling se montre plus critique vis-à-vis de Hume, en reprochant à celui-ci le caractère circulaire de l'explication de la régularité des représentations par le recours à l'habitude: cf. *Idées pour une philosophie de la nature*, SW II, p. 34; AA, I 5, p. 89.

(2) *Cf.* Kant, *Critique de la raison pure*, AK IV, p. 92; trad. A. Renaut, *op. cit.*, p. 194 : « l'ordre et la régularité, c'est donc nous-mêmes qui les introduisons dans les phénomènes que nous appelons nature, et nous ne pourrions les y trouver si nous ou la nature de notre esprit ne les y avait mis originairement. Car cette unité de la nature doit être une unité nécessaire, c'est-à-dire certaine *a priori*, de la liaison des phénomènes ». Cf. *Prolégomènes à toute métaphysique future*, § 36, AK IV, p. 320, trad. p. 91 : « mais il faut que nous distinguions entre les lois empiriques de la nature, qui supposent toujours des perceptions particulières, et les lois pures ou universelles de la nature, qui sans se fonder sur des perceptions particulières, contiennent simplement les conditions de leur union nécessaire en une expérience; c'est au point de vue de ces lois universelles que nature et expérience *possible* sont une seule et même chose ».

P. [80]

(1) *Cf.* Kant, *Critique de la raison pure*, AK III, p. 225; trad. A. Renaut, *op. cit.*, p. 320 : « bien que les phénomènes ne soient pas compris comme choses en soi parmi les objets de l'entendement pur, ils sont pourtant les seuls à propos desquels notre connaissance puisse avoir une réalité objective, c'est-à-dire où aux concepts corresponde une intuition ».

P. [81]

(1) L'auteur en question est Johann Gottlieb Heynig (1772-1837). Sa *Berichtigung der Urtheile des Publikums über Kant und seine Philosophie* (*Rectification du jugement du public sur Kant et sa philosophie*) parut en 1797 (Köln, Hammer) et fut suivie un an plus tard d'une *Herausforderung an Herrn Professor Kant in*

Königsberg, die Hauptsätze seiner Transcendental-Philosophie entweder von neuem zu begründen, oder sie als unstatthaft zurückzunehmen. Un opuscule dirigé contre Fichte (*An Herrn Professor Fichte in seiner philosophischen Einsamkeit* (*Au Professeur Fichte dans sa solitude philosophique*)) avait déjà paru en 1795 et opposé à la philosophie transcendantale un réalisme naïf et anti-spéculatif.

P. [82]

(1) *Cf.* J. G. Schlosser, *Schreiben an einen jungen Mann, der die kritische Philosophie studieren wollte* (*Écrits à un jeune homme qui voudrait étudier la philosophie critique*), *op. cit.* Schlosser (1739-1799), historien et homme d'État, proche ami de Jacobi et beau-frère de Goethe, fit paraître en 1795 une traduction des *Lettres* de Platon et polémiqua longuement avec Kant. Il passa malgré lui à la postérité en devenant la principale cible de l'opuscule *D'un ton grand-seigneur nouvellement pris en philosophie* (AK VIII, p. 389-416; trad. fr. A. Renaut, *Œuvres philosophiques*, t. III, *op. cit.*, p. 393-416). Ses *Écrits à un jeune homme voulant étudier la philosophie critique* (Lübeck, Bohn, 1796) sont une réponse à ce texte. Kant répliqua la même année par une *Annonce de la prochaine conclusion d'un traité de paix perpétuelle en philosophie* et Schlosser par un *Second écrit à un jeune homme.*

(2) *Cf.* F. H. Jacobi, *David Hume über den Glauben*, *Gesamtausgabe*, *op. cit.*, Bd. 2, 1, p. 43; *David Hume et la croyance*, trad. fr. L. Guillermit, Paris, Vrin, 2000, p. 198: « j'avais pour principe constant, lorsque je rencontrais des thèses qui me paraissaient sans fondement ou erronées, soutenues par un bon esprit, d'admettre que le fait même qu'il les soutenait prouvait qu'il avait mûrement examiné la question, à plusieurs reprises et sous différents aspects [...]. L'essentiel était pour moi non pas de rendre *absurde* la thèse adverse, mais de la rendre *raisonnable* ».

(3) Cette formule s'inspire aussi bien de l'*Essai d'une nouvelle théorie de la faculté humaine de représentation* de Reinhold (§ XVIII, *op. cit.*, p. 255) que du *Philosophisches Wörterbuch, oder Beleuchtung der wichtigsten Gegenstände der Philosophie, in alphabetischer Ordnung* (*Dictionnaire philosophique, ou Éclaircissement des objets les plus importants de la philosophie, selon l'ordre alphabétique*, Berlin, Unger, 1791, p. 21) de Maimon.

P. [86]

(1) *Cf.* F. H. Jacobi, *Über die Lehre des Spinoza* (1785), *Gesamtausgabe*, *op. cit.*, Bd. 1, 1, p. 18; *Lettres à Moses Mendelssohn sur la doctrine de Spinoza*, trad. fr. P.-H. Tavoillot, *Le crépuscule des Lumières. Les documents de la « querelle du panthéisme » (1780-1789)*, Paris, Cerf, 1995, p. 58: « [Spinoza] trouva que toute génération dans l'infini, quels que soient les images ou les mots dont on cherche à l'accompagner, tout changement dans l'infini posent *un quelque chose tiré du néant*. Il écarta donc tout *passage* de l'infini au fini, de manière générale toutes *causae transitoriae, secundariae* ou *remotae* ». *Cf.* Schelling, *Lettres philosophiques sur le dogmatisme et le criticisme*, SW I, p. 313-314; AA, I 3, p. 82; trad. p. 184-185.

P. [91]

(1) Voir plus haut p. [82].

P. [92]

(1) « Vaut-il la peine de raconter ? » Première phrase de l'*Histoire romaine* de Tite-Live (trad. fr. G. Baillet, Paris, Les Belles Lettres, 1958, t. I, p. 2).

P. [93]

(1) *Mt.* 26, 41.

(2) Schelling fait référence ici à l'*Essai d'une nouvelle présentation de la Doctrine de la science* (ou *Première introduction à la Doctrine de la science*), dont l'avant-propos avait paru dans le premier cahier du tome 5 du *Philosophisches Journal : cf.* J. G. Fichte, *Gesamtausgabe*, *op. cit.*, Bd. I, 4, p. 183-185 ; *Œuvres choisies de philosophie première*, *op. cit.*, p. 241-243.

P. [94]

(1) *Cf.* Johann Christoph Schwab, Karl Leonhard Reinhold et Johann Heinrich Abicht, *Preisschriften über die Frage : Welche Fortschritte hat die Metaphysik seit Leibnitzens und Wolffs Zeiten in Deutschland gemacht ?*, v. der Königl. Preuß. Akademie der Wissenschaften (*Écrits couronnés par l'Académie royale des sciences de Prusse sur la question : quels sont les progrès que la métaphysique a accomplis en Allemagne depuis l'époque de Leibniz et de Wolff ?*), Berlin, Maurer, 1796, p. 146.

(2) Phèdre, *Fables*, trad. fr. A. Brenot, Paris, Les Belles Lettres, 1989, IV, 3, p. 56 : « poussé par la faim, un renard, dans une vigne dont les guirlandes étaient hautes, cherchait à attraper des raisins ; il sautait de toutes ses forces. Ne pouvant les atteindre, il dit en s'éloignant : "ils ne sont pas encore mûrs ; je ne veux pas les cueillir verts". Ceux qui, incapables d'exécuter une entreprise, la déprécient dans leurs discours, devront s'appliquer cet exemple ».

P. [95]

(1) J. H. Abicht (1762-1816), professeur à Erlangen, était le directeur du *Neues Philosophisches Magazin*, journal qui, comme son sous-titre l'indique, avait pour but d'expliciter et mettre en application le système kantien (*Erläuterungen und Anwendungen des Kantischen Systems*).

(2) *Selbstdenker* est un terme popularisé par Reinhold pour désigner le philosophe, l'esprit libre.

(3) J. C. Schwab, *Ausführliche Erörterung der von der Königl. Akademie der Wissenschaften zu Berlin für das Jahre 1791 vorgelegten Frage : Welches sind die wirklichen Fortschritte...*, J. C. Schwab, K. L. Reinhold & J. H. Abicht, *Preisschriften über die Frage : Welche Fortschritte hat die Metaphysik seit Leibnitzens und Wolffs Zeiten in Deutschland gemacht ?*, Berlin, Königl. Preuß. Akademie der Wissenschaften, 1796, p. 3. En 1797, Johann Christoph Schwab (1743-1821), ancien professeur de métaphysique à Stuttgart, était secrétaire ministériel dans le Wurtemberg.

P. [96]

(1) J. C. Schwab, *op. cit.*, p. 6 : « une science ne peut devenir plus parfaite que de deux façons, ou bien par *extension de son domaine*, ou bien par *une meilleure mise en ordre de son système*. On pourrait dire de la première possibilité que c'est un *gain matériel* pour la science et de la seconde qu'elle constitue un *gain formel* ».

P. [97]

(1) J. C. Schwab, *op. cit.*, p. 11 : « d'après la remarque de Moses Mendelssohn, un grand admirateur de Leibniz, l'hypothèse de l'*harmonie préétablie* se trouve déjà dans une œuvre de Spinoza, mais elle peut aussi être née de la combinaison des hypothèses formulées par Descartes et Malebranche au sujet de l'union de l'âme et du corps ».

(2) *Cf.* F. H. Jacobi, *Lettres à Moses Mendelssohn*, *Gesamtausgabe*, *op. cit.*, Bd. 1, 1, p. 233; *Le crépuscule des Lumières*, *op. cit.*, p. 371 : « Leibniz lui [Bourguet] répondit : "je ne vois pas comment vous voulez vous dégager ici du spinozisme. Bien au contraire, le spinozisme est renversé par les *monades*. En effet, autant il y a de monades, autant il y a de substances réelles ou bien de *miroirs* indestructibles, pour ainsi dire vivants de l'univers, ou bien de mondes concentrés, tandis que, selon Spinoza, en revanche, il ne peut y avoir qu'une *seule* substance. *S'il n'y avait pas de monades, Spinoza aurait raison* et tout, sauf Dieu, serait passager et disparaîtrait comme modalité ou modification contingentes, car il manquerait aux choses un fondement propre pour subsister, la substance, qui est donnée par les monades" ».

P. [98]

(1) Schwab (*op.cit.*, p. 13) cite la traduction allemande du passage suivant des *Nouveaux essais sur l'entendement humain* de Leibniz, Paris, GF-Flammarion, 1990, p. 78-79 : « et après avoir assez médité sur l'ancien et le nouveau, j'ai trouvé que la plupart des doctrines reçues peuvent souffrir un bon sens. De sorte que je voudrais que les hommes d'esprit cherchassent de quoi satisfaire à leur ambition, en s'occupant plutôt à bâtir et à avancer qu'à reculer et à détruire. Et je souhaiterais qu'on ressemblât plutôt aux Romains qui faisaient des beaux ouvrages publics qu'à ce roi vandale, à qui sa mère recommanda que, ne pouvant pas espérer la gloire d'égaler ces grands bâtiments, il en cherchât à les détruire ».

(2) *Cf.* G. W. Leibniz, « Lettre à l'auteur de *l'Histoire des ouvrages des savants*, contenant un éclaircissement des difficultés que M. Bayle a trouvées dans le *Système nouveau de l'âme et du corps* », *Recueil de diverses pièces sur la philosophie, la religion naturelle, etc.*, P. des Maizeaux (éd.), Lausanne, Bousquet, 1759, t. II, p. 417. *Cf.* F. H. Jacobi, *Lettres à Moses Mendelssohn*, *Gesamtausgabe*, *op. cit.*, Bd. 1, 1, p. 245; trad. p. 380 : « lorsqu'on entre au fond des choses, on remarque plus de raison qu'on ne croyait, dans la plupart des sectes des philosophes. Le peu de réalité substantielle des choses sensibles, des Sceptiques; la réduction du tout aux harmonies ou nombres, idées et perceptions des pythagoriciens et platoniciens; l'un et même en tout de Parménide et de Plotin, sans aucun spinozisme, la connexion stoïcienne, compatible avec la spontanéité des autres;

la philosophie vitale des Cabalistes et Hermétiques, qui mettent du sentiment partout; les formes et entéléchies d'Aristote et des Scolastiques; et cependant l'explication mécanique des tous les phénomènes particuliers selon Démocrite et les Modernes, etc. se trouvent réunies comme dans un centre de perspective, d'où l'objet (embrouillé en regardant de tout autre endroit) fait voir sa régularité et la convenance de ses parties. On a manqué par un esprit de secte, en se bornant par le rejection des autres ».

(3) L'idée selon laquelle l'organisation se définit par un rapport réciproque de cause et d'effet ou de moyen et de fin est empruntée à Kant : cf. *Critique de la faculté de juger*, AK V, p. 373-374, trad. fr. A. Renaut, Paris, Aubier, 1995, p. 365-366.

P. [99]

(1) *Cf.* Reinhold, *Versuch einer Beantwortung der Frage « Was hat die Metaphysik seit Wolff und Leibnitz gewonnen ? »* (*Essai de réponse à la question « Qu'a gagné la métaphysique depuis Wolff et Leibniz ? »*), J. C. Schwab, K. L. Reinhold & J. H. Abicht, *Preisschriften...*, *op. cit.*, p. 174-175. Reinhold décrit la période intermédiaire entre la fin de l'hégémonie de l'école leibnizo-wolffienne et l'apparition de la *Critique de la raison pure* comme une période éclectique et syncrétique, où toutes les doctrines philosophiques cohabitent et donnent lieu à des exposés descriptifs et historiques. Il cite notamment les œuvres de Feder et Plattner en les qualifiant de rhapsodiques et d'aphoristiques.

P. [100]

(1) J. G. Reinbeck (1683-1741) était un théologien luthérien et un des plus importants disciples de Wolff. Il soutint l'idée d'un supranaturalisme rationaliste et s'attacha à prouver l'accord de la philosophie des Lumières allemandes avec les dogmes de la religion.

(2) I. G. Canz (1690-1753) enseigna la logique et la théologie à Bebenhausen et Tübingen, où Schelling fut plus tard étudiant. Il appartenait à l'école wolffienne, dont il voulut faire entrer les principes dans la théologie luthérienne.

(3) Schelling commet ici une erreur, puisqu'il n'est pas question d'un membre de la famille noble de Saxe nommée Carpzov, mais de Jakob Carpov (1699-1768), qui enseigna la mathématique au *Gymnasium* de Weimar et tint à Iéna des leçons sur la philosophie wolffienne.

(4) Schelling suit ici l'exposé de Schwab déjà cité. Il se réfère à la p. 18.

(5) C.A. Crusius (1715-1775) enseigna la philosophie et la théologie à Leipzig. Il fut l'un des principaux adversaires des idées de Wolff et son influence sur la formation de la philosophie de Kant et de Fichte fut à ce titre déterminante (pour son influence sur Fichte, *cf.* par exemple I. Thomas-Fogiel, *Fichte. Réflexion et argumentation*, Paris, Vrin, 2004, p. 36-39). Cependant pour une référence positive importante à Crusius, cf. *Sur la possibilité d'une forme de la philosophie en général*, SW I, p. 102; AA, I 1, p. 288; trad. fr. M. Kauffmann, *Premiers écrits (1794-1795)*, *op. cit.*, p. 32 et l'importante remarque du traducteur, p. 222. Crusius se démarqua de Wolff en reprenant à son compte l'idée d'harmonie préétablie, qu'il

concevait comme un accord entre les principes innés de l'entendement et les lois régissant les choses en soi.

(6) A.G. Baumgarten (1714-1762) est le premier philosophe allemand qui ait présenté une théorie générale de l'esthétique, science de la connaissance sensible dont il invente le nom (*Aesthetica*, Frankfurt, Kleyb, 1750). Il fut, comme Reinbeck et Canz, mais aussi comme son frère théologien, Sigmund Jakob, un fervent défenseur de Wolff.

(7) Schelling s'inspire ici du titre de l'opuscule de Kant paru en 1796, *D'un ton grand seigneur nouvellement pris en philosophie*, AK VIII, 387-406.

(8) *Cf.* G. Ploucquet (1716-1790), *Methodus calculandi in logicis ab ipso inventa cui praemittitur commentatio de arte characteristica* (*Méthode de calcul en logique, inventée par un homme disposant déjà de l'art de la caractéristique*) Frankfurt, Berger, 1763. Le calcul de Ploucquet était une méthode conçue pour simplifier les syllogismes inspirée de celle de Leibniz. Son but était d'étendre le calcul logique à toutes les branches de la connaissance. Il entendait même réduire les jugements de fait à des propositions identiques à l'aide du principe de raison suffisante. T. Abbt, (1738-1766), un mathématicien ami de Nicolai et de Mendelssohn, avec qui il entra en concurrence pour le prix de l'Académie de Berlin de 1761 donna une recension de ce texte dans ses *Briefe, die neueste Litteratur betreffend, Teil* 17 (*Lettres concernant la littérature la plus récente, partie 17*), Berlin, 1764, p. 61-104.

P. [101]

(1) *Cf.* Juvénal, *Satires*, XIV, 204-207; trad. fr. P. de Labriolle, Paris, Les Belles Lettres, 2002, p. 179: « l'odeur du profit est toujours bonne, d'où qu'il vienne ».

(2) *Cf.* J. C. Schwab, *Preisschriften über die Frage…*, *op. cit.*, p. 39: « Mendelssohn réunit tout ce que nous exigeons d'un écrivain, à savoir que les matériaux philosophiques les plus profonds soient présentés d'une manière intéressante et accessible […]. Tout dans ses écrits est lumière ».

P. [102]

(1) *Cf.* Kant, *Critique de la raison pratique*, AK V, p. 91 ; trad. fr. J.-P. Fussler, Paris, GF-Flammarion, 2003, p. 204. Schelling modifie légèrement le texte de Kant : « de telles comparaisons […] permettent à bon droit de s'attendre à ce qu'un jour peut-être on parvienne jusqu'à la pénétration de l'unité du pouvoir de la raison pure tout entière (du pouvoir théorique aussi bien que pratique), et à ce que l'on puisse tout dériver d'un seul principe, ce qui est l'irrésistible besoin de la raison humaine, qui ne trouve une entière satisfaction que dans l'unité systématique complète de ses connaissances ».

P. [104]

(1) F. H. Jacobi, *David Hume über den Glauben*, *Gesamtausgabe*, *op. cit.*, Bd. 2, 1, p. 20; *David Hume et la croyance*, *op. cit.*, p. 182 : « la validité de l'évidence sensible est précisément ce qui fait question. Que des choses nous apparaissent comme extérieures à nous, ne requiert absolument aucune preuve. Que néanmoins ces choses ne soient pas de simples phénomènes en nous, de simples déterminations de notre propre moi, et que par suite elles ne soient rien d'autre que *des représentations de quelque chose hors de nous;* que tout au contraire, en tant que représentations en nous, elles se rapportent à des êtres réellement extérieurs, existant en soi, et qu'elles soient tirées de ceux-ci, là-dessus non seulement des doutes sont permis, mais on a même souvent démontré que ces doutes ne peuvent être levés par des raisons strictement rationnelles. Ainsi votre certitude immédiate des objets extérieurs serait, tout aussi bien que ma croyance, une *certitude aveugle* ».

(2) F. H. Jacobi, *David Hume über den Glauben*, *Gesamtausgabe*, *op. cit.*, Bd. 2, 1, p. 34; *David Hume et la croyance*, *op. cit.*, p. 193 : « d'après Sophyle, nos représentations des objets sont le résultat des relations qui se trouvent entre nous et les objets et tout ce qui nous sépare des objets ». *Cf.* F. Hemsterhuys, *Sophyle ou de la philosophie* [Paris, 1778], *Œuvres philosophiques*, Paris, Haussmann, 1809, t. I, p. 319 : « les idées que nous avons des choses dérivent des rapports qui se trouvent entre les choses et notre façon d'apercevoir et de sentir ». Voir également K. L. Reinhold., *Briefe über die Kantische Philosophie*, Leipzig, Göschen, 1790, p. 248 : « mais le sujet représentant est-il aussi réellement *la cause* de ses représentations ? Et dans quelle mesure ? Son pouvoir de représentation est-il une pure spontanéité ? Ou ne doit-il pas lui aussi s'appuyer sur une réceptivité à laquelle le matériau des représentations des objets extérieurs doit être donné par une impression externe ? Et dans ce cas, la représentation *externe* n'est-elle pas le produit de *deux* forces distinctes, celle du sujet en nous et de l'objet en dehors de nous, par quoi l'une s'oppose *de manière contraignante* à l'action de l'autre ? [...] Ainsi pouvez-vous vous représenter cette force de représentation seulement comme le résultat de l'action commune du sujet représentant et des choses extérieures ».

P. [105]

(1) *Cf.* Kant, *Critique de la raison pure*, K IV, p. 233, trad. A. Renaut, *op. cit.*, p. 377.

P. [112]

(1) *Cf.* Leibniz, *Essais de théodicée*, Paris, GF-Flammarion, 1969, § 360, p. 329 : « c'est une des règles de mon système de l'harmonie générale que *le présent est gros de l'avenir*, et que celui qui voit tout, voit dans ce qui est ce qui sera » [cf. *Schellings Bibliothek. Die Verzeichnisse von F. W. J. Schellings Buchnachlaß*, A. L. Müller-Bergen (Hrsg.), Stuttgart, Frommann-Holzboog, 2007, § 875, p. 223].

P. [113]

(1) *Cf.* Kant, *Critique de la faculté de juger*, AK V, p. 372-376, trad. p. 364-368.

(2) Il est fait référence ici à la formation des cristaux.

P. [114]

(1) « Pulsion formatrice » traduit ici *Bildungstrieb*. Cette expression désigne d'abord, dans le domaine de la nature organique, la capacité de reproduction. Schelling l'emploie cependant ici dans un sens plus spéculatif, emprunté à Johann Friedrich Blumenbach (1752-1840), même s'il se distingue de ce dernier dans l'usage qu'il en fait. Dans *De l'âme du monde, une hypothèse de la physique supérieure pour l'explication de l'organisme général*, le *Bildungstrieb* est défini comme l' « *expression* de [l']union originelle de la liberté et de la conformité aux lois dans toutes les formations de la nature » (SW II, p. 527; AA, I 6, p. 216, trad. S. Schmitt, *op. cit.*, p. 150). La pulsion formatrice est union de liberté et de conformité aux lois car la détermination particulière des formes produites est contingente, mais il y a nécessité dans la contrainte générale à produire une forme. Le *Bildungstrieb* ne désigne pas une explication ultime de la nature organique, mais fait signe au contraire vers un principe encore plus originaire de la vie, indiquant qu'il faut chercher à l'extérieur de la matière organisée le principe de l'organisation elle-même (voir *ibid.*, SW II, 265-266; AA, I 6, p. 253-254, trad. p. 181-182). L'usage schellingien de la notion de *Bildungstrieb* revient ainsi à insister sur le dualisme à l'œuvre dans la productivité naturelle.

(2) *Stufenfolge.*

(3) *Cf.* Leibniz, *Monadologie*, §62, *Philosophische Schriften*, *op. cit.*, Bd. VI, p. 617; Paris, GF-Flammarion, 1996, p. 256.

P. [115]

(1) Schelling fait référence ici aux théories de la force vitale, ou *Lebenskraft*, expression forgée par Blumenbach. Ces théories ont été par la suite développées, dans des versions sensiblement différentes, par un certain nombre d'auteurs dont Carl Friedrich Kielmeyer (1765-1844), Johann Christian Reil (1759-1813), Joachim Dietrich Brandis (1762-1846) ou encore Alexander von Humboldt (1769-1859). De manière générale, les théories de la *Lebenskraft* consistent à rejeter l'explication mécaniste du vivant et à postuler un principe *sui generis* présent dans la matière organisée (notamment dans les opérations chimiques qui affectent l'organisme) pour rendre compte de la vie. Schelling dénonce l'inconséquence de ces théories : vouloir rendre compte de la spécificité de la vie en dotant la matière elle-même de propriétés destinées à expliquer la vie est une explication purement circulaire et revient à faire de ces propriétés des qualités occultes, voire un « pouvoir magique » (Schelling, *De l'âme du monde*, SW II, 526; AA, I 6, p. 215, trad. p. 149; voir aussi *Erster Entwurf einer System der Naturphilosophie* (*Première esquisse d'un système de la philosophie de la nature*), AA, I 7, p. 300). Pour un aperçu général des théories de la *Lebenskraft*, voir Jörg Jantzen, « Physiologische Theorien » (« Théories physiologiques », Schelling, AA, *Ergänzungsband zu Werke Band 5 bis 9, Wissenschaftshistorischer Bericht zu Schellings Natur-*

philosophischen Schriften 1797-1800 (*Volume de supplément aux tomes 5 à 9 des Œuvres, Compte rendu d'histoire des sciences pour les écrits de Schelling relevant de la philosophie de la nature 1797-1800*), p. 375-668, ici p. 498-565.

P. [118]

(1) Schelling fait ici référence à la doctrine malebranchienne de la vision des idées en Dieu : voir Nicolas Malebranche, *De la recherche de la vérité où l'on traite de la nature de l'esprit de l'homme et de l'usage qu'il en doit faire pour éviter l'erreur dans les sciences*, livre III, partie II, chap. VI, *Œuvres complètes*, G. Rodis-Lewis (éd.), Paris, Vrin, 1991, t. I, p. 437-447.

P. [119]

(1) Hésiode, *Théogonie*, trad. fr. P. Mazon, Paris, Les Belles Lettres, 1992, p. 65, v. 924-926 : « Et, tout seul, de son front, il donna le jour à Tritogénie aux yeux pers, éveilleuse terrible de tumulte, infatigable conductrice d'armées, auguste déesse qui se plaît aux clameurs, aux guerres, aux combats ».

(2) Il n'est pas évident de déterminer à qui Schelling fait allusion ici; il vise probablement Reinhold, dont la démarche, mise en œuvre notamment dans l'*Essai d'une nouvelle théorie de la faculté humaine de représentation*, consiste à décomposer la représentation comme fait de conscience dans les différents éléments qui la composent, et par conséquent à séparer l'élément actif et spontané, considéré pour soi, d'une faculté réceptive, par laquelle est donnée la matière de la représentation. Voir K. L. Reinhold, *Essai d'une nouvelle théorie de la faculté humaine de représentation*, § XX, *op. cit.*, p. 267-271, trad. p. 69-71.

P. [120]

(1) Schelling reprend ici l'expression par laquelle Kant qualifie le schématisme transcendantal : voir *Critique de la raison pure*, AK III, p. 136; trad. A. Renaut, *op. cit.*, p. 226.

P. [121]

(1) Fichte décrit l'activité de la conscience comme un cercle inévitable : « que l'esprit fini doive nécessairement poser quelque chose d'absolu en dehors de lui (une chose en soi) et cependant reconnaître par ailleurs que cet être n'existe que *pour lui* (qu'il est un noumène nécessaire), tel est le cercle que l'esprit fini peut élargir jusqu'à l'infini, mais dont il ne peut jamais sortir », et plus loin : « Le fondement ultime de toute conscience est une action réciproque du Moi sur lui-même moyennant un Non-Moi qui doit être considéré à différents points de vue. Tel est le cercle dont l'esprit fini ne peut sortir », *Grundlage der gesammten Wissenschaftslehre*, GA, I 2, p. 412-413; *Assise fondamentale de l'ensemble de la Doctrine de la science*, *Œuvres choisies de philosophie première*, *op. cit.*, p. 146, 147 (trad. mod.).

P. [123]

(1) *Cf.* Jacobi, *Lettres à Moses Mendelssohn*, *Gesamtausgabe*, *op. cit.*, Bd. 1, 1, p. 23; trad. p. 62 : « souvenez-vous d'un passage de Leibniz où il est dit de Dieu qu'il se trouve en une continuelle expansion et contraction qui seraient la création et la persistance du monde ».

(2) Schelling avait déjà consacré, en 1792, l'un de ses travaux scolaires destinés à obtenir le magistère à cette question du rapport entre philosophie théorique et philosophie pratique chez Kant. Son essai, qui n'a pas été retrouvé, portait le titre suivant : *Über die Uebereinstimmung der Critik der theoretischen und praktischen Vernunft, besonders in Bezug auf den Gebrauch der Categorien, und der Realisirung der Idee einer intelligibeln Welt durch ein Factum in der letzten* (*Sur l'accord de la Critique de la raison théorique avec la Critique de la raison pratique, en particulier eu égard à l'usage des catégories et de la réalisation de l'Idée d'un monde intelligible par un fait dans celui-ci*). Il attire également l'attention, dès *Du moi comme principe de la philosophie*, sur le problème que constitue l'absence de médiation, dans le système kantien tel qu'il a été développé par Kant lui-même, entre philosophie pratique et philosophie théorique : voir *Du moi comme principe de la philosophie ou Sur l'inconditionné dans le savoir humain*, SW I, 154; AA, I 2, p. 73; trad. fr. J.-F. Courtine, *Premiers écrits* (*1794-1795*), *op. cit.*, p. 51.

(3) Les éditeurs de l'*Historisch-kritische Ausgabe* proposent comme exemple la référence suivante : L. Creuzer, *Skeptische Betrachtungen über die Freyheit des Willens mit Hinsicht auf die neuesten Theorien über dieselbe*, Giessen, Heyer, 1793, p. 202 : « le résultat [de la philosophie critique] reste encore et toujours celui-ci : la raison pratique paraît absolument incompatible avec la raison spéculative ».

P. [124]

(1) *Cf.* Kant, *Kritik der praktischen Vernunft*, AK V, p. 95; *Critique de la raison pratique, op. cit.*, p. 210.

(2) Cf. *Kritik der praktischen Vernunft*, AK V, p. 99; *Critique de la raison pratique*, *op. cit.*, p. 215.

(3) Cette idée d'un principe supérieur venant coiffer la séparation du théorique et du pratique, de la nature et la liberté, est déjà présente dans le *Du Moi* de 1795, dans lequel Schelling parle d'une « harmonie préétablie », qualifiée alors d'immanente : voir *Du Moi*, SW I, 240; AA, I 2, p. 173; trad. p. 145-146.

P. [125]

(1) *Cf.* par exemple, Kant, *Critique de la raison pure*, AK III, p. 338; trad. A. Renaut, *op. cit.*, p. 470 : « nous avons suffisamment démontré dans l'Esthétique transcendantale que tout ce qui est intuitionné dans l'espace et dans le temps, par conséquent tous les objets d'une expérience pour nous possible, ne sont rien que des phénomènes ».

P. [127]

(1) Cf. *Idées pour une philosophie de la nature*, AA, I 5, p. 80 : « il est rare que de grands esprits aient vécu à la même époque sans travailler au même but sous différents angles. Tandis que Leibniz fondait le système du monde des esprits sur l'harmonie préétablie, Newton découvrait dans l'équilibre des forces du monde le système d'un monde matériel ».

P. [128]

(1) *Cf.* Kant, *D'un ton grand seigneur nouvellement pris en philosophie*, AK VIII, p. 403 ; trad. A. Renaut, *Œuvres philosophiques*, t. III, *op. cit.*, p. 412.

(2) *Cf.* Kant, *Critique de la raison pratique*, p. 3, AK V, p. 3 ; trad. p. 89 : « si, en tant que raison pure, elle est effectivement pratique, alors elle prouve sa réalité et celle de ses concepts par le fait, et toute ratiocination niant la possibilité pour elle de l'être est vaine ».

(3) *Cf.* J. G. Fichte, *Versuch einer neuen Darstellung der Wissenschaftslehre*, *Gesamtausgabe*, *op. cit.*, Bd. I, 4, p. 280 ; *Essai d'une nouvelle présentation de la Doctrine de la science*, trad. fr. I. Thomas-Fogiel, Paris, Vrin, 1999, p. 180 : « on appelle généralement l'activité intérieure, appréhendée dans son repos, le concept » (trad. mod.).

(4) *Cf.* Kant, *Critique de la raison pure*, AK III, p. 275-276 ; trad. A. Renaut, *op. cit.*, p. 411 n.

P. [129]

(1) Schelling fait ici référence à J. G. Fichte, « Zweite Einleitung in die Wissenschaftslehre », *Gesamtausgabe*, *op. cit.*, Bd. I, 4, p. 209-244 ; *Seconde Introduction à la Doctrine de la science*, trad. A. Philonenko, *op. cit.*, p. 265-311 ; trad. I. Thomas-Fogiel, *op. cit.*, p. 121-170.

P. [131]

(1) *Lc* 9, 60.

P. [132]

(1) Benedikt Stattler (1728-1797) est l'auteur d'un *Anti-Kant* (München, Lentner, 1788), avant de devenir, en 1791, membre de la commission de censure de Munich et de faire interdire à ce titre les livres du maître de Königsberg en Bavière. Ce jésuite s'inspirait de Christian Wolff et forma Johann Michael Sailer à la théologie. Au lendemain de sa mort, ses propres œuvres furent mises à l'index.

(2) W.F. Schäffer, *Inconsequenzen und auffallende Widersprüche in der Kantischen Philosophie, besonders in der Kritik der r. V*, Dessau, Müller, 1792. W. Schäffer (1750-1831) était pasteur à Magdebourg. En 1799, il prendra position contre Fichte dans la Querelle de l'athéisme.

(3) *2 Cor* 3, 6.

P. [133]

(1) Les éditeurs de l'*Historisch-kritische Ausgabe* renvoient à F. H. Jacobi, « Appendice sur l'idéalisme transcendantal », *David Hume et la croyance*, *op. cit.*, p. 245. Nous ne sommes pas sûrs de comprendre cette référence.

(2) Friedrich Victor Plessing était professeur à l'Université royale de Duisburg. Dans son *Memnonium oder Versuche zur Enthüllung der Geheimnisse des Alterthums* (*Memnonium ou essai pour découvrir les mystères de l'Antiquité*, Leipzig, Weygand, 1787), il soutenait que les Grecs avaient oublié le sens de leurs traditions sacrées et que Platon lui-même ne voyait plus clairement que sa doctrine des Idées provenait de théologiens archaïques. *Cf.* p. 34 n. : « je montrerai plus tard, dans une autre œuvre, que les *idées* platoniciennes ne sont pas de prétendus concepts de l'entendement divin (les Anciens n'avaient pas l'idée de quelque chose d'aussi impensable), mais qu'elles étaient des substances réelles, des *ontos onta* ». *Cf.* surtout Maimon, « Pragmatische Geschichte des Begriffs von Philosophie, und Beurtheilung der neuern Methode zu philosophiren », *Philosophisches Journal einer Gesellschaft Teutscher Gelehrten*, 1797, p. 150-181, p. 177 : « les idées kantiennes tirent leur origine *historique* des Idées de Platon et leur origine *philosophique* de la forme de la raison même ». Schelling avait largement critiqué les thèses de Plessing sur Platon dans son manuscrit consacré au *Timée* (*Le Timée de Platon*, trad. fr. A. Michalewski, Villeneuve d'Ascq, Presses Universitaires du Septentrion, 2005).

(3) *Cf.* Kant, *Sur une découverte selon laquelle toute nouvelle critique de la raison pure serait rendue superflue par une plus ancienne*, AK. VIII, p. 215, trad. fr. J. Benoist, Paris, Vrin, 1999, p. 116. À partir de 1787, Johann August Eberhard (1739-1809) dirigea un *Philosophische Magazin* et, à partir de 1793, un *Philosophisches Archiv* presque exclusivement dirigés contre Kant. À partir de 1789, ce représentant éminent de l'école wolffienne fit paraître sept écrits polémiques différents sur la *Critique de la raison pure* et il fut, à partir de 1799, un des principaux protagonistes de la Querelle de l'athéisme. C'est en grande partie pour lui répondre que Fichte rédigea ses *Rückerinnerungen, Antworten, Fragen* (*Rappels, réponses, questions*). Le premier contact de Schelling avec l'œuvre d'Eberhard remonte au moins à 1792. Il mentionne sa *Neue Apologie des Sokrates* (Berlin, Nicolai, 1778) dans ses écrits d'étudiant (AA II, 4, p. 23).

P. [134]

(1) *Cf.* J. Schulz, *Erläuterungen über des Herrn Professor Kant Critik der reinen Vernunft*, Königsberg, Dengel, 1784, p. 101-102 ; *Éclaircissements sur la critique de monsieur le Professeur Kant*, trad. fr. J. Tissot, Paris, Lagrange, 1865. Le pasteur et professeur de mathématiques Johann Friedrich Schulz (1739-1805) était un collègue de Kant à Königsberg et un kantien orthodoxe. Après la « trahison » de Beck, Kant le désignera comme le meilleur exégète de sa doctrine (29 mai 1797).

(2) Kant, *Critique de la raison pure*, AK III, 95 ; trad. A. Renaut, *op. cit.*, p. 165. Le soulignement et les parenthèses sont de Schelling. Kant avait écrit : « il y a partout un même nombre de catégories de chaque classe, à savoir trois, ce qui

requiert tout autant réflexion, dans la mesure où, sinon, toute division *a priori* par concepts ne peut être qu'une dichotomie. À quoi s'ajoute encore toutefois que la troisième catégorie procède toujours de la liaison de la deuxième avec la première de sa classe ».

P. [135]

(1) Schelling évoque ici les débats qui animent la physique et la chimie de son époque, autour de la combustion, de la lumière et de la chaleur. Le fluide dont il est question correspond à l'idée d'une matière calorique universelle, répandue de manière homogène dans toute la nature, et produisant des phénomènes divers dans les différents corps en fonction de la nature de ceux-ci. Mais qu'il s'agisse de l'explication de la chaleur, de la lumière ou de la combustion, Schelling refusera de se satisfaire de l'hypothèse d'une unique matière spécifique, et maintiendra – et c'est ce qu'il annonce dès le présent passage – la nécessité de postuler deux principes distincts, l'un positif, l'autre négatif, en fonction d'un modèle de polarité qui est, pour lui, seul à même de rendre compte de la diversité des phénomènes naturels tout en garantissant la continuité et l'homogénéité des corps matériels. Schelling sera ainsi conduit à militer en faveur de la thèse de la composition de la lumière en éther et oxygène (voir *De l'âme du monde*, SW II, p. 401 ; AA, I 6, p. 96 ; trad. p. 33) et à proposer une conception de la combustion qui concilie la chimie phlogistique inspirée de Stahl et les théories antiphlogistiques inaugurées par Lavoisier en voyant dans le phlogistique interne aux corps le principe négatif et dans l'oxygène présent dans l'air environnant le principe positif (voir *ibid.*, p. 405 ; AA, I 6, p. 99 ; trad. p. 37 ; sur la chaleur et la notion de fluide calorique universel, voir *ibid.*, p. 101 ; trad. p. 38-39). On peut supposer que Schelling tient ces connaissances des cours de Christian Gotthold Eschenbach auxquels il assiste à Leipzig.

(2) Schelling fait ici référence à la différence que fait Kant, dans l'Analytique des concepts, entre les « concepts-souches », qui sont les catégories proprement dites, et les « concepts dérivés, tout aussi purs, qui, dans un système complet de la philosophie transcendantale, ne peuvent aucunement être laissés de côté » (Kant, *Critique de la raison pure*, AK III, p. 94 ; trad. A. Renaut, *op. cit.*, p. 164). C'est bien par exemple les concepts dérivés des catégories constituant les principes de la physique pure que Kant s'efforcera d'indiquer dans les *Premiers principes métaphysiques de la science de la nature*.

P. [136]

(1) K. L. Reinhold, « *Ueber den gegenwärtigen Zustand der Metaphysik und der transcendentalen Philosophie überhaupt. Neue um die Hälfte vermehrte Ausgabe meiner Beantwortung der Berlin. Preisfrage über die Fortschritte der Metaphysik seit Leibniz und Wolff* », *Auswahl vermischter Schriften*, *op. cit.*, Bd. II, p. 1-363, p. 341.

(2) K. L. Reinhold, « *Ueber den gegenwärtigen Zustand der Metaphysik...* », *op. cit.*, p. 341 : « voilà pourquoi Fichte n'avait sans doute pas tort d'affirmer que la *Critique de la raison pure* avait répondu exactement de la même manière que la *Doctrine de la science* à la question de savoir quel *fondement* nous permet

d'affirmer que nos représentations correspondent à quelque chose *en dehors de nous.* – Selon la *Critique de la raison pure* aussi, tout fondement est assurément donné avec le *Moi*, mais seulement *dans la mesure où* en lui la *connaissance empirique* (l'expérience) apparaît comme un *fait*, et dans la mesure où, du point de vue de son contenu *transcendantal* (qui ne constitue que la sa forme), cette connaissance doit être fondée *purement et simplement* dans le Moi pur, tandis que, du point de vue de son *contenu empirique*, elle doit être fondée dans le Moi *par quelque chose d'autre que le Moi.* Aucune forme scientifique de philosophie n'était possible tant que ce *quelque chose d'autre que le Moi* en tant que fondement de la réalité objective de ce qui est transcendantal devait être recherché seulement *en dehors du Moi.* C'était à *Fichte* qu'il revenait de découvrir que ce dernier, en tant que *non-moi*, pouvait aussi être fondé pour le Moi par le Moi lui-même, par une opposition absolue, et que l'on n'était pas obligé de sortir de la raison pure pour fonder la philosophie transcendantale ».

(3) K. L. Reinhold, *Auswahl vermischter Schriften*, *op. cit.*, p. XI-XII : « disons-le en un mot ! J'ai compris que le fondement scientifique de la philosophie que recherchait la philosophie élémentaire sans pouvoir jamais le trouver sur le chemin qu'elle empruntait, ne peut être découvert que par la *Doctrine de la science.* Je m'acquitte par là du devoir qui m'incombait de le faire aussitôt savoir aux lecteurs de mes écrits et en particulier à mes anciens auditeurs. Quand j'aurai plus de familiarité avec cette science vraiment toute nouvelle, j'espère pouvoir montrer plus clairement et plus en détails avec quelle rigueur elle est construite et quel mérite est le sien en philosophie, ce que je ne pouvais faire dans le dernier paragraphe du présent traité ». La conversion brutale et remarquée de Reinhold à la doctrine de Fichte date de février 1797 et des *Paradoxes de la philosophie la plus récente.* Sur cette conversion, *cf.* I. Radrizzani, « Fichte-Reinhold. Les motifs d'une conversion », *Archives de philosophie*, n° 4, 2002, p. 643-659. Le jugement de Schelling sur le fichtéisme de cet auteur sera sans appel : « j'admets que Reinhold ne me paraît pas du tout être au fait de la *Doctrine de la science.* La manière dont la *doctrine du point de vue* pose une identité originaire de la sensibilité et de l'entendement est totalement incompréhensible à ce brave homme. Quant à M. Beck, il sait encore moins comment il est parvenu lui-même à poser cette identité. Reinhold doit cependant savoir s'il comprend ou non la *Doctrine de la science* » (lettre du 4 août 1797 à Niethammer, AA, III 1, p. 133).

(4) K. L. Reinhold, « *Ueber den gegenwärtigen Zustand der Metaphysik...* », *op. cit.*, p. 326. Reinhold écrit « *die reine Sinnlichkeit und der reine Verstand* (la sensibilité pure et l'entendement pur) ».

P. [137]

(1) *Op. cit.*

(2) *Einige Bemerkungen über die in der Einleitung zu den metaphysischen Anfangsgründen der Rechtslehre von I. Kant aufgestellten Begriffe von der Freyheit des Willens* de Reinhold (*Quelques remarques sur les concepts de la liberté de la volonté établis par I. Kant dans l'Introduction aux éléments métaphysiques de la Doctrine du droit*, *Auswahl vermischter Schriften*, *op. cit.*, p. 374 :

« la raison pratique, en tant que c'est de manière pratique qu'elle est au sein du vouloir – c'est-à-dire en tant qu'elle est législatrice pour la liberté de la volonté – est présupposée *aussi bien* par la volonté *bonne* que par la volonté *mauvaise*, et ne peut par conséquent être elle-même une volonté. Si la raison pratique était la volonté, il faudrait ou bien que l'homme mauvais du point de vue éthique n'ait absolument aucune volonté, ou bien que sa raison pratique fasse le mal, et l'*homme bon du point de vue éthique* ne pourrait *rien* vouloir d'autre que la loi ».

(3) K. L. Reinhold, *Auswahl vermischter Schriften*, *op. cit.*, p. 328.

P. [138]

(1) Citation introuvable.

P. [141]

(1) J. S. Beck (1761-1840) fut l'élève de Kant et devint professeur de philosophie à Halle en 1796. Son *Erläuternder Auszug aus den kritischen Schriften des Herrn Prof. Kant, auf Anrathen desselben* (Riga, Hartknoch, 1793-1796) était souvent utilisé comme un abrégé de la doctrine de Kant. Le troisième tome de cet ouvrage est intitulé *Einzig möglicher Standpunct, aus welchem die critische Philosophie beurteilt werden muss* (*Unique point de vue possible à partir duquel la philosophie critique peut être jugée*) et contient les bases de ce que Schelling appelle ici la « doctrine du point de vue ». Son *Grundriss der kritischen Philosophie* (*Abrégé de la philosophie critique*, Halle, Renger, 1796) lit Kant à travers Maimon. Sur la théorie du point de vue, lire T. L. Meyer, *Das Problem eines höchsten Grundsatzes der Philosophie bei J. S. Beck*, Würzburg, Königshausen, 1991.

(2) J. S. Beck, *Einzig-möglicher Standpunct, aus welchem die critische Philosophie beurtheilt werden muss*, Riga, Hartknoch, 1796, p. 124 : « ainsi le principe suprême, non tant de la philosophie (si l'on entend par là une science particulière) que de tout usage de l'entendement est le postulat : *se représenter originairement un objet*.

Avant toute chose, il faut remarquer que le principe suprême de la philosophie ne doit absolument avoir aucune autre forme que celle d'un postulat. Son sens consiste proprement dans l'impression de pouvoir se transporter dans le mode de représenter originaire. Ce principe n'énonce donc absolument rien et il est pourtant le fondement de tous les énoncés possibles. Ce qu'est un objet, ce qui est originaire, ce que veut dire représenter ne s'expliquent donc pas. Toutes ces choses constituent des représentations déjà déduites, des concepts, qui, toutes ensemble, présupposent le représenter originaire. Je ne donne donc pas de réponse à la question : que veut dire se représenter quelque chose originairement ?; car la bonne réponse est le représenter originaire lui-même. Je ne peux faire mieux que d'indiquer au lecteur la manière de faire par laquelle il doit se mettre lui-même en position de percevoir l'esprit du postulat [...].

Afin que le lecteur ne se trompe pas et pour qu'il nous comprenne bien, qu'il imagine le cas où il se verrait transporté dans une région (en quelque sorte sur une autre planète) où des choses qu'il n'a jamais rencontrées se montreraient à lui. Dans cet état, il n'aurait simplement affaire qu'à son représenter originaire ».

P. [143]

(1) Virgile, *Énéide*, trad. fr. J. Perret, Paris, Les Belles Lettres, 1978, t. I, v. 435, p. 22 : « [les abeilles] repoussent hors du logis les bourdons, troupeau paresseux ».

P. [144]

(1) Schelling répètera souvent que la philosophie doit avoir quelque chose qui l'apparente aux mystères antiques où l'on dissimulait aux profanes les doctrines les plus hautes. Peut-être aussi une allusion au précepte romain *Si quid sacri sancti est, quod non iure sit rogatum eius hac lege nihil rogatur*, qui, dans le cadre d'un serment, soustrait certaines clauses à l'action du législateur.

P. [146]

(1) J. S. Beck, *Einzig-möglicher Standpunct...*, *op. cit.*, p. 130.

(2) *Ibid.*, p. 139 : « ce que nous pensons avoir établi par la présente recherche, c'est l'idée que le principe suprême de tout usage de l'entendement est un postulat, et à vrai dire celui-ci : représenter de manière originaire ».

(3) *Ibid.*, p. 140.

P. [150]

(1) K. L. Reinhold, *Auswahl vermischter Schriften*, *op. cit.*, Bd. II, p. 295 : Beck annule « la distinction de la sensibilité transcendantale et de l'entendement transcendantal, aussi bien que la distinction de la sensibilité transcendantale et de la sensibilité empirique ». Selon Reinhold, Beck tourne contre Kant « l'opposé de ce que celui-ci a dit » (*ibid.*). En 1796, Johann Benjamin Erhard avait formulé des critiques similaires dans sa recension des trois volumes du livre de Beck dans l'*Allgemeine Literatur Zeitung*.

P. [152]

(1) Kant, *Critique de la faculté de juger*, AK V, p. 197; trad. p. 177n (les soulignements sont de Schelling).

P. [154]

(1) K. L. Reinhold, *Auswahl vermischter Schriften*, *op. cit.*, p. 323 : « la *philosophie élémentaire* a finalement en commun avec la *doctrine de l'unique point de vue possible* le défaut de faire reposer la philosophie sur un *fondement* qui, aussi solide fût-il, ne serait nullement en mesure de fonder l'ensemble de la philosophie en tant qu'unique système, mais seulement une de ses parties, la *philosophie théorique*. La première tire tout de la *conscience*, l'autre du *représenter originaire*, et les deux se voient par conséquent contraintes d'admettre comme donné, Dieu seul c'est d'où, l'*objet* de la philosophie *pratique*, que l'on ne peut tirer d'aucune des deux, et d'ajouter à l'élément théorique la philosophie pratique comme une simple *annexe* ».

P. [157]

(1) I. Kant, *Critique de la raison pratique*, AK V, 29; trad. p. 124 : « la liberté et la loi pratique inconditionnée renvoient réciproquement l'une à l'autre. Cela dit, je ne demande pas en cet endroit si, en fait, elles sont distinctes ou si, au contraire, une loi inconditionnée n'est pas plutôt uniquement la conscience de soi d'une raison pure pratique, cette dernière se confondant alors avec le concept positif de la liberté ».

(2) K. L. Reinhold, *Einige Bemerkungen…*, *Auswahl vermischter Schriften*, *op. cit.*, Bd. II, p. 364 : « celui qui est fermement convaincu par la réflexion sur la conscience de soi morale (la *conscience morale*) que la *moralité* et l'*imputabilité* des actions accompagnées de *faute* et de *mérite* ne sont qu'une seule et même chose, et que cette imputabilité ne peut être pensée qu'en présupposant une *liberté de la volonté* distincte *non seulement* de l'autonomie *mais encore* de l'effort du *désir* […], celui-là devrait se trouver exactement dans la même situation que moi de considérer comme *incompréhensibles* ou *intenables* les explications de la *faculté de désirer*, de la *volonté*, de l'*arbitre* et de la *liberté* proposées dans l'*Introduction* aux *Principes métaphysiques de la doctrine du droit* parus il y a peu ».

P. [159]

(1) K. L. Reinhold, *Auswahl vermischter Schriften*, *op. cit.*, p. 368 : « d'après mes concepts de *raison* et de *volonté*, les *lois en général* ne proviennent que de la raison, et la *loi morale* provient de la raison dans sa *relation* à la volonté, laquelle n'est pas la *raison*, tandis que les *maximes* proviennent de la *volonté* dans sa relation à la raison. Cette *loi* est l'exigence de la simple raison *au sein* de la volonté ; les *maximes* sont les mesures à prendre admises *par* la volonté, qui ou bien s'accordent avec l'exigence de la raison, ou bien la contredisent. Tant la loi que les maximes présupposent l'*arbitre dans* la volonté elle-même ».

P. [160]

(1) K. L. Reinhold, *Auswahl vermischter Schriften*, *op. cit.*, Bd. II, p. 373 : « l'*usage de la langue* et la *conscience de soi* semblent se déclarer presque encore plus contre le fait que la *volonté* puisse être en n'importe quel sens *raison pratique*. La volonté n'est pas une *volonté* si elle ne peut pas être une volonté *bonne* ou *mauvaise*. La raison pratique ne peut être ni l'une ni l'autre. C'est une *seule* et *même* raison que l'on appelle, dans sa relation au *connaître* et *à travers* elle aussi au *simple désir*, raison *théorique*, mais dans son rapport au *vouloir*, raison *pratique*. La conformité de la volonté (par sa simple liberté) à la raison *pratique* est la *volonté bonne* – tout comme la conformité du désir à la raison *théorique* est le *désir rationnel*. La raison pratique en tant que pratique pour le vouloir, c'est-à-dire en tant qu'elle légifère pour la liberté de la volonté, est aussi bien présupposée par la volonté *bonne* que par la volonté *mauvaise* et ne peut par conséquent être elle-même volonté. Si la raison pratique était la volonté, ou bien l'homme moralement mauvais n'aurait absolument aucune volonté, ou bien sa raison pratique devrait faire le mal, tandis que l'homme *moralement bon* ne pourrait *rien* vouloir d'autre que la loi. La volonté en tant que raison pratique ne peut rien choisir d'autre que la

loi, c'est-à-dire qu'elle ne peut la choisir qu'en qualité de simple législatrice. Elle ne peut la *suivre* et la faire valoir que dans l'application ».

(2) K. L. Reinhold, *Auswahl vermischter Schriften*, *op. cit.*, Bd. II, p. 381 : « « l'arbitre *humain* est certes *déterminable* par des impulsions sensibles, mais pas uniquement ; il l'est aussi par la raison pratique ; il n'est jamais *dénué de raison* et ne peut *jamais agir sans raison*. Il peut cependant agir *conformément à la raison* ou *en opposition* à elle, car il peut se déterminer aussi bien par des impulsions que par la raison [...]. La raison est pratique *par soi-même*, dans la mesure où elle *prescrit* indépendamment de l'impulsion sensible une *loi* qui peut être suivie seulement par un arbitre indépendant de la raison et de l'impulsion sensible [...]. Les prescriptions de la raison valent aussi pour le *simple désir* (il y a des désirs que la raison modifie), mais elles sont *des lois* pour le désir seulement par cela que plaisir et déplaisir se situent du côté des prescriptions et leur donnent la *sanction* de la loi. C'est pourquoi ces prescriptions sont en soi simplement *théoriques*. Si l'arbitre n'est rien d'autre que *désir*, et il l'est, s'il n'est pas *libre indépendamment* de la raison, alors il n'y a pas non plus de raison pratique au sein du vouloir ».

P. [161]

(1) I. Kant, *Introduction à la métaphysique des mœurs*, IV, « Concepts préliminaires de la métaphysique des mœurs », Remarque, AK VI, p. 226; trad. fr. A. Philonenko, *Métaphysique des mœurs, première partie*, Paris, Vrin, 1986, p. 100 (les soulignements sont de Schelling; deux passages sont omis, que nous signalons par des points de suspension entre crochets; la traduction a été légèrement modifiée).

(2) K. L. Reinhold, *Auswahl vermischter Schriften*, *op. cit.*, Bd. II, p. 369 : « l'arbitre *humain* est le pouvoir *propre* à la *volonté* de *choisir* (d'*élire*) qu'il convient de distinguer aussi bien du pouvoir *en général* de choisir qu'en particulier du pouvoir *propre à la raison* de choisir. De même qu'on ne peut concevoir un arbitre sans volonté, on ne peut concevoir de *volonté humaine* sans arbitre. Sans l'arbitre, on ne pourrait se représenter en l'homme qu'un *simple désir*, certes modifié par le raisonnement (par la raison théorique), mais en aucun cas une *volonté*, une *libre détermination de soi eu égard à un désir*. L'arbitre n'a pas lieu d'être dans *la volonté divine* du simple fait que celle-ci ne peut être pensée comme une détermination de soi *eu égard à un désir*, mais seulement comme une *auto-activité absolue*, et donc seulement comme un *analogon* de la liberté humaine. Je ne puis par conséquent me représenter dans une volonté *dont est issue la loi* et qui *ne vise rien d'autre que la loi* qu'une désignation métaphorique de la *raison pure* comme source des lois. La *volonté proprement dite*, la volonté humaine, ne vise alors la loi que dans la mesure où (pour parler comme Kant) elle *la reçoit dans sa maxime*. Mais elle ne peut le faire que dans la mesure où la loi n'est *en aucune manière* en et pour soi sa maxime, par conséquent dans la mesure où elle *n*'en *émane pas*, par conséquent et qu'elle peut aussi bien la *viser* que *ne pas* la viser, dans la mesure où elle dispose de l'*arbitre* et où elle est *libre en* lui et *par* lui. Elle ne cesse d'être *volonté* lorsqu'elle *ne* vise *pas* la loi, mais se manifeste par là *aussi* comme volonté ».

(3) K. L. Reinhold, *Auswahl vermischter Schriften*, *op. cit.*, Bd. II, p. 373 : « la volonté n'est pas une *volonté* si elle ne peut être une volonté bonne et si elle ne peut être une volonté *mauvaise* ».

P. [164]

(1) *Du Moi*, SW I, 235 ; AA, I 2, p. 167 ; trad. p. 140-141.

(2) K. L. Reinhold, *Auswahl vermischter Schriften*, *op. cit.*, Bd. II, p. 398. Sur la position de Schelling dans le débat qui mit aux prises Kant et Reinhold, on lira avec profit J. U. Noller, « "Die praktische Vernunft ist kein Wille". Reinholds personalitätstheoretische Kritik der kantischen Freiheitslehre », *Wille, Willkür, Freiheit. Reinholds Freiheitskonzeption im Kontext der Philosophie des 18. Jahrhundert*, V. von Stolz (Hrsg.), Berlin, de Gruyter, 2012, p. 193-222 et J.-F. Goubet, « Eine Analyse der Schelling'schen Kritik der Moralphilosophie Reinholds in den Abhandlungen zur Erläuterung des Idealismus der Wissenschaftslehre », *ibid.*, p. 371-382.

(3) *Du Moi*, SW I, 235 ; AA, I 2, p. 167 ; trad. p. 140-141.

P. [165]

(1) *Du Moi*, SW I, 235-236, AA, I 2, p. 167-168 ; trad. mod. p. 141.

P. [168]

(1) Cf. *La religion dans les limites de la simple raison*, AK VI, p. 22sq; trad. p. 33 : « si le bien = A, son opposé contradictoire est le non-bien. Ce dernier en conséquence est soit le simple manque d'un fondement du bien = 0, soit le fondement positif de l'opposition au bien = -A. dans ce dernier cas le non-bien peut aussi s'appeler le mal positif (par rapport au plaisir et à la douleur, il existe un moyen terme de ce genre, en sorte que le plaisir = A, la douleur = -A, et l'état où ni l'un ni l'autre ne se rencontrent l'indifférence = 0). Si la loi morale en nous n'était pas un motif de l'arbitraire, le bien moral (accord de l'arbitre avec la loi) serait = A, le non-bien = 0, celui-ci étant la simple conséquence de la carence d'un motif moral : A x 0. Mais comme le motif en nous est = A, il s'ensuit que le manque d'accord de la volonté avec celui-ci (=0), n'est possible qu'à titre de conséquence d'une détermination de l'arbitre opposé *realiter*, c'est-à-dire d'une répugnance de ce dernier = -A, et qu'ici la possibilité ne dépend que d'un arbitre mauvais. Ainsi entre la mauvaise intention et la bonne (principe interne des maximes), d'après quoi il faut juger de la moralité des actions, il n'y a pas de moyen terme ».

(2) *Du Moi*, SW I, 236; AA, I 2, p. 169 ; trad. p. 142.

(3) K. L. Reinhold, *Einige Bemerkungen...*, *Auswahl vermischter Schriften*, *op. cit.*, Bd. II, p. 393.

(4) *Ibid.*

P. [169]

(1) Ce passage est repris *in extenso* par Coleridge avec seulement quelques modifications (*Biographia Literaria*, *op. cit.*, 1, p. 243-244).

(2) Ovide, *Tristes*, V, 10, l. 37, trad. fr. J. André, Paris, Les Belles Lettres, 2003, p. 154 : « ici le barbare, c'est moi que nul ne comprend ».

P. [170]

(1) *Cf.* J. G. Fichte, « Zweite Einleitung in die Wissenschaftslehre », *Gesamtausgabe*, *op. cit.*, Bd. I, 4, p. 265 ; *Seconde Introduction à la Doctrine de la science*, trad. A. Philonenko, *op. cit.*, p. 309 ; trad. I. Thomas-Fogiel, *op. cit.*, p. 166.

P. [172]

(1) Platon, *Ménon*, trad. fr. A. Croiset, Paris, Les Belles Lettres, 1992, 82a-85b, p. 251-257.

(2) Schelling se réfère ici probablement aux éditions illustrées de textes de Descartes proposées par F. Schuyl (R. Des Cartes, *De Homine. Figuris et latinitate donatus a Florentino Schuyl*, Leyden, Moyardum, 1662 et G. van Gutschoven, *L'homme de René Descartes et la formation du fœtus* (1664), Paris, Girard, 1677.

(3) *Cf.* un passage similaire dans la *Biographia Literaria* de Coleridge (*Biographia Literaria*, *op. cit.*, 1, p. 251) : « toute notre philosophie la plus populaire devrait aussi être entièrement inintelligible à un Esquimau ou à un Néo-Zélandais, car le sens, l'organe intime, n'est pas encore né en lui. De même y en a-t-il parmi nous, et parmi ceux qui se croient philosophes, à qui l'organe philosophique fait entièrement défaut. La philosophie n'est pour eux qu'un simple jeu avec les mots et les notions, comme la théorie musicale l'est pour un sourd ».

P. [174]

(1) *Cf.* Kant, *Critique de la raison pure*, AK III, p. 109 ; trad. A. Renaut, *op. cit.*, p. 199 : « ce n'est que dans la mesure où je puis lier dans une conscience un divers de représentations données qu'il m'est possible de me représenter l'*identité de la conscience dans ses représentations mêmes* – ce qui veut dire que l'unité analytique de l'aperception n'est possible que sous la supposition de quelque unité synthétique ».

P. [175]

(1) *Einem obersten Grundsatz. Cf.* J. G. Fichte, *Grundlage der gesammten Wissenschaftslehre*, *Gesamtausgabe*, *op. cit.*, Bd. I, 2, p. 255 ; *Assise fondamentale...*, *op. cit.*, p. 17 : « nous devons dégager le principe absolument premier, entièrement inconditionné de toute connaissance humaine. Si ce principe doit être absolument premier, il ne peut être ni prouvé, ni défini » et F. W. J. Schelling, *om Ich*, SW I, 178, AA, Bd. I, 2, p. 103 ; trad. p. 81 : « dans la mesure où le Moi, conformément à son essence elle-même, est posé par son être pur et simple, à titre d'identité absolue, il est indifférent de formuler le principe suprême (*der oberste Grundsatz*) *en ces termes : Je suis je*, ou encore : *Je suis* ! »

P. [176]

(1) Schelling fait ici référence à la recension du *Vom Ich* que fit paraître J. B. Erhard dans l'*Allgemeine Literatur-Zeitung* du 11 octobre 1796, p. 89-91, et à laquelle il répondit dans l'*Anti-critique* traduite ci-après.

P. [177]

(1) Les éditeurs de l'*Historisch-kritische Ausgabe* renvoient à l'écrit de Fichte sur le professeur Schmid : « la manière de procéder de la Doctrine de la science est la suivante : elle exige de chacun qu'il remarque ce qu'il fait *de manière généralement et absolument nécessaire* quand il dit : *Je*. Elle postule que celui qui procède à l'action exigée découvrira *qu'il se pose lui-même*, ou, ce qui est beaucoup plus clair, *qu'il est à la fois sujet et objet* » (*Vergleichung des vom Hrn. Prof. Schmid aufgestellten Systems mit der Wissenschaftslehre*, *Gesamtausgabe*, *op. cit.*, Bd. I, 3, p. 253). C. C. E. Schmid (1761-1812) était professeur de philosophie à Iéna et collègue de Fichte. Il fit paraître en 1795 un des premiers comptes rendus de la *Doctrine de la science*, à laquelle il proposait d'apporter des « améliorations » (*op. cit.*).

P. [178]

(1) Le dernier article de l'*Allgemeine Übersicht* contenant cette philosophie de l'expérience n'a pas été repris dans la réédition de 1809.

P. [180]

(1) G. E. Schulze, *Énésidème ou sur les fondements de la philosophie élémentaire de M. le professeur Reinhold*, trad. fr. H. Slaouti, Paris, Vrin, 2007. Gottlob Ernst Schulze (1761-1833) était professeur de philosophie à Helmstedt, où il eut Schopenhauer pour élève. Sa critique de la chose en soi, reprise de Jacobi, influença Fichte de manière décisive. Énésidème est le nom d'un sceptique pyrrhonien qui vécut à Alexandrie au Ier siècle avant notre ère.

(2) *Cf.* Leibniz, *Philosophische Schriften*, *op. cit.*, t. VII, p. 184; « Sur les nombres caractéristiques », *Recherches générales sur l'analyse des notions et des vérités. Vingt-quatre thèses métaphysiques et autres textes logiques et métaphysiques*, trad. fr. F. Worms, J.-B. Rauzy (éd.), Paris, P.U.F., 1998, p. 63-64 : « selon la tradition, Dieu a fait toutes choses par le poids, la mesure et le nombre. Il est pourtant des choses qu'on ne peut peser, à savoir celles qui n'ont ni force ni puissance; il en est même qui sont dépourvues de parties, et n'admettent donc pas de mesure. Mais il n'est rien qui ne souffre le nombre. Aussi le nombre est-il comme la figure métaphysique, et l'arithmétique une statique de l'univers, propre à explorer les puissances des choses ».

P. [183]

(1) Cf. *Ideen zu einer Philosophie der Natur*, AA, Bd. I, 5, p. 61 : « les philosophies théorique et pratique se composent d'une philosophie *pure* et d'une philosophie *appliquée*. La philosophie théorique *pure* se consacre seulement à l'étude de la réalité de notre savoir en général; la philosophie théorique appliquée, en revanche, s'occupe, sous le nom de philosophie de la nature, de déduire un système *déterminé* de notre savoir (autrement dit le système de l'expérience entière) à partir de principes. Ce que la *physique* est à la philosophie *théorique*, *l'histoire* l'est à la philosophie *pratique*, et ainsi se développent à partir des deux parties principales de la philosophie les deux principales voies ouvertes à notre

savoir empirique. C'est pourquoi j'espère, avec l'élaboration de la *philosophie de la nature* et de la *philosophie de l'homme*, embrasser la totalité de la philosophie *appliquée*. Grâce à la première la doctrine de la nature, grâce la seconde l'histoire doivent recevoir une fondation scientifique ».

P. [184]

(1) Plutarque, *Vies*, trad. fr. E. Chambry, Paris, Les Belles Lettres, 1975, t. IX, 63, 1, p. 213 : « il semble qu'il soit plus facile de prévoir que d'éviter sa destinée, car on vit alors, dit-on, des signes extraordinaires. Sans doute les lueurs dans le ciel, les bruits nocturnes entendus en plusieurs endroits, les oiseaux de proie qui descendent sur le Forum ne valent-ils pas la peine d'être mentionnés à propos d'un si grand événement ».

P. [187]

(1) *Cf.* J.-J. Rousseau, *Discours sur l'origine et les fondements de l'inégalité parmi les hommes*, *Œuvres complètes*, B. Gagnebin et M. Raymond (éd.), « Bibliothèque de la Pléiade », Paris, Gallimard, 1964, t. III, p. 142 : « un animal est, au bout de quelques mois, ce qu'il sera toute sa vie, et son espèce, au bout de mille ans, ce qu'elle était la première année de ces mille ans ».

P. [189]

(1) En 1802, Schelling dira mot à mot le contraire. Cf. *Philosophie de l'art*, SW V, p. 408, trad. fr. A. Pernet et C. Sulzer, Grenoble, Millon, 1999, p. 100 : « il est impossible de comprendre la mythologie comme un schématisme de la nature ». Rappelons que le présent texte est inachevé et qu'il lui manque son antithèse.

P. [190]

(1) Samuel Richardson (1689-1761) fut l'auteur de romans moraux à grand succès comme *Paméla ou la Vertu récompensée* (1740). Lessing et Diderot lui rendirent hommage.

ANTI-CRITIQUE

P. [191]

(1) Cf. *Allgemeine Literatur-Zeitung*, 11 octobre 1796, p. 89-91, recension anonyme reproduite dans AA, I 3, p. 180-183.

(2) Schelling renvoie à une série de passages tels que celui-ci : « si le principe qui est établi ici était un principe objectif, on ne pourrait absolument pas comprendre comment ce principe devrait ne dépendre d'aucun principe plus élevé ; mais ce qui distingue en propre le nouveau principe tient précisément au fait qu'il ne doit absolument pas être un principe *objectif* » (*Du Moi comme principe de la philosophie*, SW I, 155, AA, I 2, p. 74 ; trad. p. 52).

P. [192]

(1) Référence aux critiques de l'écrit sur le Moi figurant dans le onzième tome de la *Beschreibung einer Reise durch Deutschland.* Nicolai disait de notre auteur qu'il avait donné une forme définitive aux idées de Fichte (*op. cit.*, p. 121), de sorte que ces dernières apparaissaient maintenant « ou bien comme très évidentes, ou bien comme très comiques, ou les deux à la fois » (p. 125). *Cf.* J. B. Erhard, *Du droit du peuple à faire la révolution* (*Über das Recht des Volks zu einer Revolution und andere Schriften*), trad. fr. S. Colbois, Lausanne, L'âge d'homme, 1993, p. 54 : « cette façon de procéder qui consiste à rechercher les fondements suprêmes à l'aide de réflexions, à déduire correctement leurs conséquences et à comparer la concordance de ces conséquences avec ce qui a fait ses preuves dans l'expérience, à ne considérer, enfin, quelque chose comme vrai qu'à la suite de son harmonie avec l'expérience, le sentiment et l'inclination naturelle, et non seulement parce qu'on peut en donner une présentation systématique – présentation dont toute vérité peut certes faire l'objet, mais qui souvent aussi dissimule l'erreur, a de tout temps été la méthode du bon sens. Il pourrait être recommandable de s'en tenir à cette méthode, du moins jusqu'à ce que les adeptes de la philosophie aient réussi à découvrir la version métaphysique de la pierre philosophale, c'est-à-dire le principe suprême duquel on pourra dévider toutes les vérités comme d'un écheveau ».

P. [193]

(1) *Cf.* K. L. Reinhold, *Ueber die teutschen Beurtheilungen der französischen Revolution* (« Sur les jugements portés sur la révolution française en Allemagne »), *Auswahl vermischter Schriften, Erster Theil*, *op. cit.*, p. 66-121, en particulier p. 107-112.

(2) Schelling utilise dans ce passage un vocabulaire emprunté à Reinhold.

(3) *Cf.* G. E. Lessing, *Briefe, antiquarischen Inhalts*, *Sämmtliche Schriften*, W. von Maltzahn (Hrsg.), Leipzig, Göschen, 1856, Bd. 8, Briefe 55, p. 186.

(4) Le professeur de Breslau n'est autre que G.G. Fülleborn (1769-1803), professeur de langues anciennes à Breslau, qui avait fait paraître en 1796 des *Remarques sur les efforts les plus récents qui ont été entrepris en faveur de la philosophie critique* dans ses *Contributions à l'histoire de la philosophie.* Fülleborn avait occasionnellement collaboré avec Reinhold, Niethammer Forberg et Carus. Le libraire berlinois désigne Nicolai.

P. [194]

(1) *Cf.* Virgile, *Énéide*, *op. cit.*, VI, v. 258-259, p. 52 : « loin, loin d'ici, profanes, s'écrie la prêtresse, retirez-vous de tout ce bois ! »

P. [195]

(1) Dans la recension du *Vom Ich* qui figure dans la *Description d'un voyage à travers l'Allemagne et la Suisse*, Nicolai avait ironiquement comparé Fichte et Schelling aux « profonds philosophes indiens » (*op. cit.*, p. 128 [et non 218 comme indiqué sur l'édition d'origine]).

Réponse à une mise en demeure de M. Tittmann…

P. [209]

(1) Johann August Heinrich Tittmann avait paraître dans le *Philosophisches Journal* de Fichte et Niethammer (1797) une « Mise en demeure (*Auffoderung*) » adressée à l'auteur de l'*Allgemeine Übersicht der neuesten philosophischen Litteratur*. Cf. *supra* p. 62 et notre n. p. 63.

(2) W.T. Krug (1770-1842), *Briefe über die Perfectibilität der geoffenbarten Religion*, Jena u. Leipzig, Barth, 1795. Dans ce livre, d'abord paru sans nom d'auteur, le successeur de Kant à Königsberg soutenait qu'un progrès est possible pour la religion révélée.

P. [210]

(1) « Un homme à l'esprit très perçant, qui se persuada lui-même que ce qui était transmis par hasard aux jeunes gens sans être vraiment solide il y a cinquante ans et plus, ainsi qu'il l'avait entendu dire, était transmis de la même façon jusqu'à aujourd'hui de la même façon, et qui en accusa la religion ».

P. [212]

(1) Œuvre qui va au-delà de ce qui est exigé par la loi. Le terme apparaît chez Lessing et Hamann.

Recension de Carus

P. [221]

(1) Friedrich August Carus (1770-1807) devint professeur extraordinaire de philosophie à Leipzig en 1796. Schelling écrit le 27 mai 1796 à ses parents qu'il s'est lié d'amitié avec lui (AA, Bd. III, 1, p. 74). La *Cosmothéologie d'Anaxagore* paraît à Leipzig chez Tauchnitz. Alexander von Humboldt louera encore la profondeur d'esprit de cette étude (*Kosmos. Entwurf einer physischen Weltbeschreibung*, Stuttgart, Cotta, 1862, Bd. V, p. 21).

(2) Anaxagore est né à Clazomènes en Ionie au Ve siècle avant notre ère. Il est un des derniers représentants de la philosophie naturaliste ionienne.

(3) On appelle « homéomères » ou « homéoméries » les éléments matériels qui, d'après Anaxagore, s'assemblent pour former les corps, littéralement les corps dont toutes les parties sont identiques. Le terme provient, semble-t-il, d'Aristote et Anaxagore ne l'utilise pas. Ces éléments sont à la fois identiques entre eux et identiques au corps qu'il compose (l'or est fait de paillettes d'or). Cela semble donc vouloir dire qu'il est impossible de ramener le composé à des éléments simples : plus on le divise, plus apparaissent des éléments composés. *Cf.* Aristote, *Traité du ciel*, trad. fr. P. Moraux, Paris, Les Belles Lettres, 1965, III, 3, 302a28, p. 116 *sq.* et *Les présocratiques*, J.-P. Dumont (éd.), « Bibliothèque de la Pléiade », Paris, Gallimard, 1988, p. 634 *sq.*

(4) « Toutes les choses étaient mêlées, puis le *Nous* est apparu et les organisées ». Plus loin : « mises en ordre ».

(5) F. Carus, *Anaxagoreae Cosmotheologiae indagantur Fontes*, *op.cit*, p. 3 : « bien que l'on ne puisse établir par des preuves certaines que le philosophe de Clazomènes s'est servi de la totalité ou seulement d'une partie des aides qu'il *pouvait* trouver dans notre entendement, on ne peut nier, maintenant que les plus grands éléments de l'intelligence humaine sont découverts, et bien que cette dernière ait oublié qui a fait ces découvertes, que l'époque de notre philosophe et celle qui l'a précédée ont imprimé leurs traces sur elles ».

P. [222]

(1) Plutarque, *Vie de Périclès*, *Vies*, trad. fr. R. Flacelière, Paris, Les Belles Lettres, 2003, t. III, 154b6, p. 16 : « mais le principal maître de Périclès, celui qui contribua le plus à lui communiquer cette fierté et cette gravité, bien lourdes pour le chef d'une démocratie, qui en un mot éleva et exalta la dignité de son caractère, ce fut Anaxagore de Clazomènes, que ses contemporains appelaient "l'Esprit", soit par admiration pour la haute et merveilleuse intelligence qu'il montra dans l'étude de la nature, soit parce que, le premier, il établit comme principe de l'organisation du monde, non le hasard ni la nécessité, mais un esprit pur et simple, qui dans le mélange chaotique qui constitue l'ensemble du monde, sépare les éléments formés de parties semblables ».

(2) F. Carus, *Anaxagoreae Cosmo-theologiae indagantur Fontes*, *op.cit*, p. 25 : « de cette manière, une force qui puisse à la fois embrasser les catégories de si nombreuses choses et contenir et éprouver leur séparation, le philosophe de Clazomènes ne croit la trouver nulle part dans la nature si ce n'est dans la plus haute fleur de la vie visible parmi toutes les espèces d'êtres vivants, dans cette force infinie et cette raison de l'ESPRIT. Anaxagore semble avoir en quelque sorte conjecturé que cet esprit, puisqu'il est pourvu de toutes ces vertus, n'est pas très éloigné de la nature divine ».

P. [223]

(1) « L'organisation de l'univers entier ».

(2) « Sans mélange ».

(3) « Le démiurge », « celui qui a engendré l'univers ».

(4) Anaxagore semble avoir été le premier à interpréter la poésie d'Homère comme une allégorie de nature morale portant sur la justice et la vertu (Diogène Laërce, *Vies et doctrines des philosophes illustres*, trad. fr. sous la dir. de M.-O. Goulet-Cazé, Paris, Le Livre de Poche, 1999, p. 219).

DE LA RÉVÉLATION ET DE L'INSTRUCTION DU PEUPLE

P. [249]

(1) *Doctrines sur la Révélation conformes aux préceptes de la raison et vérifiables par l'expérience* (Jena, Stahl, 1797). Niethammer en publiera l'année suivante une traduction allemande : *Versuch einer Begründung des Vernunftmäßigen Offenbarungsglaubens* (*Essai d'une fondation de la croyance rationnelle en la révélation*, Leipzig, Frommann, 1798). Schelling dira avoir consacré un soin particulier à la présente recension et l'avoir retouchée à plusieurs reprises, de manière à ce que tout ce qui paraît hérétique lui soit imputé et que tout ce qui n'est pas trop hétérodoxe puisse être attribué à Niethammer (lettre du 5 juin 1798 à Niethammer, AA, III 1, p. 173). C'était sans doute peine perdue : Niethammer, qui, en 1798, est nommé professeur extraordinaire à la faculté de théologie, ne deviendra jamais professeur ordinaire, son orthodoxie passant pour suspecte.

(2) C'est un certain Georg Friedrich Seiler (1733-1807), professeur ordinaire de théologie à Erlangen et auteur d'un traité intitulé *Ueber die göttlichen Offenbarungen vornehmlich die welche Jesus und seine Gesandten empfangen haben* (*Sur les révélations divines, en particulier celle qu'ont reçue Jésus et ses apôtres*, Erlangen, Bibelanstalt, 1796-1797), qui est visé ici. Niethammer le prenait aussi pour cible dans son texte.

(3) Voir F. G. Süskind, « *Ueber das Recht der Vernunft in Ansehung der negativen Bestimmung des Inhalts einer Offenbarung* » (« Sur le droit de la raison au regard de la détermination négative du contenu d'une révélation »), *Magazin für christliche Dogmatik und Moral, deren Geschichte und Anwendung im Vortrag der Religion*, Tübingen, Cotta, 1797. À cette époque, Friedrich Gottlieb Süskind était répétiteur au *Stift* de Tübingen et dirigeait avec Flatt ce *Magazin für christliche Dogmatik und Moral*. Ce disciple de Storr devint une des figures marquantes de l'*ältere Tübinger Schule*.

P. [252]

(1) Voir F. I. Niethammer, *Ueber Religion als Wissenschaft zur Bestimmung des Inhalts der Religionen und der Behandlungsart ihrer Urkunden* (*Sur la religion comme science en vue de la détermination du contenu des religions et de la façon de traiter leurs documents*), Neustrelitz, Michaelis, 1795. Revenant rétrospectivement sur les dernières années du XVIIIe siècle, Schelling dira qu'« à cette époque, comme on peut s'en convaincre en lisant la *Religion dans les limites de la simple raison* de Kant et la *Critique de toute révélation* de Fichte, la philosophie était elle aussi à son aphélie (*Sonnenferne*) » (*Urfassung der Philosophie der Offenbarung*, W. E. Ehrhardt (Hrsg.), Hamburg, Meiner, 1992, Bd. II, p. 417). Le premier éditeur des *Œuvres complètes* de Schelling, son fils Karl Friedrich, appliquera la même image à la recension elle-même : comme la dissertation *Über Mythen, historische Sagen und Philosopheme der ältesten Welt*, elle est la preuve que la philosophie se trouvait à ce moment-là au plus loin de la vérité, car rien n'y fait signe vers l'idée

d'une réalité effective de la mythologie et de la religion, pierre angulaire de la dernière philosophie (*cf.* SW I, VI).

(2) Voir G. E. Lessing, *Die Erziehung des Menschengeschlechts*, Berlin, Voß, 1780, §1-3; *Sämmtliche Schriften*, *op. cit.*, Bd. 10, p. 307-308; *L'éducation du genre humain*, trad. fr. M. B. de Launay, Suilly-la-Tour, Éditions Findakly, 1994, p. 13-14.

P. [253]

(1) Voir K. G. Lessing, *Gotthold Ephraïm Lessings Leben, nebst seinem noch übrigen litterarischen Nachlasse* (*La vie de Gotthold Ephraïm Lessing, d'après ce qu'il reste encore de son testament littéraire*), Berlin, Voß, 1793. Dans l'ensemble des textes que le premier Schelling consacre à l'éducation, ce terme doit s'entendre au sens que lui donne Lessing, auteur abondamment cité ici et manifestement connu de première main. Le concept de révélation religieuse n'a plus de place à l'intérieur d'un système du savoir, mais joue encore un rôle pour l'instruction du peuple, comme venait également de l'affirmer Niethammer dans son *Über Religion als Wissenschaft* (*Sur la religion comme science*). Peu de temps après avoir consacré son *Habilitationsschrift* à l'essai de Fichte sur la révélation, l'éditeur du *Philosophisches Journal* assurait que le concept de révélation n'est ni un principe de connaissance, ni un postulat pratique, mais un moyen d'instruire les hommes (sur les conceptions de Niethammer et leur influence sur Hölderlin notamment, *cf.* I. Balfour, *The Rhetoric of Romantic Prophecy*, Stanford, Stanford University Press, 2002, p. 234-240).

(2) G. C. Claudius, *Leipzig. Ein Handbuch für Reisende die ihren Aufenthalt daselbst sich angenehm und nützlich machen wollen* (*Leipzig. Un manuel pour les voyageurs qui veulent rendre leur séjour utile et agréable*), Leipzig, Voß und Leo, 1792. Georg Carl Claudius (1757-1815), voyageur et écrivain allemand (à ne pas confondre avec Matthias Claudius).

P. [254]

(1) *Mt.* 15, 14.

(2) *Dt.* 17, 20.

(3) *Mt.* 23, 8.

(4) Voir J. G. Fichte, *Das System der Sittenlehre*, *Gesamtausgabe*, *op. cit.*, Bd. I, 5, p. 306; *Système de l'éthique d'après les principes de la doctrine de la science*, trad. fr. P. Naulin, Paris, P.U.F., 1986, p. 329 : « [l'instituteur du peuple] *ne démontre pas et ne polémique pas*; en effet, il suppose que les articles de foi sont déjà connus et admis et que la volonté est bien disposée. Pulvériser les blasphémateurs dans l'assemblée des croyants, secouer des pécheurs endurcis, s'adresser à la communauté comme à une troupe de mauvais garçons est entièrement contraire à la fin qu'il se propose. On devrait penser que ceux-ci ne viendraient pas à l'assemblée et que tout homme qui y paraît fait déjà ainsi une profession publique de sa croyance et de sa bonne volonté ».

P. [256]

(1) Gaius Julius Caesar, *Commentarii de bello civili*, l. I, V ; *La guerre civile*, trad. fr. P. Fabre, Paris, Les Belles Lettres, 1947, t. I, p. 6 : « que les consuls veillent à ce que la République ne subisse aucun dommage ».

(2) *Cf.* G. E. Lessing, « Ein Parabel. Nebst einer kleinen Bitte, und einem eventualen Absagungsschreiben an den Herrn Pastor Goeze » (1778), *Sämmtliche Schriften, op. cit.*, Bd. 10, p. 121 : « l'un est pasteur, l'autre bibliothécaire. Ces noms ne semblent pas très différents, pas autant que leurs devoirs et leurs obligations ». *Eine Parabel* fait partie des onze pamphlets que Lessing lança en 1798 contre le pasteur hambourgeois Goeze. Mais Lessing allait consacrer d'innombrables autres écrits à cette polémique.

(3) *Cf.* K.G. Lessing, *Gotthold Ephraïm Lessings Leben, nebst seinem noch übrigen litterarischen Nachlasse*, Berlin, Voss, 1793, p. 297 : « Lessing se trouvait à Hambourg, entouré de quelques amis, qui lui disaient : quel dommage que vous ne soyez pas franc-maçon ! – Vous devriez le devenir. Et il le devint ! », et p. 297.

(4) Franz Volkmar Reinhard (1753-1812) fut premier prédicateur à la Cour de Dresde. Comme Fichte lui avait dédié la deuxième édition de l'*Essai d'une critique de toute révélation*, M. Franz a pu interpréter cette attaque comme le signe d'une prise de distance à l'égard de Fichte et Niethammer. Il faut cependant rappeler que Reinhard, après s'être opposé à la philosophie critique, fut l'un des initiateurs de la Querelle de l'athéisme et qu'à cette occasion, il se montra même plus sévère envers la philosophie de la nature qu'envers Fichte lui-même et qu'il fut le premier de toute une longue série de pamphlétaires à accuser Schelling d'athéisme (M. Franz, *Schellings Tübinger Platon-Studien*, Göttingen, Ruprecht, 1996, p. 216; *cf.* J. G. Fichte, *Essai d'une critique de toute révélation*, trad. fr. J.-C. Goddard, Paris, Vrin, 1988, p. 35). Notre recension, qui paraît alors que Schelling est déjà devenu professeur à Iéna, prépare donc en quelque sorte la Querelle de l'athéisme, qui éclatera quelques mois plus tard. Rappelons à ce propos que l'article de Forberg qui déclenchera la fameuse controverse paraît en janvier 1798 dans le *Philosophisches Journal.*

P. [283]

(1) J. G. Schlosser, *Schreiben an einen jungen Mann, op. cit.* Cf. *supra* p. [82] la recension que Schelling propose de cet opuscule dans l'*Allgemeine Übersicht* et notre première note pour une biographie de Schlosser.

(2) En réalité *Schreiben an einen jungen Mann, op. cit.*, p. 51.

P. [284]

(1) Possible référence à la p. 123 du *Schreiben an einen jungen Mann :* « regarde dans ton cœur si le chant orphique des anciens sages et le chant plus qu'orphique des paroles du Christ y retentissent encore ». La recension déjà citée que Schlegel venait de faire paraître dans l'*Allemagne* de Reichardt s'intitulait « L'Orphée allemand, contribution à l'histoire ecclésiastique de notre temps ».

(2) *Cf.* J. Schulz, *Erläuterungen über des Herrn Professor Kant Critik der reinen Vernunft, op. cit.*, p. 243.

(3) *Cf.* F. H. Jacobi, *Zufällige Ergießungen eines einsamen Denkers* (*Épanchements occasionnels d'un penseur solitaire*), *Gesamtausgabe*, *op. cit.*, Bd. 5, 1, 202 : « les principes suprêmes sur lesquels s'appuient toutes les preuves sont, *une fois mis à nus*, de simples assertions auxquelles nous croyons – aveuglément ? *Oui, comme au sentiment de notre existence* ! – On pourrait les appeler, de manière assez fausse et incorrecte, mais pas tout à fait non-philosophique, des *préjugés originaires, universels et insurpassables :* ils seraient comme tels la pure lumière de la vérité, ou plutôt ils donneraient à la vérité sa loi ».

P. [285]

(1) *Cf.* Kant, *Grundlegung zur Metaphysik der Sitten*, AK IV, 421 ; *Fondements de la métaphysique des mœurs*, trad. fr. V. Delbos, Paris, Vrin, 2008, p. 129 : « puisque l'universalité de la loi d'après laquelle des effets se produisent, constitue ce qu'on appelle proprement *nature* dans le sens le plus général (quant à la forme), c'est-à-dire l'existence des objets en tant qu'elle est déterminée selon des lois universelles, l'impératif universel du devoir pourrait encore être énoncé en ces termes : *Agis comme si la maxime de ton action devait être érigée par ta volonté* en loi universelle de la nature ».

(2) *Cf.* Schlosser, *Schreiben an einen jungen Mann*, *op. cit.*, p. 63 : « comme nos yeux ne peuvent guère apercevoir que la millième partie de la surface de la terre, faut-il que nous embrassions le système de la nature pour découvrir les maximes qu'il faudrait universellement y introduire ».

(3) *Cf.* Schlosser, *Schreiben an einen jungen Mann*, *op. cit.*, p. 82 : « notre maître regarde le système de la félicité comme un simple système de la prudence et lui dénie tout caractère éthique sous prétexte qu'un moraliste qui aime simplement la vertu l'aime parce qu'elle le rend heureux, par quoi il confesse ouvertement qu'il ne l'aime pas pour sa beauté, mais pour le bénéfice qu'il en attend ».

(4) *Cf.* Kant, *Grundlegung zur Metaphysik der Sitten*, AK IV, 416 ; *Fondements de la métaphysique des mœurs*, *op. cit.*, p. 87 : « on peut donner le nom de prudence, en prenant ce mot dans son sens le plus étroit, à l'habileté dans le choix des moyens qui nous conduisent à notre plus grand bien-être ».

(5) *Cf.* Schlosser, *Schreiben an einen jungen Mann*, *op. cit.*, p. 24 : « comme je te l'ai déjà dit, dans cette école, tu dois avant tout mener un combat plus qu'herculéen avec ton sens humain, alors que, comme Antée, tu ne peux le vaincre tant que son pied peut encore toucher le sol de l'effectivité; tu dois l'élever tout entier dans le monde des abstractions et l'y étouffer entre tes bras. Aussitôt l'as-tu vaincu que tu dois couper les ailes à toute espérance, à tout pressentiment, à toute vision du suprasensible, à tout génie de l'art poétique, tu dois éteindre tout le feu du recueillement, étouffer toute prière secrète dans ton cœur et faire disparaître toute la grâce de l'âme ».

(6) *Cf.* Schlosser, *Schreiben an einen jungen Mann*, *op. cit.*, p. 33 : « mais, comme le maître de cette école lui-même tient sa philosophie pour insuffisante en ce qui concerne le monde, puisqu'il ne propose rien qui puisse corriger l'opinion ou la croyance, ni aucun des autres beaux instruments indispensables à la raison, comme s'ils pouvaient prétendre à la certitude apodictique; comme cette

philosophie néglige les conclusions tirées de la vraisemblance, lesquelles constituent la plus importante affaire de la raison humaine, nul ne devrait, ce me semble, être imbu de ce système au point d'oser appeler critique de la raison ce qui est peut-être une simple critique des spéculations et moins encore d'aller jusqu'à autoriser cette philosophie dans les salles de classe de tous les lycées, dans tous les amphithéâtres où la jeunesse étudie la philosophie, voire, comme on s'y est essayé ici et là, dans les chaires et les catéchèses, voire dans les écoles de village ».

(7) Le chyle est le liquide que l'intestin grêle sépare des aliments pendant la digestion. Sa formation à partir du chyme a été étudiée par Helvétius notamment.

(8) *Cf.* Kant, *Prolégomènes à toute métaphysique future qui pourra se présenter comme science*, AK IV, 357; trad. p. 137 : « nous n'attribuons à l'Être suprême aucune des propriétés en *elles-mêmes* qui nous permettent de penser les objets de l'expérience, et de ce fait, nous évitons l'anthropomorphisme *dogmatique;* mais nous attribuons cependant ces propriétés au rapport de l'Être suprême au monde, et nous nous permettons un anthropomorphisme *symbolique* qui concerne en fait uniquement le langage et non l'objet lui-même ». *Cf.* Schlosser, *Schreiben an einen jungen Mann*, *op. cit.*, p. 73 : « le système moral de Kant est de part en part un anthropomorphisme ! »

P. [286]

(1) *Cf.* Schlosser, *Schreiben an einen jungen Mann*, *op. cit.*, p. 67 : « le mysticisme repose sur une intuition propre du suprasensible ».

(2) *Cf.* Schlosser, *Schreiben an einen jungen Mann*, *op. cit.*, p. 69 : « lorsqu'un homme qui enseigne la vraie vertu et la vraie sagesse dit que Dieu a éveillé par une intuition intime son désir d'enseigner la sagesse et la vertu, lorsqu'un autre se fie à Dieu comme un enfant pour tout ce qui le concerne et mène ainsi une vie sainte et quand il dit : un ange du Ciel m'a donné la certitude que Dieu à promis à l'homme de l'assister en vue du bien, lorsqu'un dernier s'écrie avec joie, dans l'instant d'une mort cruelle, qu'une vision lui a montré *Jésus Christ assis à la droite de Dieu*, qui osera contester à ce mystique la vérité subjective de son intuition ? »

BIBLIOGRAPHIE

ŒUVRES COMPLÈTES DE SCHELLING

Historisch-kritische Ausgabe, W.G. Jacobs, H. Krings, M. Durner (Hrsg.), Stuttgart, Frommann-Holzboog, 1976-…

Friedrich Wilhelm Joseph von Schellings sämmtliche Werke, K. F. A. Schelling (Hrsg.), Stuttgart/Augsburg, Cotta, Bd. I-XIV, 1856-1861.

Traductions françaises des œuvres de Schelling citées dans le présent volume

Fichte/Schelling, *Correspondance*, trad. fr. M. Bienenstock, Paris, P.U.F., 1991.

De l'âme du monde. Une hypothèse de la physique supérieure pour l'explication de l'organisme général, trad. fr. S. Schmitt, Paris, Éditions Rue d'Ulm, 2007.

Premiers écrits (*1794-1795*), trad. fr. J.-F. Courtine, Paris, P.U.F., 1987.

Système de l'idéalisme transcendantal, trad. fr. Ch. Dubois, Louvain, Peeters, 1978.

« *Recension de la Querelle du philanthropinisme et de l'humanisme de Friedrich Immanuel Niethammer* », *Du rapport des arts plastiques avec la nature et autres textes* (1807-1808), trad. fr. P. Cerutti, Paris, Vrin, 2010, p. 111-130.

Correspondance, ouvrages et documents biographiques

Aus Schellings Leben. In Briefen, G. L. Plitt (Hrsg.), Leipzig, G. Hirzel, 1869-1870.

Briefe und Dokumente, H. Fuhrmans (Hrsg.), Bonn, Bouvier, 1962.

DIEZ C.I., *Briefwechsel und Kantische Schriften. Wissensbegründung in der Glaubenskrise Tübingen-Jena* (*1790-1792*), D. Henrich (Hrsg.), Stuttgart, Klett-Cotta, 1997.

Schelling im Spiegel seiner Zeitgenossen, X. Tilliette (Hrsg.), Milano, Mursia, 1974.

Schellings Bibliothek. Die Verzeichnisse von F. W. J. Schellings Buchnachlaß, A. L. Müller-Bergen (Hrsg.), Stuttgart, Frommann-Holzboog, 2007.

VARNHAGEN K.A., *Denkwürdigkeiten*, Leipzig, Brockhaus, 1843.

Œuvres des contemporains de Schelling citées dans les textes

BECK J. S., *Erläuternder Auszug aus den critischen Schriften des Herrn Prof. Kant, auf Anrathen desselben*, Riga, Hartknoch, 1793-1796.

BECKERS H., « Über Schelling und sein Verhältnis zur Gegenwart », *Bulletin der königlichen bayerischen Akademie der Wissenschaften*, 1856-1857, n°6-11, 16 Januar, 1857, p. 48-92.

BERGER J.G.I., *Briefe über die allerneueste prophetische Guckkastenphilosophie des ewigen Juden*, Leipzig, Brockhaus, 1797.

CARUS F., *Anaxagoreae Cosmotheologiae indagantur Fontes*, Leipzig, Tauchnitz, 1797.

CLAUDIUS G. C., *Leipzig. Ein Handbuch für Reisende die ihren Aufenthalt daselbst sich angenehm und nützlich machen wollen*, Leipzig, Voß und Leo, 1792.

FICHTE J. G., *Gesamtausgabe*, R. Lauth u. H. Gliwitzky (Hrsg.), Stuttgart-Bad Cannstatt, Frommann-Holzboog, 1962-2009.

HEYNIG J. G., *Berichtigung der Urtheile des Publikums über Kant und seine Philosophie*, Köln, Hammer, 1797.

HEYDENREICH K. H, *Briefe über den Atheismus*, Leipzig, Martini, 1796.

JACOBI F. H., *Lettres à Moses Mendelssohn sur la doctrine de Spinoza, Le crépuscule des Lumières. Les documents de la « querelle du panthéisme » (1780-1789)*, trad. fr. P.-H. Tavoillot, Paris, Cerf, 1995.

– *Werke. Gesamtausgabe*, K. Hammacher u. W. Jaeschke (Hrsg.), Hamburg/Stuttgart-Bad Cannstatt, Meiner/Frommann-Holzboog, 1998-2004.

JAKOB L.H., *Grundriss der allgemeine Logik und kritische Anfangsgründe zu einer allgemeinen Metaphysik*, Halle, Francke, 1788.

KANT I., Kant *Werke Akademie-Textausgabe*, Berlin, W. de Gruyter, 1902 (1968).

– *Œuvres philosophiques*, trad. fr. H. Wismann..., Paris, Gallimard, « Bibliothèque de la Pléiade », 1986.

KRUG W.T., *Briefe über die Perfectibilität der geoffenbarten Religion*, Jena u. Leipzig, Barth, 1795.

LAVATER J.K., *Aussichten in die Ewigkeit in Briefen an Herrn Joh. Georg Zimmermann*, Zürich, Orell, 1768-1778.

NICOLAI F., *Beschreibung einer Reise durch Deutschland und die Schweiz, im Jahre 1781*, Berlin, 1796.

NIETHAMMER F.I., *Doctrinae de revelatione modo rationis praeceptis consentaneo stabiliendae periculum*, Jena, Stahl, 1797.

– *Ueber Religion als Wissenschaft zur Bestimmung des Inhalts der Religionen und der Behandlungsart ihrer Urkunden*, Neustrelitz, Michaelis, 1795.

– « Von den Anspruchen des gemeinen Verstandes an die Philosophie », *Philosophisches Journal einer Gesellschaft Teutscher Gelehrten*, 1795, n° 1, p. 1-45 (Hildesheim, Olms Verlag, 1969).

PLATNER E., *Philosophische Aphorismen nebst einigen Anleitungen zur philosophischen Geschichte*, Leipzig, Schwickert, 1793.

PLESSING F. V., *Memnonium oder Versuche zur Enthüllung der Geheimnisse des Alterthums*, Leipzig, Weygand, 1787.

PLOUCQUET G., *Methodus calculandi in logicis ab ipso inventa cui praemittitur commentatio de arte characteristica*, Frankfurt, Berger, 1763.

REINHOLD K. L., *Auswahl vermischter Schriften*, Jena, Mauke, 1797.

– *Briefe über die Kantische Philosophie*, Leipzig, Göschen, 1790.

– *Versuch einer neuen Darstellung des menschlichen Vorstellungsvermögens*, Prag-Jena, Widtmann-Mauke, 1790.

SCHÄFFER W. F., *Inconsequenzen und auffallende Widersprüche in der Kantischen Philosophie, besonders in der Kritik der r. V*, Dessau, Müller, 1792.

SCHLOSSER J. G., *Schreiben an einen jungen Mann, der die kritische Philosophie studieren wollte* Lübeck, Bohn, 1796.

SCHULZ J., *Erläuterungen über des Herrn Professor Kant Critik der reinen Vernunft*, Königsberg, Dengel, 1784.

SCHULZE G. E., *Énésidème*, trad. fr. H. Slaouti, Paris, Vrin, 2007.

SCHWAB J. C., REINHOLD K. L. u. ABICHT J.H., *Preisschriften über die Frage : Welche Fortschritte hat die Metaphysik seit Leibnitzens und Wolffs Zeiten in Deutschland gemacht ?*, v. der Königl. Preuß. Akademie der Wissenschaften, Berlin, Maurer, 1796,

SEILER G. F., *Ueber die göttlichen Offenbarungen vornehmlich die welche Jesus und seine Gesandten empfangen haben*, Erlangen, Bibelanstalt, 1796-1797.

STATTLER B., *Anti-Kant*, München, Lentner, 1788.

SÜSKIND F. G. , « *Ueber das Recht der Vernunft in Ansehung der negativen Bestimmung des Inhalts einer Offenbarung* », *Magazin für christliche Dogmatik und Moral, deren Geschichte und Anwendung im Vortrag der Religion*, Tübingen, Cotta, 1797.

TITTMANN J. A. H., *Num religio revelata omnibus omnium temporum hominibus accommodata esse possit ?*, Leipzig, Sommer, 1796

– *Resultate der kritischen Philosophie vornämlich in Hinsicht auf Religion und Offenbarung*, Leipzig, Tauchnitz, 1799.

AUTRES RÉFÉRENCES UTILISÉES DANS LES TEXTES

ABBT T., *Briefe, die neueste Litteratur betreffend*, Berlin, 1764.

BURNET T., *Archaeologiae Philosophicae, sive Doctrina Antiqua de Rerum Originibus*, London, Kettilby, 1692.

CÉSAR, *La guerre civile*, trad. fr. P. Fabre, Paris, Les Belles Lettres, 1947.

GUTSCHOVEN G. van, *L'homme de René Descartes et la formation du fœtus*, Paris, Girard, 1677.

HÉSIODE, *Théogonie*, trad. fr. P. Mazon, Paris, Les Belles Lettres, 1992.

HOMÈRE, *Iliade*, trad. fr. R. Flacelière, « Bibliothèque de la Pléiade », Paris, Gallimard, 1955.

HORACE, *Odes*, trad. fr. F. Villeneuve, Paris, Les Belles Lettres, 1954.

HUME D., *Enquête sur l'entendement humain*, trad. fr. M. Malherbe, Paris, Vrin, 2008.
JUVÉNAL, *Satires*, trad. fr. P. de Labriolle, Paris, Les Belles Lettres, 2002.
LEIBNIZ G.W., *Philosophische Schriften*, C. I. Gerhardt (Hrsg.), Hildesheim-New York, Olms, 1978.
LESSING G. E., *Sämmtliche Schriften*, W. von Maltzahn (Hrsg.), Leipzig, Göschen, 1856.
LESSING K. G., *Gotthold Ephraïm Lessings Leben, nebst seinem noch übrigen litterarischen Nachlasse*, Berlin, Voß, 1793.
MALEBRANCHE N., *Œuvres complètes*, publiées sous la dir. d'A. Robinet, Paris, Vrin, 1991.
MICRAELIUS J., *Arithmetica et manuductio ad globi coelestis et terrestris,* Stettin, Rhete, 1646.
OVIDE, *Tristes*, trad. fr. J. André, Paris, Les Belles Lettres, 2003.
PLATON, *Ménon*, trad. fr. A. Croiset, Paris, Les Belles Lettres, 1992.
– *Philèbe*, trad. fr. A. Diès, Paris, Les Belles Lettres, 1993.
PHÈDRE, *Fables*, trad. fr. A. Brenot, Paris, Les Belles Lettres, 1989.
PLUTARQUE, *Vies*, trad. fr. R. Flacelière et E. Chambry, Paris, Les Belles Lettres, 2003.
ROUSSEAU J.-J., *Œuvres complètes*, B. Gagnebin et M. Raymond (éd.), « Bibliothèque de la Pléiade », Paris, Gallimard, 1964.
SCHUYL F., *De Homine. Figuris et latinitate donatus a Florentino Schuyl*, Leyden, Moyardum, 1662.
TITE-LIVE, *Histoire romaine,* trad. fr. G. Baillet, Paris, Les Belles Lettres, 1958.
VIRGILE, *Énéide*, trad. fr. J. Perret, Paris, Les Belles Lettres, 1978.

ŒUVRES DES CONTEMPORAINS DE SCHELLING CITÉES DANS LA PRÉSENTATION ET LES NOTES

COLERIDGE S.T., *Biographia Literaria*, *S.T. Coleridge Collected Works*, J. Engel and W. Jackson Bate (ed), Princeton, Princeton University Press, 1983, t. 7.
DEGÉRANDO J.-M., *Histoire comparée des systèmes*, Paris, Henrichs, 1804.
DIOGÈNE LAËRCE, *Vies et doctrines des philosophes illustres*, trad. fr. sous la dir. de M.O. Goulet-Cazé, Paris, Le Livre de Poche, 1999.
FLATT J. F., *Briefe über den moralischen Erkenntnisgrund der Religion überhaupt, und besonders in Beziehung auf die Kantische Philosophie*, Tübingen, Cotta, 1789.
HEGEL G. W. F., *La différence des systèmes philosophiques de Fichte et de Schelling*, trad. fr. B. Gilson, Paris, Vrin, 1986.
EBERHARD J. A., *Neue Apologie des Sokrates,* Berlin, Nicolai, 1778.
FÜLLEBORN G. G., *Beyträge zur Geschichte der Philosophie*, Jena, Frommann, 1791-1799.
HEMSTERHUYS F., *Sophyle ou de la philosophie*, Paris, 1778.

HUMBOLDT A. von, *Kosmos. Entwurf einer physischen Weltbeschreibung*, Stuttgart, Cotta, 1862.

MAIMON S., *Versuch über die Transscendantalphilosophie*, Berlin, Voss, 1790, p. 62-63 ; trad. fr. J.-B. Scherer, *Essai sur la philosophie transcendantale*, Paris, Vrin, 1989.

– *Philosophisches Wörterbuch, oder Beleuchtung der wichtigsten Gegenstände der Philosophie, in alphabetischer Ordnung*, Berlin, Unger, 1791.

MAINE DE BIRAN P., *Essai sur les fondements de la psychologie et sur ses rapports avec l'étude de la nature* [1812], F. C. T. Moore (éd.), Paris, Vrin, 2001.

REINHOLD K. L., *Gesammelte Schriften*, M. Bondeli, Basel, Schwabe, 2007.

SCHLEGEL F., *Kritische Friedrich-Schlegel-Ausgabe*, E. Behler (Hrsg.), Paderborn, Schöningh Verlag, 1958-1980.

SCHMID C. C. E., « Bruchstücke aus einer Schrift über die Philosophie und ihre Principien », *Philosophisches Journal*, Bd. III, 2 (10), 1795, p. 95-132.

– *Versuch einer Moralphilosophie*, Jena, Cröker, 1790 (1792).

TITTMANN J. A. H., *Über Supranaturalismus, Rationalismus und Atheismus*, Leipzig, Fleischer, 1816.

LITTÉRATURE SECONDAIRE UTILISÉE DANS LA PRÉSENTATION ET LES NOTES

Une seule étude suivie a été consacrée à l'*Allgemeine Übersicht*, celle de Pasquale Salvucci, *Filosofia e vita nel primo idealismo tedesco*, Urbino, Argalia, 1981 (1992). Nous utilisons également :

BALFOUR I., *The Rhetoric of Romantic Prophecy*, Stanford, Stanford University Press, 2002.

CESA, *La filosofia politica di Schelling*, Bari, Laterza, 1969.

FRANKS P. W., *All or Nothing. Systematicity, Transcendantal Arguments and Skepticism in German Idealism*, Harvard, Harvard University Press, 2005.

FRANZ M., *Schellings Tübinger Platon-Studien*, Göttingen, Ruprecht, 1996.

MAZZEO T. J., *Plagiarism and literary Property in the Romantic Period*, Philadelphia, University of Pennsylvania Press, 2007.

MOISO F., *Vita natura libertà. 1795-1809*, Milano, Mursia, 1990.

NITZAN L., *Jacob Sigismund Beck's Standpunctslehre and the Kantian Thing-in-itself Debate*, Dordrecht, Springer, 2014.

SCHLANGER J., *Schelling et la réalité finie*, Paris, P.U.F., 1966.

TILLIETTE X., *Schelling. Une philosophie en devenir*, Paris, Vrin, 1992.

BAUMGARTNER H. M.,, « Der Spekulative Ansatz in Schellings *System des transzendentalen Idealismus*. Der Streit um Schellings Transzendental- und Naturphilosophie in der Perspektive der Transzendentalphilosophie », *Der Streit um die Gestalt einer ersten Philosophie* (*1799-1807*), W. Jaeschke (Hrsg.), Hamburg, Meiner, 1999, p. 127-143.

BUBNER R., « Platon, le père de toute exaltation mystique ». À propos de l'essai de Kant « Sur un ton supérieur nouvellement pris en philosophie », *Contre Platon*, M. Dixsaut (éd.), Paris, Vrin, 1995, t. II, p. 11-24.

BUÉE J.-M., « Les transformations de l'esprit absolu », *in* J.-M. Buée et E. Renault (éd.), *Hegel à Iéna*, Lyon, ENS Éditions, 2015, p. 41-58.

FRANK M., « "Identity of identity and non-identity". Schelling's path to the "absolute system of identity" », *in* L. Ostaric (ed.), *Interpreting Schelling. Critical Essays*, Cambridge, Cambridge University Press, 2014, p. 120-144.

GOUBET J.-F., « Eine Analyse der Schelling'schen Kritik der Moralphilosophie Reinholds in den Abhandlungen zur Erläuterung des Idealismus der Wissenschaftslehre », *in* V. von Stolz (Hrsg.), *Wille, Willkür, Freiheit. Reinholds Freiheitskonzeption im Kontext der Philosophie des 18. Jahrhundert*, Berlin, de Gruyter, 2012, p. 371-382.

LINDNER K., « Pölitz und Schelling. Ein unbekannter Brief aus dem Stadtgeschichtlichen Museum Leipzig », *Fichte-Studien*, n° 5, 1993, p. 175-188, p. 182-183.

NOLLER J. U, « "Die praktische Vernunft ist kein Wille". Reinholds personalitätstheoretische Kritik der kantischen Freiheitslehre », *in* V. von Stolz (Hrsg.), *Wille, Willkür, Freiheit. Reinholds Freiheitskonzeption im Kontext der Philosophie des 18. Jahrhundert*, Berlin, de Gruyter, 2012, p. 193-222.

ONNASCH E.O., « Das *Kritische Journal* im Streit mit dem Logischen Realismus. Ein Streit um das Absolute als das richtige Gottesverständnis », *Kritisches Jahrbuch der Philosophie*, Bd. 7, 2002, p. 185-196.

RADRIZZANI I., « Reinhold-Fichte. Les motifs d'une conversion », *Archives de philosophie*, 2002/4, p. 643-659.

SHAFFER E., « *The "Postulates in Philosophy" in the Biographia Literaria* », *Comparative Literature Studies*, n°7, 1970, p. 297-313.

GLOSSAIRE

Anschauung : intuition

Begreifen : concevoir
Bestreben : effort
Beziehen : rapporter

Darstellen : présenter

Endlichkeit : finité

Geist, Gemüt : esprit
Glückseligkeit : félicité

Handlungsweise : mode d'action
Hervorbringen : produire
Hervorgehen : provenir

Schulphilosoph : philosophe de l'École
Selbstthätig : spontané
Selbstthätigkeit : auto-activité

Sittlichkeit : éthicité, éthique

Trieb : pulsion

Übereinstimmung : accord
Unlauterkeit : impureté

Vereinigung : union, réunion
Verhältnis : relation
Verknüpfung : liaison
Vermögen : faculté, pouvoir
Verstand : entendement

Wiedereinigen : réunir
Willkür : arbitre
Wirklich, Wirklichkeit : effectif, effectivité

Ziel : fin, but
Zusammenhang : articulation, connexion, cohérence
Zusammentreffen : concorder

INDEX DES NOMS PROPRES

INDEX ANALYTIQUE DES MATIÈRES

TABLE DES MATIÈRES

FRIEDRICH WILHELM JOSEPH SCHELLING

ÉCRITS SUR L'IDÉALISME

APERÇU GÉNÉRAL DE LA LITTÉRATURE PHILOSOPHIQUE LA PLUS RÉCENTE

ET AUTRES TEXTES (1797-1798)

DANS LA MÊME COLLECTION

J. d'ALEMBERT : *Discours préliminaires de l'Encyclopédie*. Intro. et notes par M. Malherbe, 208 p., 2000.

A. d'APHRODISE : *De L'âme*. Texte bilingue, intro. par M. Bergeron et R. Dufour, 416 p., 2008.

J. G. FICHTE : *Nouvelle présentation de la doctrine de la science 1797-1798*. Intro. et notes par I. Thomas-Fogiel, 192 p., 1999.

M. HEIDEGGER : *Les conférences de Cassel 1925*, précédé de la *Correspondance Dilthey-Husserl (1911)*. Texte bilingue, intro., trad. et notes par J.-C. Gens, 217 p., 2003.

F. H. JACOBI : *Sur l'entreprise du criticisme de ramener la raison à l'entendement*. Suivi de la *Lettre à Fichte*. Intro., trad. et notes par P. Cerruti, 192 p., 2010.

E. KANT : *Histoire et politique ; Idée pour une histoire universelle d'un point de vue cosmopolitique ; Conjectures sur le commencement de l'histoire humaine ; Le Conflit de la Faculté de philosophie avec la Faculté de droit*. Intro. et notes par M. Castillo, trad. de G. Leroy, 192 p., 1999.

— *Qu'est-ce que s'orienter dans la pensée ?*. Intro., trad. et notes de A. Philonenko, préface de F. Alquié, 112 p., 2001.

B. de LAS CASAS : *La controverse entre Las Casas et Sepúlveda*. Intro. et trad. par N. Capdevila, 320 p., 2007.

K. MARX : *Les Manuscrits économico-politiques de 1844*. Intro., trad. et commentaire par F. Fischbach, 240 p., 2007.

J.-J. ROUSSEAU : *Discours sur l'économie politique*. Éd., intro. et commentaire sous la direction de B. Bernardi, 224 p., 2002.

— *Principes du droit de la guerre* et *Écrits sur la paix perpétuelle*. Sous la dir. de B. Bachofen et C. Spector, 342 p., 2008.

— *Du contrat social ou Essai sur la forme de la République (Manuscrit de Genève)*. Éd., intro. et annotation ss la dir. De B. Bacfen, B. Bernardi et G. Olivo, 256 p., 2012.

F. W. J. SCHELLING : *Une autre querelle de l'athéisme. Schelling répond à Jacobi*. Intro., trad. et notes par P. Cerruti, 256 p., 2012.

C. SCHMITT : *Ex Captivitate Salus. Expériences des années 1945-1947*. Présentation et trad. par A. Doremus, 396 p., 2003.

K. W. F. SOLGER : *Écrits philosophiques*. Intro., trad. et commentaire par M. Galland-Szymbowiak, 344, p. 2015.

Pour la liste complète des publications de la collection, consulter le site internet http://www.vrin.fr

Achevé d'imprimer par Corlet Numérique - 14110 Condé-sur-Noireau
N° d'Imprimeur : 144489 - Dépôt légal : janvier 2018 - *Imprimé en France*